CARTOLINA POSTALE

DISCOPOLI - CAPRI

Xilografia originale
di Gina Federico - Capri

Catalogue f. [illegible] Dimitroff qu'[illegible]
expédié à [illegible] — D. Italie se
couvre de gloire...
Mon cher. Toujours en Sicile p. [illegible]
compelli à se Bell. ivend — [illegible]
[illegible] le des Midi de la France,
et me [illegible], [illegible], à Capri!!
[illegible] idée!!!

Voyez sur cette rarissime édition les Dictionnaires des Anonymes de M. Barbier, tom. 1. p. 108.

Ch. Nodier.

Bailleul Pinx.
Sam.ᵉˡ Gribelin Junior Sculp.

LES AVANTURES DE TELEMAQUE FILS D'ULYSSE.

Par feu MESSIRE

FRANÇOIS DE SALIGNAC DE LA MOTTE FENELON,

Précepteur de Meſſeigneurs les Enfans de France, & depuis Archevêque-Duc de Cambrai, Prince du ſaint Empire, &c.

NOUVELLE EDITION

conforme au Manuſcript original.

Enrichie d'un grand nombre de Figures en Taille Douce.

Avec des REMARQUES pour l'eclairciſſement de cet Ouvrage.

A LONDRES,

Chez J. BROTHERTON, vis a vis de la Bourſe Royale.

MDCCXXXII.

A SON

ALTESSE le PRINCE

FREDERICK,

DUC *de* GLOCESTER, *&c.*

ONSEIGNEUR,

CELUY qui a donné au public
le Telemaque de Paris, a osé le dédier au jeune Monarque de France.
Et ce Prince, qui fait l'attente &
l'admiration de ses Peuples, a receu

A 5   ce

E P I T R E.

ce prefent avec des marques de complaifance & d'approbation.

ENHARDI par cet exemple, je prens la liberté de prefenter à VOTRE ALTESSE l'Edition de cet Ouvrage, fait dans un Royaume, dont vous étes déja les délices, & dont vous ferez un jour le Pere. Et j'ay cru que ce ne feroit pas faire un mauvais ufage d'un nom auffi augufte que le votre, que de le placer à la tête d'un Livre qui montre *l'art de regner*, avec une noblefle d'expreffion proportionnée au Sujet, & qui par les agrémens de fa Fable, & le tour également ingénieux & infinuant de fes inftructions, eft fi propre à former l'efprit & le cœur de ceux, que la Providence doit porter fur le Trône & placer à la tête des peuples.

C'eft,

EPITRE.

C'eſt, Monseigneur, mettre en quelque ſorte l'éducation de tous les Princes ſous la protection de Votre Altesse.

Il ſemble même que cet Ouvrage a plus de rapport avec l'état & la deſtinée de Votre Altesse, qu'avec la ſituation du Souverain, à qui on l'a d'abord preſenté, & qu'à quelque égard il a plus de droit à votre protection qu'à la ſienne.

Ces maximes ſolides de Politique & de Morale, que ſon excellent Auteur y étale ſi heureuſement, ſont étrangeres dans un Royaume, d'où la Liberté eſt bannie : elles n'y ſont que de *belles idées*, que la forme du Gouvernement ne permet pas de pouſſer à des ſuites de pratique. Les dédier à un Potentat abſolu, c'eſt luy adreſſer la *Sa-*

tyre

tyre de son Administration : mais dans ces heureuses contrées, où la Liberté s'est maintenue, ces maximes se trouvent comme dans leur Patrie : elles y coulent comme dans leur lit naturel. Les adresser à un Prince, qui gouverne, ou qui, comme VOTRE ALTESSE, est destiné à gouverner des Etats libres, c'est luy dédier ses propres maximes, & faire au même tems un bel éloge de son Gouvernement.

ET à qui, MONSEIGNEUR, peut-on mieux presenter les Ecrits qui, comme celuy-cy, peuvent servir de préservatif contre la Tyrannie, qu'à des Princes qui font consister leur *gloire* & leur *Héroïsme* à conserver & à defendre la liberté des Peuples ? L'heureuse *Constitution* de cet Etat, qui le distingue si glorieusement

euſement de preſque tous les Etats
de l'Europe, fut l'ouvrage & comme
un préſent de votre Auguſte Maiſon ; c'eſt à des Princes Saxons,
qu'on compte parmi Vos Ancêtres,
que l'Angleterre eſt redevable de
l'inſtitution de ſes Parlemens, &
des principales loix qui aſſurent ſa
Liberté. Et comme ſi le Ciel avoit
reſolu que l'*Elbe* ſeroit preſque toûjours le protecteur des privileges de
la *Tamiſe*, Votre Ayeul, au gré de
nos vœux, eſt venu au ſecours de
ces loix, qu'on vouloit abolir pour
ouvrir la porte à la Tyrannie & au
Papiſme. Après avoir raſſuré ſes
Etats en éteignant les eſpérances
de ſes Ennemis domeſtiques, ce
GRAND MONARQUE s'appli-
que à y établir une tranquillité gé-
nérale, & à y faire fleurir le Commerce.

merce. Il regarde ſes Sujets comme ſes Enfans, & ne veut avoir d'autres eſclaves que ſes paſſions : cette moderation, qui le fait regner ſur luy-même, le fait regner ſur toute l'Europe, plûtôt par ſes conſeils que par ſes *forces*, & par la ſupériorité de ſon génie, que par la reputation de ſes armes : on diroit qu'il eſt le modele, ſur lequel l'Archevêque de Cambray s'eſt formé l'idée du Prince accompli : on lit toutes les maximes du Telemaque dans ſa conduite publique & particuliere.

C'est auſſi, Monseigneur, par une conſtante attention aux belles actions de ſa vie, que Votre Altesse doit ſur-tout apprendre *l'art de regner*. Aſſurez des efforts que vous ferez pour imiter un Monarque, inimitable à tout autre

autre qu'aux Princes de son sang, nous predisons hardiment que notre Postérité, que nous félicitons par avance du bonheur de Votre Regne, verra renaitre son Gouvernement dans celuy de Votre Altesse.

Toutes les grandes qualitez de Votre Ayeul se trouvent ébauchées dans Votre Altesse, & ce veritable * *Mentor*, à qui notre Monarque à donné le soin de finir cet ouvrage, ne manquera pas de conduire à son entiere perfection une jeune Plante, qui croit aujourd'huy sous ses yeux, & qui doit un jour couvrir tant de Nations de son ombre. Ces inclinations déja Royales, cette noble ardeur pour la véritable gloire, cette vivacité dans vos reparties,

* Le Duc d'York, frere du Roy.

ces

ces traits de pénétration & de sagesse, qui devancent vos années, ces marques d'esprit & de grandeur que vous faites paroitre, nous font découvrir dans VOTRE ALTESSE le Heros dans l'Enfant, & le Grand Roy dans le Jeune Prince.

CE seroit ici le lieu de nous transporter en esprit au tems de Votre Regne, & de nous faire un portrait anticipé de la félicité d'un Gouvernement, qui fera l'admiration de nos Neveux; mais nous ne pouvons penser sans douleur à la necessité fatale qui doit donner des successeurs à Notre Monarque. Nous aimons à écarter une idée qui nous afflige. Ce n'est pas, que nous ayons rien à appréhender du Gouvernement des Princes qui doivent luy succeder. Nous les connois-
fons,

EPITRE.

fons, & nous fommes affurez que
leurs Regnes feront des copies,
que les plus habiles connoiffeurs
ne diftingueront point de leur
original & de leur modele. Cependant nous en éloignons le temps
par nos vœux, nous *reculons* par
nos prieres le moment, où Votre
Augufte Pere doit prendre la place
de Votre Augufte Ayeul, où Vous
devez vous-même prendre la place
de votre Pere : Charmez des vertus
du Heros qui nous gouverne;
entierement occupez des merveilles de fon adminiftration, nous
ne penfons point au Regne de
fes Succeffeurs : Tous nos defirs,
& toutes nos prieres fe reduifent
à fouhaiter ardemment la conti-
nuation & la longue durée du fien.

APRE's avoir marqué notre

amour,

EPITRE.

amour & nos vœux pour Sa Majesté, je ne puis mieux finir cette
Epitre, qu'en priant Dieu de re-
pandre *l'élite* de ses bénedictions
sur Leurs Altesses Royales,
le Prince & la Princesse de Galles,
sur Leurs Altesses, les
jeunes Princesses, comme aussi sur
la personne, l'éducation, la conduite & les grandes qualités de
Votre Altesse. Ce sont
les souhaits ardens de celuy, qui
est avec le plus profond respect,
& le plus inviolable attachement,

MONSEIGNEUR,

DE VOTRE ALTESSE

Le très-humble & très-
obéissant Serviteur,

Jean Armand Dubourdieu.

AVERTISSEMENT,

Mis devant la derniére Edition de PARIS.

*L*A Famille de feu Monseigneur l'Archevêque de Cambrai donne ici une nouvelle Edition des Avantures de Telemaque, sur un Manuscrit original qui s'est trouvé parmi ses papiers. Toutes les Editions qu'on en a vû jusqu'à présent ont été tres-défectueuses, & faites sans l'aveu de l'Auteur. C'est une justice qu'on lui rend en faisant paroître son Ouvrage tel qu'il est sorti de ses mains.

Il l'avoit partagé en 24 Livres à l'imitation de l'Iliade. Outre cette division nouvelle, cette Edition se trouvera différente, en une infinité d'endroits, de toutes les autres qui ont paru. Souvent à la vérité ces différences ne regardent que le style, & ne font qu'ajouter quelque grace au discours par un arrangement plus harmonieux des paroles : mais aussi l'on avoit omis des choses très-prétieuses & assez étendues, qu'on a restitué fidelement ici sur l'Original.

L'on a cru ne devoir pas laisser plus long tems à la tête de cet Ouvrage une Préface, qui y a paru, & que l'Auteur de Telemaque n'a jamais approuvée. On a mis en sa place le Discours suivant, où l'on tâche de déveloper les beautez de ce Poëme, sa conformité aux regles de l'Art, & la sublimité de sa Morale.

On

AVERTISSEMENT.

On a joint à la fin de cette Edition une Ode de l'Auteur, composée dans sa jeunesse. Elle fera voir son talent naturel pour la versification.

On a cru devoir ôter l'histoire d'Aristonoüs: cette Fable n'avoit aucun raport au Poëme Epique de Telemaque; & l'Auteur n'a jamais eu dessein de l'y joindre. On la donnera au Public dans un Recueil de Fables du même Auteur, qui paroîtra incessamment.

DIS-

DISCOURS

DE LA
POESIE EPIQUE,

ET

DE L'EXCELLENCE

DU POEME

DE TELEMAQUE.

S I l'on pouvoit goûter la Verité toute nûe, elle n'auroit pas besoin, pour se faire aimer, des ornemens que lui prête l'Imagination : mais sa lumiere pure & délicate ne flate pas assez ce qu'il y a de sensible en l'homme ; elle demande une attention qui gêne trop son inconstance naturelle. Pour l'instruire, il faut lui donner non seulement des Idées pures qui l'éclairent, mais encore des Images sensibles qui l'arrêtent dans une

Origine & fin de la Poësie.

vûe

vûe fixe de la Vérité. Voilà la fource de l'Eloquence, de la Poëfie, & de toutes les Sciences qui font du reffort de l'Imagination. C'eft la foibleffe de l'homme qui rend ces Sciences néceffaires. La beauté fimple & immuable de la Vertu ne le touche pas toûjours. Il ne fuffit point de lui montrer la Vérité, il faut la peindre aimable *.

Nous examinerons le Poëme de Telemaque felon ces deux vûes, d'inftruire & de plaire, & nous tâcherons de faire voir que l'Auteur a inftruit plus que les Anciens, par la fublimité de fa Morale ; & qu'il a plû autant qu'eux en imitant toutes leurs beautez.

Deux fortes de Poëfies heroïques.

Il y a deux manieres d'inftruire les hommes pour les rendre bons. La premiere, en leur montrant la difformité du Vice, & fes fuites funeftes : c'eft le deffein principal de la *Tragedie*. La feconde, en leur découvrant la beauté de la Vertu, & fa fin heureufe ; c'eft le caractere propre à *l'Epopée*, ou Poëme Epique. Les paffions qui appartienneut à l'une, font la terreur & la pitié. Celles qui conviennent à l'autre, font l'admiration & l'amour. Dans l'une, les Acteurs parlent ; dans l'autre, le Poëte fait la narration.

Définition & divifion de la Poëfie Epique.

On peut définir la Poëme Epique, *Une Fable racontée par un Poëte, pour exciter l'admiration & infpirer l'amour de la vertu, en nous repréfentant l'action d'un Heros favorifé du Ciel, qui execute un grand deffein, malgré tous les obftacles qui s'y oppofent.* Il y a donc trois chofes dans l'Epopée, *l'Action, la Morale, & la Poëfie.*

I. DE L'ACTION EPIQUE.

Qualitez de l'Action Epique.

L'ACTION doit être *grande, une, entiere, merveilleufe,* & *d'une certaine durée.* Telemaque a toutes ces qualitez. Comparons-

---

* *Omne tulit punctum, qui mifcuit utile dulci ;*
Lectorem delectando, pariterque monendo. Hor. Art. Poet.

rons-le avec les deux Modeles de la Poësie Epique, Homere & Virgile, & nous en serons convaincus.

Nous ne parlerons que de l'Odyssée, dont le Plan a plus de conformité avec celui de Telemaque. *Dessein de* Dans ce Poëme, Homere introduit un Roi *l'Odyssée.* sage, revenant d'une guerre étrangere, où il avoit donné des preuves éclatantes de sa prudence & de sa valeur : des tempêtes l'arrêtent en chemin, & le jettent dans divers Païs, dont il apprend les Mœurs, les Loix, la Politique. De-là naissent naturellement une infinité d'incidens & de périls. Mais sachant combien son absence causoit de desordres dans son Roiaume, il surmonte tous ces obstacles, méprise tous les plaisirs de la vie ; l'Immortalité même ne le touche point : il renonce à tout pour soulager son Peuple & revoir sa Famille.

Dans l'Eneïde, un Heros pieux & brave, *Sujet de* échapé des ruines d'un Etat puissant, est de- *l'Eneïde.* stiné par les Dieux pour en conserver la Religion, & pour établir un Empire plus grand & plus glorieux que le premier. Ce Prince, choisi pour Roi par les restes infortunez de ses Concitoyens, erre long tems avec eux dans plusieurs Païs, où il apprend tout ce qui est necessaire à un Roi, à un Legislateur, à un Pontife. Il trouve enfin un azyle dans des terres éloignées, d'où ses Ancêtres étoient sortis. Il défait plusieurs ennemis puissans qui s'opposent à son établissement, & jette les fondemens d'un Empire, qui devoit être un jour le maître de l'Univers.

L'action de Telemaque unit ce qu'il y a *Plan de* de grand dans l'un & dans l'autre de ces deux *Telema-* Poëmes. On y voit un jeune Prince, animé par *que.* l'amour de la Patrie, aller chercher son Pere, dont l'absence causoit le malheur de sa Famille & de son Royaume. Il s'expose à toutes sortes de périls ; il se signale par des vertus heroïques : il renonce à la Royauté & à des Couronnes plus considerables que la sienne ; & par-

courant

courant plufieurs terres inconnues, apprend tout ce qu'il
faut pour gouverner un jour felon la prudence d'Ulyffe,
la piété d'Enée, & la valeur de tous les deux, en fage
Politique, en Prince religieux, en Heros accompli.

L'action doit être une. L'ACTION de l'Epopée doit être une.
Le Poëme Epique n'eft pas une Hiftoire, com-
me la Pharfale de Lucain, & la Guerre Puni-
que de Silius Italicus; ni la vie toute entiere
d'un Heros, comme l'Achilleïde de Stace: l'unité du Heros ne fait pas l'unité de l'action. La vie de l'homme
eft pleine d'inégalitez. Il change fans ceffe de deffeins,
ou par l'inconftance de fes paffions, ou par les accidens
imprévûs de la vie. Qui voudroit décrire tout l'homme,
ne formeroit qu'un tableau bizarre, un contrafte de paffions oppofées, fans liaifon & fans ordre. C'eft pourquoi
l'Epopée n'eft pas la louänge d'un Heros qu'on propofe
pour modele, mais le recit d'une action grande & illuftre
qu'on donne pour exemple.

Des Epifodes. IL en eft de la Poëfie comme de la
Peinture: l'unité de l'Action principale
n'empêche pas qu'on n'y infere plufieurs incidents particuliers. Le deffein eft formé dès le commencement du
Poëme; le Heros en vient à bout en franchiffant tous les
obftacles. C'eft le recit de fes oppofitions, qui fait les Epifodes: mais tous les Epifodes dépendent de l'Action
principale, & font tellement liez avec elle, & fi unis entre
eux, que le tout enfemble ne prefente qu'un feul tableau,
compofé de plufieurs figures dans une belle ordonnance
& dans une jufte proportion.

L'unité de l'Action de Telemaque, & la conti-nuité des E-pifodes. JE n'examine point ici, s'il eft vrai
qu'Homere noye quelque fois fon Action
principale dans la longueur & le nombre de
fes Epifodes; fi fon Action eft double; s'il
perd fouvent de vûe fes principaux Perfonnages. Il fuffit de remarquer, que l'Auteur
de Telemaque a imité par tout la regularité de Virgile,

en

en évitant les défauts qu'on impute au Poëte Grec.
Tous les Episodes de notre Auteur font continus, & si
habilement enclavez les uns dans les autres, que le premier amene celui qui fuit.   Ses principaux Perfonnages
ne difparoiffent point, & les tranfitions qu'il fait de l'Epifode à l'Action principale, font fentir toûjours l'unité du
deffein.   Dans les fix premiers Livres, où Telemaque
parle & fait le recit de fes avantures à Calypfo, ce long
Epifode, à l'imitation de celui de Didon, eft raconté
avec tant d'art, que l'unité de l'Action principale eft
demeurée parfaite.   Le Lecteur y eft en fufpens, &
fent dès le commencement que le fejour de ce Heros
dans cette Ile, & ce qui s'y paffe, n'eft qu'un obftacle
qu'il faut furmonter.   Dans le XIII, & XIV Livre, où
Mentor inftruit Idomenée, Telemaque n'eft pas prefent,
il eft à l'armée: mais c'eft Mentor, un des principaux
perfonnages du Poëme, qui fait tout en vûe de Telemaque & pour fon inftruction: de forte que cet Epifode
eft parfaitement lié avec le deffein principal. C'eft encore
un grand art dans notre Auteur, de faire entrer dans fon
Poëme des Epifodes, qui ne font pas des fuites de fa Fable
principale, fans rompre ni l'unité, ni la continuité de
l'Action.   Ces Epifodes y trouvent place, non feulement
comme des inftructions importantes pour un jeune
Prince, qui eft le grand deffein du Poëte, mais parce
qu'il les fait raconter à fon Heros dans le tems d'une
inaction pour en remplir le vuide. C'eft ainfi qu'Adoam
inftruit Telemaque des Mœurs & des Loix de la Betique,
pendant le calme d'une navigation: & Philoctete lui
raconte fes malheurs, tandis que ce jeune Prince eft au
camp des Alliez, en attendant le jour du combat.

L'ACTION Epique doit être entiere. Cette
integrité fuppofe trois chofes : la Caufe, le
Nœud, & le Dénouëment. La .caufe. de l'Action doit être digne du Heros, & conforme à
fon caractere. Tel eft le deffein de Telemaque.   Nous
l'avons déja vû.   B   LE

L'Action
doit être
entiere.

Du Nœud.   LE Nœud doit être naturel, & tire du fond de l'Action. Dans l'Odyſſée, c'eſt Neptune qui le forme. Dans l'Eneïde, c'eſt la colere de Junon. Dans Telemaque, c'eſt la haine de Venus. Le Nœud de l'O-dyſſée eſt naturel, parce que naturellement il n'y a point d'obſtacle qui ſoit plus à craindre pour ceux qui vont ſur mer, que la mer même. L'oppoſition de Junon dans l'Eneïde, comme ennemie des Troyens, eſt une belle fiction. Mais la haine de Venus contre un jeune Prince, qui mépriſe la volupté par amour de la Vertu, & dompte ſes paſſions par le ſecours de la Sageſſe, eſt une Fable tirée de la nature, qui renferme en même tems une Morale ſublime.

Du Dé-nouëment.   LE Dénouëment doit être auſſi naturel que le Nœud. Dans l'Odyſſée, Ulyſſe arrive parmi les Pheaciens, leur raconte ſes avantures ; & ces Inſulaires, amateurs des Fables, charmez de ces recits, lui fourniſſent un Vaiſſeau pour retourner chez lui : le Dénouëment eſt ſimple & naturel. Dans l'Eneïde, Turnus eſt le ſeul obſtacle à l'établiſſement d'Enée. Ce Heros, pour épargner le ſang de ſes Troyens, & celui des Latins, dont il ſera bientôt Roi, vuide la querelle par un combat ſingulier. Ce Denouëment eſt noble. Celui de Telemaque eſt tout enſemble naturel & grand. Ce jeune Heros, pour obeïr aux ordres du Ciel, ſurmonte ſon amour pour Antiope & ſon amitié pour Idomenée, qui lui offroit ſa Couronne & ſa fille. Il ſacrifie les paſſions les plus vives & les plaiſirs même les plus innocens, au pur amour de la vertu. Il s'embarque pour Ithaque ſur des Vaiſſeaux que lui fournit Ido-menée, à qui il avoit rendu tant de ſervices. Quand il eſt près de ſa Patrie, Minerve le fait relâcher dans une petite Ile deſerte, où elle ſe découvre à lui. Après l'avoir accompagné, à ſon inſçu, au travers des mers orageuſes, de terres inconnues, de guerres ſanglantes, & de tous les maux qui peuvent éprouver le cœur de l'homme, la Sageſſe le conduit enfin dans un

lieu

lieu folitaire. C'eft là qu'elle lui parle, qu'elle lui annonce la fin de fes travaux & fa deltinée heureufe ; puis elle le quitte. Sitôt qu'il va rentrer dans le bonheur & le repos, la Divinité s'éloigne, le merveilleux ceffe, l'action heroïque finit. C'eft dans la fouffrance que l'homme fe montre Heros, & qu'il a befoin d'un appui tout divin. Ce n'eft qu'après avoir fouffert, qu'il eft capable de marcher feul, de fe conduire lui-même, & de gouverner les autres. Dans le Poëme de Telemaque, l'obfervation des plus petites regles de l'art eft accompagnée d'une profonde Morale.

OUTRE le nœud & le dénouëment general de l'Action principale, chaque Epifode a fon nœud & fon dénouëment propre. Ils doivent avoir tous les mêmes conditions. Dans l'Epopée, on ne cherche point les intrigues furprenantes des Romans modernes. *Qualitez generales du nœud & du dénouëment du Poeme Epique.* La furprife feule ne produit qu'une paffion très-imparfaite & paffagere. Le fublime eft d'imiter la fimple nature, préparer les événemens d'une maniere fi délicate qu'on ne les prévoye pas, les conduire avec tant d'art que tout paroiffe naturel. On n'eft point inquiet, fufpendu, détourné du but principal de la Poëfie heroïque, qui eft l'Inftruction, pour s'occuper d'un dénouëment fabuleux, & d'une intrigue imaginaire. Cela eft bon, quand le feul deffein eft d'amufer : mais dans un Poëme Epique, qui eft une efpece de Philofophie morale, ces intrigues font des jeux d'efprit au deffous de fa gravité & de fa nobleffe.

SI l'Auteur de Telemaque a évité les intrigues des Romans modernes, il n'eft pas tombé non plus dans le Merveilleux outré, que *L'Action doit être merveilleufe.* quelques uns reprochent aux Anciens. Il ne fait ni parler des chevaux, ni marcher des trépieds, ni travailler des ftatues. L'Action Epique doit être merveilleufe, mais vrai-femblable. Nous n'admirons point ce qui nous paroît impoffible. Le Poëte ne doit jamais choquer la Raifon,

fon,

fon, quoiqu'il puiffe aller quelque fois au delà de la Nature. Les Anciens ont introduit les Dieux dans leurs Poëmes, non feulement pour executer par leur entremife de grands événemens, & unir la vraifemblance & le merveilleux : mais pour apprendre aux hommes, que les plus vaillans & les plus fages ne peuvent rien fans le fecours des Dieux. Dans notre Poëme, Minerve conduit fans ceffe Telemaque. Par là le Poëte rend tout poffible à fon Heros, & fait fentir, que fans la Sageffe divine l'homme ne peut rien. Mais ce n'eft pas là tout fon art. Le fublime eft d'avoir caché la Déeffe fous une forme humaine. C'eft non feulement le vrai-femblable, mais le naturel, qui s'unit ici au merveilleux. Tout eft divin, & tout paroît humain. Ce n'eft pas encore tout. Si Telemaque avoit fçu qu'il étoit conduit par une Divinité, fon mérite n'auroit pas été fi grand ; il en auroit été trop foûtenu. Les Heros d'Homere favent prefque toûjours ce que les Immortels font pour eux. Notre Poëte, en dérobant à fon Heros le merveilleux de la fiction, a fait admirer fa vertu & fon courage.

De la durée du Poëme Epique. La durée du Poëme Epique eft plus longue que celle de la Tragedie. Dans celle-ci les paffions regnent. Rein de violent ne peut être de longue durée. Mais les vertus & les habitudes, qui ne s'acquierent pas tout d'un coup, font propres au Poëme Epique, & par confequent fon Action doit avoir une plus grande étendue. L'Epopée peut renfermer les actions de plufieurs années : mais felon les Critiques, le tems de l'action principale, depuis l'endroit où le Poëte commence fa narration, ne peut être plus longue qu'une année, comme le tems d'une action tragique doit être au plus d'un jour. Ariftote & Horace n'en difent rien pourtant. Homere & Virgile n'ont obfervé aucune regle fixe là-deffus. L'Action de l'Iliade toute entiere fe paffe en cinquante jours. Celle de l'Odyffée, depuis l'endroit où le Poëte commence fa narration, n'eft que d'environ deux mois.

mois. Celle de l'Eneïde eſt d'un an. Une ſeule campagne ſuffit à Telemaque, depuis qu'il ſort de l'Ile de Calypſo juſqu'à ſon retour en Ithaque. Notre Poëte a
choiſi le milieu entre l'impetuoſité & la vehemence, avec
laquelle le Poëte Grec court vers ſa fin, & la démarche
majeſtueuſe & meſurée du Poete Latin, qui paroît quelque
fois lent, & ſemble trop allonger ſa narration.

QUAND l'Action du Poëme Epique eſt *De la Nar-*
longue & n'eſt pas continüe, le Poëte diviſe *ration Epi-*
ſa Fable en deux parties : l'une, où le Heros *que.*
parle & raconte ſes avantures paſſées ; l'autre, où le
Poëte ſeul fait le recit de ce qui arrive enſuite à ſon Heros. C'eſt ainſi qu'Homere ne commence ſa narration
qu'après qu'Ulyſſe eſt parti de l'Ile d'Ogygie ; & Virgile
la ſienne, qu'après que Enée eſt arrivé à Carthage. L'Auteur de Telemaque a parfaitement imité ces deux grands
Modeles. Il diviſe ſon Action, comme eux, en deux parties. La principale contient ce qu'il raconte ; & elle commence, où Telemaque finit le recit de ſes avantures à Calypſo. Il prend peu de matiere, mais il la traite ample-
ment. Dix-huit Livres y ſont employez. L'autre partie
eſt beaucoup plus ample pour le nombre des incidens,
& pour le tems : Mais elle eſt beaucoup plus reſſerrée
pour les circonſtances. Elle ne contient que les ſix
premiers Livres. Par cette diviſion, de ce que notre
Poëte raconte, & de ce qu'il fait raconter à Telemaque,
il retranche les tems d'inaction ; comme ſa captivité
en Egypte, ſon empriſonnement à Tyr, &c. Il n'étend
pas trop la durée de ſa narration, il joint enſemble
la varieté & la continuité des avantures : tout eſt mouvement, tout eſt action dans ſon Poëme. On ne voit jamais ſes Perſonnages oiſifs, ni ſon Heros diſparoître.

II. DE LA MORALE.

ON peut recommander la vertu par les ex- *I. Des*
emples, & par les inſtructions, par les mœurs *Mœurs.*

&

& par les préceptes.   C'eſt ici où notre Auteur ſurpaſſe de beaucoup tous les autres Poëtes.

ON doit à Homere la riche invention d'avoir perſonnaliſé les Attributs divins, les paſſions humaines, & les cauſes phyſiques : ſource féconde de belles fictions, qui animent & vivifient tout dans la Poëſie.   Mais ſa Religion n'eſt qu'un tiſſu de fables, qui n'ont rien de propre ni à faire reſpecter, ni à faire aimer la Divinité.   Les Caracteres de ſes Dieux ſont même au deſſous de ceux de ſes Heros. Pythagore, Platon, Philoſtrate, Payens comme lui, ne l'ont pas juſtifié d'avoir ravalé ainſi la Nature divine, ſous prétexte que ce qu'il en dit eſt Allegorie, tantôt phyſique, tantôt morale.   Car, outre qu'il eſt contre la nature de la Fable de ſe ſervir des actions morales pour figurer des effets phyſiques, il leur parut très-dangereux, de repreſenter les chocs des élemens, & les Phénomenes communs de la Nature, par des actions vicieuſes attribuées aux Puiſſances celeſtes; & d'enſeigner la Morale par des Allegories, dont la lettre ne montre que le vice.

Caracteres des Dieux d'Homere.

ON pourroit peutêtre diminuer la faute d'Homere par les tenebres & les mœurs de ſon ſiecle, & le peu de progrès qu'on avoit fait, de ſon tems, dans la Philoſophie.   Sans entrer dans cette diſcuſſion, on ſe contentera de remarquer, que l'Auteur de Telemaque, en imitant ce qu'il y a de beau dans les Fables du Poëte Grec, a évité deux grands défauts qu'on lui impute.   Il perſonnaliſe comme lui les Attributs divins, & en fait des Divinitez ſubalternes ; mais il ne les fait jamais paroître qu'en des occaſions qui meritent leur preſence.   Il ne les fait jamais parler ni agir que d'une maniere digne d'elles.   Il unit avec art *la Poëſie d'Homere & la Philoſophie de Pythagore.*   Il ne dit rien que ce que les Payens auroient pu dire ; & cependant il a mis dans leurs bouches ce qu'il y a de plus ſublime dans la Morale Chrêtienne, & a montré par-là que cette Morale eſt écrite en caracteres ineffaçables dans le cœur de l'homme,

&

& qu'il les y découvriroit infailliblement, s'il suivoit la voix de la pure & simple Raison, pour se livrer totalement à cette Verité souveraine & universelle, qui éclaire tous les esprits, comme le Soleil éclaire tous les corps ; sans laquelle, toute Raison particuliere n'est que tenebres & égarement.

LES idées que notre Poëte nous donne de la Divinité, sont non seulement dignes d'elle, mais infiniment aimables pour l'homme. Tout *Ses Idées de la Divinité.* inspire la confiance & l'amour, une piété douce, une adoration noble & libre, duë à la perfection absolue de l'Estre infini ; & non pas un culte supersticieux, sombre & servile, qui saisit & abbat le cœur, lorsqu'on ne considere Dieu que comme un puissant Legislateur, qui punit avec rigueur le violement de ses Loix.

IL nous represente Dieu, comme amateur des hommes ; mais dont l'amour & la bonté ne sont pas abandonnez aux decrets aveugles d'une destinée fatale, ni meritez par les pompeuses apparences d'un culte exterieur, ni sujets aux caprices bizares des Divinitez payennes ; mais toûjours reglez par la Loi immuable de la Sagesse, qui ne peut qu'aimer la vertu, & traiter les hommes, non selon le nombre des animaux qu'ils immolent, mais des passions qu'ils sacrifient.

ON peut justifier plus aisément les caracte-res qu'Homere donne à ses Heros, que ceux qu'il donne à ses Dieux. Il est certain qu'il *Des mœurs des Heros d'Homere.* peint les hommes avec simplicité, force, varieté & passion. L'ignorance où nous sommes des coûtumes de son Païs, des ceremonies de sa Religion, du génie de sa langue, le défaut qu'ont la pluspart des hommes de juger de tout par le goût de leur siécle & de leur nation, l'amour du faste & de la fausse magnificence, qui a gâté la nature pure & primitive ; toutes ces choses peuvent nous tromper & nous faire regarder comme fade ce qui étoit estimé dans l'ancienne Grece.

QUOI-

Des deux sortes d'Epo-pées ; la Pa-thetique, & la Morale.

QUOIQU'IL paroisse plus naturel & plus philosophe de distinguer la Tragedie de l'Epopée par la difference de leurs vûes morales, comme on a fait d'abord ; on n'ose décider cependant, s'il ne peut pas y avoir, comme dit Ariftote, deux sortes d'Epopée, l'une *Pathetique*, l'autre *Morale* ; l'une, où les grandes passions regnent ; l'autre, où les grandes virtus triomphent. L'Iliade & l'Odyssée peuvent être des exemples de ces deux especes. Dans l'une, Achille est representé naturellement avec tous ses défauts ; tantôt comme brutal, jusqu'à ne conserver aucune dignité dans sa colere ; tantôt comme furieux jusqu'à sacrifier sa Patrie à son ressentiment. Quoique le Héros de l'Odyssée soit plus regulier que le jeune Achille bouillant & impétueux, cependant le sage Ulysse est souvent faux & trompeur. C'est que le Poëte peint les hommes avec simplicité, & selon ce qu'ils font d'ordinaire. La valeur se trouve souvent alliée avec une vengeance furieuse & brutale. La politique est presque toûjours jointe avec le mensonge & la dissimulation. Peindre d'après nature, c'est peindre comme Homere.

Ces deux es-peces d'Epo-pées font u-nies dans le Telemaque.

SANS vouloir critiquer les vûes differentes de l'Iliade & de l'Odyssée, il suffit d'avoir remarqué en passant leurs differentes beautez, pour faire admirer l'art, avec lequel notre Auteur réünit dans son Poëme ces deux sortes d'Epopées, la Pathetique & la Morale. On voit un mêlange & un contraste admirable de vertus & de passions dans ce merveilleux tableau. Il n'offre rien de trop grand ; mais il nous represente également l'excellence & la bassesse de l'homme. Il est dangereux de nous montrer l'un sans l'autre, & rien n'est plus utile que de nous faire voir tous les deux ensemble ; car la justice & la vertu parfaites demandent, qu'on s'estime & se méprise, qu'on s'aime & se haïsse. Notre Poëte n'éleve pas Telemaque au dessus de l'humanité, il le fait tomber dans les foiblesses

qui

qui font compatibles avec un amour fincere de la vertu ;
& fes foibleffes fervent à le corriger, en lui infpirant la
défiance de foi-même, & de fes propres forces. Il ne
rend pas fon imitation impoffible, en lui donnant une per-
feétion fans tache : mais il excite notre émulation, en
mettant devant les yeux l'exemple d'un jeune homme, qui
avec les mêmes imperfeétions que chacun fent en foi,
fait les aétions les plus nobles & les plus vertueufes. Il a
uni enfemble dans le caraétere de fon Heros, le courage
d'Achille, la prudence d'Ulyffe, & la piété d'Enée. Telemaque eft colere comme le premier, fans être brutal ;
politique comme le fecond, fans être fourbe ; fenfible
comme le troifiéme, fans être voluptueux.

Une autre maniere d'inftruire, c'eft par
les préceptes. L'Auteur de Telemaque joint
enfemble les grandes inftruétions avec les
exemples heroïques ; la morale d'Homere
avec les mœurs de Virgile. Sa morale a cependant trois
qualitez qui manquent à celle des Anciens, foit Poëtes,
foit Philofophes. Elle eft *fublime* dans fes principes, *noble*
dans fes motifs, *univerfelle* dans fes ufages.

1°. Sublime dans fes principes. Elle
vient d'une profonde connoiffance de l'homme : on l'introduit dans fon propre fonds ;
on lui dévelope les refforts fecrets de fes
paffions, les replis cachez de fon amour
propre, la difference des vertus fauffes d'avec les folides.
De la connoiffance de l'homme, on remonte à celle de
Dieu même. L'on fait fentir par tout, que l'Eftre infini
agit fans ceffe en nous pour nous rendre bons & heureux :
Qu'il eft la fource immediate de toutes nos lumieres, &
de toutes nos vertus : Que nous ne tenons pas moins de
lui la Raifon que la vie : Que fa Verité fouveraine doit
être notre unique lumiere, & fa volonté fuprême regler
tous nos amours : Que faute de confulter cette Sageffe
univerfelle & immuable, l'homme ne voit que des fan-

tômes.

tômes féduifans ; faute de l'écouter, il n'entend que le bruit confus de fes paffions : Que les folides vertus ne nous viennent que comme quelque chofe d'étranger, qui eft mis en nous ; qu'elles ne font pas les effets de nos propres efforts, mais l'ouvrage d'une Puiffance fuperieure à l'homme, qui agit en nous quand nous n'y mettons point d'obftacle, & dont nous ne diftinguons pas toûjours l'action, à caufe de fa délicateffe. L'on nous montre enfin que fans cette Puiffance premiere & fouveraine, qui éleve l'homme au deffus de lui-même, les vertus les plus brillantes ne font que des raffinemens d'un amour propre, qui fe renferme en foi-même, fe rend fa Divinité, & devient en même tems & l'idolâtre & l'idole. Rien n'eft plus admirable que le Portrait de ce Philofophe que Telemaque vit aux Enfers, & dont tout le crime étoit d'avoir été idolâtre de fa propre vertu.

C'EST ainfi que la Morale de notre Auteur tend à nous faire oublier notre être propre, pour le rapporter tout entier à l'Eftre fouverain, & nous en rendre les adorateurs : comme le but de fa Politique eft de nous faire préferer le bien public au bien particulier, & nous faire aimer les hommes. On fçait les fyftêmes de Machiavel, d'Hobbes, & de deux Auteurs plus moderez, Puffendorf, & Grotius. Les deux premiers, fous le vain & faux pretexte que le bien de la focieté n'a rien de commun avec le bien effentiel de l'homme, qui eft la vertu, établiffent pour feules maximes de gouvernement, la fineffe, les artifices, les ftratagêmes, le defpotifme, l'injuftice & l'irreligion. Les deux derniers Auteurs ne fondent leur Politique que fur des maximes payennes, & qui même n'égalent ni celles de la République de Platon, ni celles des Offices de Ciceron. Il eft vrai que ces deux Philofophes modernes ont travaillé dans le deffein d'être utiles à la Société, & qu'ils ont rapporté prefque tout au bonheur de l'homme confideré felon le civil. Mais l'Auteur de Telemaque eft original, en ce qu'il a uni la Politique la plus parfaite avec

les

les idées de la Vertu la plus confommée. Le grande principe fur lequel tout roule, eft que le monde entier n'eft qu'une Republique univerfelle, & chaque Peuple comme une grande famille. De cette belle & lumineufe idée naiffent ce que les Politiques appellent les Loix *de Nature, & des Nations*, équitables, genereufes, pleines d'humanité. On ne regarde plus chaque Païs comme indépendant des autres; mais le genre humain comme un tout indivifible. On ne fe borne plus à l'amour de fa Patrie; le cœur s'étend, devient immenfe; & par une amitié univerfelle embraffe tous les hommes. De-la naiffent l'amour des Etrangers, la confiance mutuelle entre les Nations voifines, la bonne foi, la juftice, & la paix parmi les Princes de l'Univers comme entre les Particuliers de chaque Etat. Notre Auteur nous montre encore que la gloire de la Royauté eft de gouverner les hommes pour les rendre bons & heureux: que l'autorité du Prince n'eft jamais mieux affermie que lorfqu'elle eft appuyée fur l'amour des peuples, & que la veritable richeffe de l'Etat confifte à retrancher tous les faux befoins de la vie, pour fe contenter du neceffaire & des plaifirs fimples & innocens. Par-là, il fait voir que la vertu contribue non feulement à preparer l'homme pour une felicité future, mais qu'elle rend la Societé actuellement heureufe dans cette vie, autant qu'elle le peut être.

2º. LA Morale de Telemaque eft noble dans fes motifs. Son grand principe eft qu'il faut préferer l'amour du *beau*, à l'amour du *plaifir*, comme difent Socrate & Platon: *l'honnête*, à *l'agréable*, felon l'expreffion de Ciceron. Voilà la fource des fentimens nobles, de la grandeur d'ame, & de toutes les vertus heroïques. C'eft par ces idées pures & élevées qu'il détruit, d'une maniere infiniment plus touchante que par la difpute, la fauffe Philofophie de ceux, *qui font du plaifir le feul reffort*

2º. La Morale de Telemaque eft noble dans fes motifs.

reſſort du cœur humain. Notre Poëte montre par la belle Morale qu'il met dans la bouche de ſes Heros, & les actions genereuſes qu'il leur fait faire, ce que peut l'amour du beau & du parfait ſur un cœur noble, pour lui faire ſacrifier ſes plaiſirs aux devoirs penibles de ſa vertu. Je ſçai que cette vertu heroïque paſſe parmi les ames vulgaires pour un fantôme ; & que les gens d'imagination ſe ſont déchaînez contre cette Verité ſublime & ſolide par pluſieurs pointes d'eſprit frivoles & mépriſables. C'eſt que ne trouvant rien au-dedans d'eux qui ſoit comparable à ces grands ſentimens, ils concluent que l'humanité en eſt incapable. Ce ſont des Nains qui jugent de la force des Geants par la leur. Les eſprits qui rampent ſans ceſſe dans les bornes étroites de l'amour propre, ne comprendront jamais le pouvoir & l'etendue d'une vertu, qui éleve l'homme au deſſus de lui-même. Quelques Philoſophes, qui ont fait d'ailleurs de belles découvertes dans la Philoſophie, ſe ſont laiſſez entraîner par leurs préjugez, juſqu'à ne point diſtinguer aſſez entre l'amour de l'ordre, & l'amour du plaiſir ; & à nier que la volonté puiſſe être remuée auſſi fortement *par la vûe claire de la verité,* que *par le goût naturel du plaiſir.* On ne peut lire ſerieuſement Telemaque ſans être convaincu de ce grand principe. L'on y voit les ſentimens genereux d'une ame noble, qui ne conçoit rien que de grand ; d'un cœur deſintereſſé, equi s'oublie ſans ceſſe ; d'un Philoſophe, qui ne ſe borne ni à ſoi ni à ſa Nation, ni à rien de particulier ; mais qui rapporte tout au bien commun du genre humain, & tout le genre humain à l'Eſtre ſuprême.

3°. La Morale de Telemaque eſt univerſelle dans ſes uſages,

3°. LA Morale de Telemaque eſt univerſelle dans ſes uſages, étendue, feconde, proportionné à tous les tems, à toutes les Nations, & à toutes les conditions. On y apprend les devoirs d'un Prince, qui eſt tout enſemble, Roi, Guerrier, Philoſophe &

Le-

Legiſlateur. On y voit l'art de conduire des Nations differentes; la maniere de conſerver la paix au-dehors avec ſes Voiſins, & cependant d'avoir toûjours au-dedans du Royaume une jeuneſſe aguerrie, prête à le défendre ; d'enricher ſes Etats ſans tomber dans le luxe; de trouver le milieu entre les excez d'un pouvoir deſpotique; & les deſordres de l'Anarchie. On y donne des préceptes pour l'agriculture, pour le commerce, pour les arts, pour la police, pour l'éducation des enfans. Notre Auteur fait entrer dans ſon Poëme, non ſeulement les vertus heroïques & royales, mais celles qui ſont propres à toutes ſortes de conditions. En formant le cœur de ſon Prince, il n'inſtruit pas moins chaque Particulier de ſon devoir.

L'ILIADE a pour but, de montrer les funeſtes ſuites de la deſunion parmi les Chefs d'une armée. L'Odyſſée nous fait voir ce que peut dans un Roi la prudence, jointe avec la valeur. Dans l'Eneïde on dépeint les actions d'un Heros pieux & vaillant. Mais toutes ces vertus particulieres ne font pas le bonheur du genre humain. Telemaque va bien au-delà de tous ces plans, par la grandeur, le nombre & l'étendue de ſes vûes morales; de ſorte qu'on peut dire avec le Philoſophe critique d'Homere : * *Le don le plus utile que les Muſes ayent fait aux hommes, c'eſt le Telemaque ; car ſi le bonheur du Genre humain pouvoit naître d'un Poëme, il naîtroit de celui-là.*

* *L'Abbé Terraſſon.*

DE LA POESIE.

C'EST une belle Remarque du Chevalier Temple, que la Poëſie doit réünir, ce que la Muſique, la Peinture, & l'Eloquence ont de force & de beauté. Mais comme la Poëſie ne differe de l'Eloquence, qu'en ce qu'elle peint avec enthouſiaſme, on aime mieux dire, que la Poëſie emprunte ſon harmonie de la Muſique, ſa paſſion de la Peinture, ſa force & ſa juſteſſe de la Philoſophie.

LE

L'Harmonie du Style de Telemaque.

LE Style de Telemaque eſt poli, net, coulant, magnifique. Il a toute l'abondance d'Homere, ſans avoir ſon intemperance de paroles. Il ne tombe jamais dans les redites; & quand il parle des mêmes choſes, il ne rappelle point les mêmes images, & encore moins les memes termes. Toutes ſes periodes rempliſſent l'oreille par leur nombre & leur cadence. Rien ne choque, point de mots durs, point de termes abſtraits, ni de tours affectez. Il ne parle jamais pour parler, ni ſimplement pour plaire. Toutes ſes paroles font penſer; & toutes ſes penſées tendent à nous rendre bons.

Excellence des Peintures de Telemaque.

LES Images de notre Poëte ſont auſſi parfaites, que ſon ſtyle eſt harmonieux. Peindre, c'eſt non ſeulement décrire les choſes, mais en repreſenter les circonſtances, d'une maniere ſi vive & ſi touchante, qu'on s'imagine les voir. L'Auteur de Telemaque peint les paſſions avec art. Il avoit étudié le cœur de l'homme, & en connoiſſoit tous les reſſorts. En liſant ſon Poëme, on ne voit plus que ce qu'il fait voir; on n'entend plus que ceux qu'il fait parler. Il échauffe, il remue, il entraîne. On ſent toutes les paſſions qu'il décrit.

Des Comparaiſons & Deſcriptions de Telemaque.

LES Poëtes ſe ſervent ordinairement de deux ſortes de peintures, les comparaiſons & les deſcriptions. Les comparaiſons de Telemaque ſont juſtes & nobles. L'Auteur n'éleve pas trop l'eſprit au-deſſus de ſon ſujet par des metaphores outrées: il ne l'embaraſſe pas non-plus par une trop grande varieté d'imàges. Il a imité tout ce qu'il y a de grand & de beau dans les deſcriptions des Anciens, les combats, les jeux, les naufrages, les ſacrifices, &c. ſans s'étendre ſur les minuties qui font languir la narration, ſans rabaiſſer la majeſté du Poëme Epique par la deſcription des choſes baſſes & deſagreables. Il

deſcend

defcend quelque fois dans le detail : mais il ne dit rien qui ne merite attention, & qui ne contribue à l'idée qu'il veut donner. Il fuit la Nature dans toutes fes varietez. Il favoit bien que tout difcours doit avoir fes inégalitez ; tantôt fublime, fans être guindé; tantôt naïf, fans être bas. C'eft un faux goût de vouloir toûjours embellir. Ses defcriptions font magnifiques, mais naturelles, fimples, & cependant agréables. Il peint non-feulement d'après nature, mais fes tableaux font aimables. Il unit enfemble la verité du deffein, & la beauté du coloris; la vivacité d'Homere, & la nobleffe de Virgile. Ce n'eft pas tout; les defcriptions de ce Poëme font non feulement deftinées à plaire, mais elles font toutes inftructives. Si l'Auteur parle de la vie paftorale, c'eft pour recommander l'aimable fimplicité des mœurs. S'il décrit des jeux & des combats, ce n'eft pas feulement pour celebrer les funerailles d'un ami ou d'un pere, comme dans l'Iliade & dans l'Eneïde : c'eft pour choifir un Roi qui furpaffe tous les autres dans la force de l'efprit & du corps, & qui foit également capable de foûtenir les fatigues de l'un & de l'autre. S'il nous reprefente les horreurs d'un naufrage, c'eft pour infpirer à fon Heros la fermeté de cœur, & l'abandon aux Dieux, dans les plus grands périls. Je pourrois parcourir toutes ces defcriptions, & y trouver de femblables beautez. Je me contenterai de remarquer que dans cette nouvelle Edition, la fculpture de la redoutable Egide que Minerve envoya à Telemaque, eft pleine d'art, & renferme cette Morale fublime : Que le bouclier d'un Prince, & le foûtien d'un Etat, font les fciences & l'agriculture : Qu'un Roi armé par la fageffe cherche tóûjours la paix, & trouve des reffources fécondes contre tous les maux de la guerre, dans un peuple inftruit & laborieux, dont l'efprit & le corps font également accoûtumez au travail.

LA

Philofophie de Telemaque.

LA Poëfie tire fa force & fa juftefle de la Philofophie. Dans Telemaque, on voit par-tout une imagination riche, vive, agréable, & néanmoins un efprit jufte & profond. Ces deux qualitez fe rencontrent rarement dans la même perfonne. Il faut que l'ame foit dans un mouvement prefque continuel, pour inventer, pour paflionner, pour imiter; & en même tems dans une tranquilité parfaite pour juger en produifant, & choifir, entre mille penfées qui fe prefentent, celle qui convient. Il faut que l'Imagination fouffre une efpece de tranfport & d'enthoufiafme, pendant que l'efprit, paifible dans fon empire, la retient, & la tourne où il veut. Sans cette paffion qui anime tout, les difcours paroiffent froids, languiffans, abftraits, hiftoriques. Sans ce jugement qui regle tout, ils font faux & trompeurs.

Comparaifon de la Poefie de Telemaque avec Homere & Virgile.

LE feu d'Homere, fur-tout dans l'Iliade, eft impétueux & ardent, comme un tourbillon de flame, qui embrafe tout. Le feu de Virgile a plus de clarté que de chaleur; il luit toûjours uniment & également. Celui de Telemaque échauffe & éclaire tout enfemble, felon qu'il faut perfuader, ou paffionner. Quand cette flame éclaire, elle fait fentir une douce chaleur, qui n'incommode point. Tels font les difcours de Mentor fur la Politique, & de Telemaque fur le fens des Loix de Minos, &c. Ces idées pures rempliffent l'efprit de leur paifible lumiere: l'enthoufiafme & le feu poetique feroient nuifibles, comme les rayons trop ardens du Soleil qui éblouiffent. Quand il n'eft plus queftion de raifonner, mais d'agir, quand on a vû clairement la verité, quand les reflexions ne viennent que d'irrefolution, alors le Poete excite un feu, & une paffion qui détermine, & qui emporte une ame affoiblie, qui n'a pas le courage de fe rendre à la verité. L'Epifode des amours de Telemaque dans l'Ile de Calypfo, eft plein de ce feu,

CE

Ce mélange de lumiere & d'ardeur diſtingue notre Poëte d'Homere, & de Virgile. L'enthouſiaſme du premier lui fait quelque fois oublier l'art, negliger l'ordre, & paſſer les bornes de la nature. C'etoit la force & l'eſſor de ſon grand génie, qui l'entraînoit malgré lui. La pompeuſe magnificence, le jugement & la conduite de Virgile degenerent quelque fois en une regularité trop compaſſée, où il ſemble plûtôt Hiſtorien que Poëte. Ce dernier plaît beaucoup plus aux Poëtes philoſophes & modernes, que le premier. N'eſt-ce pas qu'ils ſentent, qu'on peut imiter plus facilement par *art* le grand jugement du Poëte Latin, que le beau feu du Poëte Grec, que la *nature* ſeule peut donner?

Notre Auteur doit plaire à toutes ſortes de Poëtes, tant à ceux qui ſont Philoſophes, qu'à ceux qui n'admirent que l'enthouſiaſme. Il a uni les lumieres de l'Eſprit avec les charmes de l'Imagination. Il prouve la verité en Philoſophe. Il fait aimer la verité prouvée par les Sentimens qu'il excite. Tout eſt ſolide, vrai, convenable à la perſuaſion; ni jeux d'eſprit, ni penſées brillantes qui n'ont d'autre but que de faire admirer l'Auteur. Il a ſuivi ce grand Précepte de Platon, qui dit qu'en écrivant on doit toûjours ſe cacher, diſparoitre, ſe faire oublier pour ne produire que les veritez qu'on veut perſuader, & les paſſions qu'on veut purifier.

Dans Telemaque tout eſt raiſon, tout eſt ſentiment. C'eſt ce qui le rend un Poëme de toutes les Nations, & de tous les ſiecles. Les traductions qu'on en a faites en des langues moins délicates que la Langue Françoiſe, n'effacent point ſes beautez originales. La ſavante Apologiſte d'Homere nous aſſure que le Poëte Grec perd infiniment par une traduction; qu'il n'eſt pas poſſible d'y faire paſſer la force, la nobleſſe, & l'ame de ſa Poëſie. Mais on oſe dire que Telemaque conſervera toûjours, en toutes ſortes de Langues, ſa force, ſa nobleſſe, ſon ame & ſes beautez eſſentielles. C'eſt que l'excellence de ce

Poëme

Poëme ne confiſte pas dans l'arrangement heureux & harmonieux des paroles, ni même dans les agrémens que lui prête l'imagination, mais dans un goût ſublime de la vérité, dans des ſentimens nobles, élevez, & dans la maniere naturelle, délicate & judicieuſe de les traiter. De pareilles beautez ſont de toutes les Langues, de tous les tems, de tous les Païs, & touchent également les bons eſprits, & les grandes ames dans tout l'Univers.

Premiere Objection contre Telemaque.

On a formé pluſieurs Objections contre Telemaque : 1°. Qu'il n'eſt pas en vers.

Reponse. La verſification, ſelon Ariſtote, Denys d'Halicarnaſſe, & Strabon, n'eſt pas eſſentielle à l'Epopée. On peut l'écrire en Proſe, comme on écrit des Tragedies ſans rimes. On peut faire des Vers ſans Poëſie ; & être tout Poëtique ſans faire des Vers. On peut imiter la verſification par art, mais il faut naître Poëte. Ce qui fait la Poëſie n'eſt pas le nombre fixe & la cadence reglée des ſyllabes ; mais la fiction vive, les figures hardies, la beauté & la variété des images. C'eſt l'enthouſiaſme, le feu, l'impetuoſité, la force ; un je ne ſçai quoi dans les paroles & les penſées, que la nature ſeule peut donner. On trouve toutes ces qualitez dans Telemaque. L'Auteur a donc fait ce que Strabon dit de Cadmus, Pherecyde, Hecatée : *Il a imité parfaitement la Poëſie, en rompant ſeulement la meſure ; mais il a conſervé toutes les autres beautez poëtiques.*

Notre âge retrouve un Homere,
Dans ce Poëme ſalutaire,
Par la Vertu même inventé.
Les Nymphes de la double Cime,
Ne l'affranchirent de la Rime,
Qu'en faveur de la Verité. *

DE

* *Ode à Meſſieurs de l'Academie par M. de la Motte.* Premiere Ode.

DE plus, je ne fçai pas fi la gêne des rimes & la regularité fcrupuleufe de notre conftruction Européenne, jointes a ce nombre fixe & mefuré de pieds, ne diminueroient pas beaucoup l'effor & la paffion de la Poëfie heroïque. Pour bien émouvoir les paffions, on doit fouvent retrancher l'ordre & la liaifon. Voilà pourquoi les Grecs & les Romains, qui peignoient tout avec vivacité & goût, ufoient des inverfions de phrafes ; leurs mots n'avoient point de place fixe : ils les arrangeoient comme ils vouloient. Les Langues de l'Europe font un compofé du Latin, & des Jargons de toutes les Nations barbares, qui fubjuguérent l'Empire Romain. Ces peuples du Nord glaçoient tout, comme leur climat, par une froide regularité de Syntaxe. Ils ne comprenoient point cette belle varieté de longues & de bréves, qui imite fi bien les mouvemens délicats de l'ame. Ils prononçoient tout avec le même froid, & ne connurent d'abord d'autre harmonie dans les paroles, qu'un vain tintement de finales monotones. Quelques Italiens, quelques Efpagnols ont tâché d'affranchir leur verfification de la gêne des rimes, Un Poëte Anglois y a reüffi merveilleufement, & a commence même avec fuccès d'introduire les inverfions de phrafes dans fa Langue. Peutêtre que les François reprendront un jour cette noble liberté des Grecs & des Romains.

QUELQUES uns, par une ignorance groffiere de la noble liberté du Poëme Epique, ont reproché à Telemaque, qu'il eft plein d'Anachronifmes.

Seconde ObjeFion contre Telemaque.

L'AUTEUR de ce Poëme n'a fait qu'imiter le Prince des Poëtes Latins, qui ne

REPONSE.

pouvoit ignorer, que Didon n'étoit pas contemporaine d'Enée. Le Pygmalion de Telemaque, frere de cette Didon ; Sefoftris, qu'on dit avoir vêcu vers le même tems, &c. ne font pas plus des fautes, que l'Anachronifme de Virgile. Pourquoi condamner un Poëte de manquer quelque fois à l'ordre des tems, puifque c'eft une beauté de manquer quelque

que fois à l'ordre de la nature ? Il ne feroit pas permis de contredire un point d'hiftoire d'un tems peu éloigné. Mais dans l'antiquité reculée, dont les Annales font fi incertaines & envelopées de tant d'obfcuritez, on doit fuivre la vraifemblance, & non pas toûjours la verité. C'eft l'idée d'Ariftote, confirmée par Horace. Quelques Hiftoriens ont écrit, que Didon étoit chafte ; Penelope impudique ; qu'Helene n'a jamais vû Troye, ni Enée l'Italie. Homere & Virgile n'ont pas fait difficulté de s'écarter de l'Hiftoire, pour rendre leurs Fables plus inftructives. Pourquoi ne fera-t-il pas permis à l'Auteur de Telemaque, pour l'inftruction d'un jeune Prince, de raffembler les Heros de l'Antiquité, Telemaque, Sefoftris, Neftor, Idomenée, Pygmalion, Adrafte, pour unir dans un même tableau les differens caracteres des Princes bons & mauvais, dont il faloit imiter les vertus, & éviter les vices.

Trofiéme Objection contre Telemaque.   On trouve à redire que l'Auteur de Telemaque ait inferé l'hiftoire des amours de Calypfo & d'Eucharis dans fon Poëme, & plufieurs defcriptions femblables, qui paroiffent trop paffionnées.

R E P O N S E: La meilleure Réponfe à cette Objection eft l'effet, qu'avoit produit Telemaque dans le cœur du Prince, pour qui il avoit été écrit. Les perfonnes d'une condition commune n'ont pas le même befoin d'être précautionnécs contre les écueils auxquels l'élévation & l'autorité expofent ceux, qui font deftinez à regner. Si notre Poëte avoit écrit pour un homme, qui eut dû paffer fa vie dans l'obfcurité, ces defcriptions ne lui auroient pas été fi neceffaires. Mais pour un jeune Prince, au milieu d'une Cour, où la galanterie paffe pour politeffe, où chaque objet réveille infailliblement le goût des plaifirs, & où tout ce qui l'environne, n'eft occupé qu'à le feduire ; Pour un tel Prince, dis-je, rien n'étoit plus neceffaire que de lui reprefenter, avec cette aimable pudeur, cette innocence & cette fageffe qu'on trouve dans le Telemaque,

tous

tous les détours féduifans de l'amour infenfé.   Lui peindre ce vice dans fon beau imaginaire, pour lui faire fentir
enfuite fa difformité réelle : lui montrer l'abîme dans toute
fa profondeur, pour l'empêcher d'y tomber, & l'éloigner
même des bords d'un précipice fi affreux.   C'étoit donc
une fageffe digne de notre Auteur, de précautionner fon
Eleve contre les folies paffions de la jeuneffe, par la Fable
de Calypfo ; & de lui donner, dans l'hiftoire d'Antiope,
l'exemple d'un amour chafte & legitime.   En nous
reprefentant ainfi cette paffion, tantôt comme une foibleffe indigne d'un grand cœur, tantôt comme une vertu
digne d'un Heros, il nous montre, que l'amour n'eft pas
au-deffous de la majefté de l'Epopée, & réünit par-là dans
fon Poëme les paffions tendres des Romans modernes
avec les vertus heroïques de la Poëfie ancienne.

QUELQUES uns croyent que l'Au-   *Quatriéme Ob-*
teur de Telemaque épuife trop fon fujet   *jection contre Te-*
par l'abondance & la richeffe de fon génie.   *lemaque.*
Il dit tout, & ne laiffe rien à penfer aux autres.   Comme
Homere, il met la nature toute entiere devant les yeux.
On aime mieux un Auteur, qui comme Horace renferme
un grand fens en peu de mots, & donne le plaifir d'en déveloper l'etendue.

IL eft vrai que l'imagination ne peut   REPONSE.
rien ajoûter aux peintures de notre Poëte :
mais l'efprit, en fuivant fes idées, s'ouvre & s'étend.
Quand il s'agit feulement de peindre, fes tableaux font
parfaits, rien n'y manque.   Quand il faut inftruire, fes
lumieres font fécondes, & nous y développons une vafte
étendue de penfées, qui ne paroiffent pas d'abord, & que
toute fon éloquence n'exprime pas.   Il ne laiffe rien à
imaginer, mais il donne infiniment à penfer.   C'eft ce
qui convenoit au caractere du Prince, pour qui feul l'Ouvrage a été fait.   On démêloit en lui, au travers de l'enfance, une imagination féconde & heureufe ; un génie
élevé & étendu, qui le rendoient fenfible aux beaux en-

droits

droits d'Homere & de Virgile. Ce grand naturel inspira à l'Auteur le dessein d'un Poëme propre à le cultiver, & qui renfermeroit également les beautez de l'un & de l'autre Poëte. Cette affluence de belles images y étoit essentielle, pour occuper l'imagination, former le goût du Prince, & lui donner la liberté de saisir, comme de lui-même, les veritez préparées à son cœur, & de s'en nourrir. On voit assez, que ces beautez n'auroient pas plus coûté à supprimer qu'à produire, qu'elles coulent avec autant de dessein que d'abondance, pour répondre aux besoins du Prince & aux vûes de l'Auteur.

Cinquiéme Objection contre Telemaque. ON a objecté que le Heros & la Fable de ce Poëme n'ont point de rapport à la Nation Françoise : Homere & Virgile ont interessé les Grecs & les Romains, en choisissant des Actions & des Acteurs dans les Histoires de leurs Païs.

REPONSE. Si l'Auteur n'a pas interessé particulierement la Nation Françoise, il a fait plus, il a interessé tout le Genre humain. Son Plan est encore plus vaste que celui de l'un & de l'autre des deux Poëtes anciens. Il est plus grand d'instruire tous les hommes ensemble, que de borner ses préceptes à un païs particulier. L'amour propre veut qu'on rapporte tout à lui, & se trouve même dans l'amour de la Patrie. Mais une ame genereuse doit avoir des vûes plus étendues.

D'AILLEURS quel interêt la France n'a-t-elle point prise à un Ouvrage, si propre à lui former un Roi pour la gouverner un jour selon ses besoins & ses desirs, en Pere des Peuples & en Heros Chrétien. Ce qu'on a vû de ce Prince donnoit l'esperance & les prémices de cet Avenir. Les voisins de la France y prenoient déja part comme à un bonheur universel. La Fable du Prince *Grec* devenoit l'Histoire du Prince *François*.

L'AUTEUR avoit une dessein plus pur que celui de plaire à sa Nation ; il vouloit la servir à son insçû en contribuant

tribuant à lui former un Prince, qui jusques dans les jeux de son enfance paroissoit né pour la combler de bonheur & de gloire. Cet auguste Enfant aimoit les Fables & la Mythologie. Il faloit profiter de son goût, lui faire voir, dans ce qu'il estimoit, le solide & le beau, le simple & le grand, & lui imprimer, par des faits touchans, les principes generaux, qui pouvoient le précautionner contre les dangers, qui accompagnent la plus haute naissance, & la puissance suprême.

Dans ce dessein, un Heros Grec & une Poësie d'après Homere & Virgile, les histoires des païs, des tems, & des faits étrangers, étoient d'une convenance parfaite, & peut-être unique, pour mettre l'Auteur en pleine liberté de peindre avec verité & force tous les écueils, qui menaçent les Souverains dans toute la suite des siecles.

Il arrive, par une consequence naturelle & necessaire, que ces veritez universelles ont souvent du rapport aux histoires du tems, & aux situations actuelles. Ces fictions indépendantes de toute application, & destinées à former l'enfance du jeune Prince, renferment des préceptes pour tous les momens de sa vie.

Cette convenance des moralitez generales à toutes sortes de circonstances fait admirer la fécondité, la profondeur, & la sagesse de l'Auteur. Mais elle n'excuse pas l'injustice de ses ennemis, qui ont voulu trouver dans son Telemaque certaines allegories odieuses, & changer les desseins les plus sages & les plus moderez, en des Satyres outrageantes contre tout ce qu'il respectoit le plus. On avoit renversé les caracteres pour y trouver des rapports imaginaires & pour empoisonner les intentions les plus pures. L'Auteur pouvoit-il sans infidelité supprimer ces maximes fondamentales d'une morale & d'une politique si saine & si convenable, parce que la maniere de les dire la plus sage, ne pouvoit les mettre à couvert de la malignité des Critigues.

Notre

Notre illuſtre Auteur a donc réüni dans ſon Poëme les plus grandes beautez des Anciens. Il a tout l'enthouſiaſme & l'abondance d'Homere, toute la magnificence & la regularité de Virgile. Comme le Poëte Grec, il peint tout avec force, ſimplicité & vie, varieté dans la Fable, diverſité dans les caracteres ; ſes reflexions ſont morales, ſes deſcriptions vives, ſon imagination féconde, par tout ce beau feu que la nature ſeule peut donner. Comme le Poëte Latin, il garde parfaitement l'unité d'action, l'uniformité des caracteres, l'ordre & les regles de l'art. Son jugement eſt profond, & ſes penſées élevées, tandis que le naturel s'unit au noble, & le ſimple au ſublime. Partout l'art devient nature : mais le Heros de notre Poëte eſt plus parfait que celui de l'un ou de l'autre : ſa morale eſt plus pure, & ſes ſentimens plus nobles. Concluons de tout ceci, que l'Auteur de Telemaque a montré par ce Poëme, que la Nation Françoiſe eſt capable de toute la délicateſſe des Grecs, & de tous les grands ſentimens des Romains. L'Eloge de l'Auteur eſt celui de ſa Nation.

APPROBATION.

’AY lû par ordre de Monseigneur le Chancelier cet Ouvrage qui a pour titre, *Les Avantures de Telemaque*, avec une Préface qui en découvre toutes les beautez ; & j'ai crû qu'il ne méritoit pas seulement d'être imprimé, mais encore d'être traduit dans toutes les langues que parlent, ou qu'entendent les peuples qui aspirent à être heureux. Ce Poëme Epique, quoiqu'en Prose, met notre Nation en état de n'avoir rien à envier de ce côté-là aux Grecs, & aux Romains. La Fable qu'on y expose ne se termine point à amuser notre curiosité & à flater notre orgueil. Les recits, les descriptions, les liaisons, & les graces du discours, éblouïssent l'imagination sans l'égarer ; les reflexions & les conversations les plus longues paroissent toûjours trop courtes à l'esprit, qu'elles n'éclairent pas moins qu'elles l'enchantent. Entre tant de caracteres d'hommes si différens que l'on y trouve, il n'y en a aucun qui ne grave dans le cœur des Lecteurs, l'horreur du vice, ou l'amour de la vertu. Les mysteres de la politique la plus saine & la plus sûre y sont dévoilez. Les passions n'y présentent qu'un joug aussi honteux que funeste ; les devoirs n'y montrent que des attraits qui les rendent aussi aimables que faciles. Avec Telemaque on apprend à s'attacher inviolablement à la Religion dans la mauvaise comme dans la bonne fortune ; à aimer son Pere, & sa Patrie ; à être Roi, Citoyen, ami, esclave même si le sort le veut. Avec Mentor on devient bientôt juste, humain, patient, sincere, discret & modeste. Il ne parle point qu'il ne plaise, qu'il n'interesse,

C

qu'il

APPROBATION.

qu'il ne remue, qu'il ne perſuade. On ne peut l'écouter qu'avec admiration, & on ne l'admire point que l'on ne ſente qu'on l'aime encore davantage. Trop heureuſe la Nation pour qui cet Ouvrage pourra former quelque jour un Telemaque, & un Mentor! A Paris, ce premier Juin 1716.

DE SACY.

AVER-

AVERTISSEMENT

Sur les REMARQUES.

E que *l'Auteur du* Discours de la Poësie épique *&c.* dit, page 27, *que les* Ennemis *de feu M. de* Cambrai ont voulu trouver dans son Telemaque certaines Allegories odieuses, & changer ses desseins les plus moderés en des Satires outrageantes contre tout ce qu'il respectoit le plus, &c. *C'est précisément ce qui a reveillé l'attention des Curieux, pour trouver dans cet Ouvrage des raports non imaginaires, mais fondés sur des presomptions très fortes; non pour empoisonner les intentions de l'Auteur, qui, sans doute, ont été très pures, mais pour en tirer des aplications très convenables à la vérité.*

Un Lecteur judicieux & attentif peut découvrer par lui-même ce que l'on doit penser du dessein de cet Ouvrage. Car, ou l'Auteur des REMARQUES *s'est par tout éloigné du but du principal Auteur; auquel cas ses Remarques sont purement chimeriques: ou elles ont quelque fondement dans le bon sens, auquel on ne peut pas dire que l'intention du Prelat ait été contraire: ce qui suffit pour ne les devoir pas rejeter. Peut-être que les peintures de cet illustre Ecrivain n'ont pas tout à fait autant de raport avec les personnes d'après lesquelles elles paroissent faites, que l'Auteur des Remarques se l'est imaginé. Mais du moins ne peut-on pas nier que le Prélat n'ait eu quelques vuës en y travaillant, puis qu'elles ont servi de prétexte à la persecution qu'on lui a suscitée. C'est ce qu'on peut recueillir de ces vers, qui parurent à Paris lors de son differend avec l'Evéque de Meaux;*

Contre Cambrai, de Meaux chicane;
Quoi! pour des Contes de Peau-d'âne,
Faloit-il en venir aux mains?
Mais Cambrai s'attire l'attaque,
Moins pour les Maximes des Saints,
Que pour celles de Telemaque.

Comme

AVERTISSEMENT.

Comme on y découvre presque à chaque page un dessein formé de combatre les vices & les défauts des hommes par tout où ils sont, & que ces vices & ces défauts doivent être apliqués aux hommes corrompus en qui ils se trouvent; peut-être aussi que dans les REMARQUES, on en fait, du moins en quelques endroits, l'aplication aux personnes mêmes à qui ils conviennent le mieux. Ainsi on les donne pour ce qu'elles sont, sans vouloir entrer plus avant dans une discussion assez inutile : laissant au Lecteur une pleine liberté d'en juger, & déclarant en même tems qu'on est bien éloigné, en les donnant au Public, de vouloir noircir la mémoire d'un Prélat, pour lequel, au contraire, on conserve beaucoup de respect & de veneration.

Tel est donc le dessein & l'occasion des REMARQUES qu'on a ajoûtées ici au bas des pages. Les unes sont Historiques & regardent la Fable ou l'Histoire Ancienne : les autres sont Allegoriques, & tirent des Caracteres particuliers de ceux que l'auteur n'a tracés qu'en general. Une Enigme peut convenir à diverses choses : il est permis à tout le monde de chercher à la deviner.

Ce qui a pu faire croire que Mr. de Cambrai n'a eu aucunes vuës dans les tableaux qu'il nous donne ici, c'est que les Caracteres y sont si variés, que l'on peut difficilement les apliquer tous à un même sujet. Mais peut-être aussi l'a-t-il fait, pour donner le change à la Cour, & pour se disculper du soupçon d'en avoir voulu caracteriser les personnes, en même tems qu'il exciteroit les Lecteurs à chercher la veritable ressemblance de chaque trait. C'est ce qu'on a fait dans ces REMARQUES, où l'on a souvent apliqué à plusieurs, ce que l'Auteur a dit d'un seul & même personage. Quand on ne les donneroit que pour des conjectures, elles devroient toujours faire plaisir à ceux qui cherchent à demêler la verité au travers du voile qui la couvre. On s'est borné dans les aplications qu'on a faites au tems de la composition de cet Ouvrage, c'est à dire, à ce qui a precedé le Mariage du Duc de Bourgogne, pour l'instruction duquel il a été composé : exceptés neanmoins quelques endroits, qui, aiant été ajoûtés depuis la retraite de l'Auteur, peuvent regarder des evenemens plus récens.

Telemaque tome 1. L'art.
CARTE
des
VOYAGES
de
TELEMAQUE
Selon Mons.r Fenelon par le S.r Rousset
Abidos
Samotrace
Olimpe Mont
Misie
Troye
Troade
Phrigie
Scamandre
Pergame
Lemno
Cassandrie
M. ÆGEE
Lesbos I. I.
Lidie
Asie
Sciros I.
Smirne
Ionie
Chio I.
Clazomene
Andros I.
Ephese
Samos I.
Icare I.
Milet
CICLADES
Patmos I.
Carie
Halicarnasse
Argos
Licie
Attalie
Pamphilie
Sporado I.
Eliopolis
Cilicie
Seleucie
Tarse
Nicopoli
Tarsus
Myra
Patara
Melos I.
Male Pr.
Cithere I. V.
Astipalee
Rhode
Seleucie
RHODES I.
Temple Salamine
de Venus
Amatont
Daphne
Alpitiere
Carpathos
Divane
Ida M.
Cithee
Salmone
CRETE I.
CYPRE I.
Orthosie
Boiris
Gnossus
Lisse
Phenix Pr.
Tyr
Sidon
Phenicie
Samarie
Pharos I.
Bouches du Nil
Jerusalem
Elcaron
Azotus
Gaza
Judée
M. Morte
M. de Libie
Peluse
Tanis
Cercel
Peli
EGIPTE
Cyprus
Cortalis
Darnome
Zigris
Teglio
Selena
Iser
Tigris
Phanigm
Hierue
Memphis
Sophanus
Arabie Petrée
Dioscoron
Libie
Palemarie
marique
Alo
Auguo
Pharin
Icorus
Hammon
Oasis
M.
ROUGE
Thebes ou Diospolis

Télémaque poussé par les flots sur les bords de l'Isle de Calipso.

LES
AVANTURES
DE
TELEMAQUE,
FILS D'ULYSSE

LIVRE PREMIER.

SOMMAIRE.

TELEMAQUE, conduit par Minerve sous la figure de Mentor, aborde après un naufrage dans l'Ile de la Déesse Calypso, qui regrettoit encore le départ d'Ulysse. La Déesse le reçoit favorablement, conçoit de la passion pour lui, lui offre l'immortalité, & lui demande ses avantures. Il lui raconte son voyage à Pylos & à Lacedemone; son naufrage sur la côte de Sicile; le péril où il fut d'être immolé aux manes d'Anchise; le secours que Mentor & lui donnérent à Aceste dans une incursion de Barbares, & le soin que ce Roi eut de reconnoître ce service, en leur donnant un vaisseau Tyrien pour retourner en leur païs.

ALYPSO (*a*) ne pouvoit se consoler du départ d'Ulysse (*b*). Dans sa douleur elle se trouvoit malheureuse d'être immortelle. Sa grotte ne resonnoit plus de son chant. Les Nymphes qui la servoient, n'osoient lui parler. Elle se promenoit seule sur les gasons fleuris, dont un printems éternel bordoit son Ile (*c*). Mais ces beaux lieux, loin de moderer sa douleur, lui faisoient rappeller le triste souvenir d'Ulysse, qu'elle y avoit vû tant de fois auprès d'elle. Souvent elle demeuroit immobile sur le rivage de la mer, qu'elle arrosoit de ses larmes; & elle étoit sans cesse tournée vers le côté, où le vaisseau d'Ulysse, fendant les ondes, avoit disparu à ses yeux. Tout-à-coup elle apperçut les débris d'un navire qui venoit de faire naufrage, des bancs de rameurs mis en piéces, des rames écartées çà & là sur le sable, un gouvernail, un mât, des cordages flotants sur la côte. Puis elle découvrit de loin deux hommes, dont l'un paroissoit âgé, l'autre, quoique jeune, ressembloit à Ulysse. Il avoit sa douceur & sa fierté, avec sa taille & sa démarche majestueuse. La Déesse comprit que c'étoit Telemaque fils de

---

(*a*) *Calypso, Déesse, Fille d'Atlas & de Thetis, étoit Reine de l'Ile Ogygie, où elle reçut Ulysse après son naufrage. Son nom vient du verbe* καλύπτειν *cacher, & signifie Déesse du secret, ce qui marque, ou qu'Ulysse s'est encore perfectionné chez Calypso dans l'art de dissimuler, qu'il possedoit déja; ou simplement, qu'il y est demeuré caché long-tems, sans qu'on sût ce qu'il étoit devenu.*

(*b*) *Ulysse, Fils de Laerte & d'Anticlée, étoit Roi d'Ithaque. Il épousa Penelope fille d'Icare dont il eut Telemaque. Après le Siége de Troie il erra dix ans sur les mers avant que de revoir sa patrie; & ce fut dans ce voyage qu'une tempête le jetta contre les rochers de l'Ile Ogygie. Calypso l'y retint sept ans, souhaitant de l'avoir pour Mari; mais un ordre superieur l'aiant obligée de le renvoyer, elle ne pouvoit se consoler de son départ, dont elle attribuoit l'ordre à la jalousie des autres Dieux. Homer. Odyss. Liv. V.*

(*c*) *L'Ile Ogygie, apellée aussi Gaulus, est un peu au dessus de Melite ou Malte, entre le rivage d'Afrique & le Promontoire de Sicile apellé Pachine. Il ne faut pas la confondre avec l'Ile de Caude ou Gaude, qui est voisine de Crete.*

ce

ce Heros ; mais quoique les Dieux furpaffent de loin en connoiffance tous les hommes, elle ne put découvrir qui étoit cet homme venerable dont Telemaque étoit accompagné. C'eft que les Dieux fuperieurs cachent aux inferieurs tout ce qu'il leur plaît : & Minerve, qui accompagnoit Telemaque fous la figure de Mentor (d), ne vouloit pas être connue de Calypfo. Cependant Calypfo fe réjouiffoit d'un naufrage qui mettoit dans fon Ile le fils d'Ulyffe fi femblable à fon pere. Elle s'avance vers lui, & fans faire femblant de favoir qui il eft : d'où vous vient, lui dit-elle, cette temerité d'aborder en mon Ile ? Sachez, jeune Etranger, qu'on ne vient point impunément dans mon Empire. Elle tâchoit de couvrir fous ces paroles menaçantes la joie de fon cœur, qui éclatoit malgré elle fur fon vifage.

TELEMAQUE lui répondit: O vous, qui que vous foiez, mortelle ou Déeffe, (quoiqu'à vous voir on ne puiffe vous prendre que pour une Divinité) feriez-vous infenfible au malheur d'un fils, qui cherchant fon pere à la merci des vents & des flots, a vû brifer fon navire contre vos rochers ? Quel eft donc vôtre pere que vous cherchez, reprit la Déeffe ? Il fe nomme Ulyffe, dit Telemaque. C'eft un des Rois qui ont, après un fiege de dix ans, renverfé la fameufe Troye. Son nom fut celebre dans toute la Grece & dans toute l'Afie par fa valeur dans les combats, & plus encore par fa fageffe dans les confeils. Maintenant errant dans toute l'étenduë des mers, il parcourt tous les

---

(d) *Mentor étoit un des amis d'Homere, qui, pour éternifer fon nom, l'a placé dans l'Odyffée par reconnoiffance, parce qu'ètant abordé à Ithaque à fon retour d'Efpagne, & fe trouvant fort incommodé d'une fluxion fur les yeux, qui l'empêcha de continuer fon voyage, il fut reçu chez ce Mentor qui prit beaucoup de foin de lui. Homere en fait un des plus fidéles amis d'Ulyffe, & celui à qui, en s'embarquant pour Troie, il avoit confié le foin de fa Maifon. L'Auteur de Telemaque continuë la même fiction ; & comme cet Ouvrage étoit deftiné à l'inftruction du Duc de Bourgogne, dont il étoit Precepteur, il dit que Mentor étoit Minerve elle-même, deguifée fous la forme de ce Vieillard, pour donner plus de poids à fes preceptes, qui font dignes en effet de la plus haute fageffe.*

écueils

écueils les plus terribles. Sa patrie semble fuir devant lui. Penelope sa femme, & moi qui suis son fils, nous avons perdu l'esperance de le revoir. Je cours avec les mêmes dangers que lui pour apprendre où il est: mais, que dis-je! peut-être qu'il est maintenant enseveli dans les profonds abîmes de la mer. Aiez pitié de nos malheurs; & si vous savez, ô Déesse, ce que les destinées ont fait pour sauver ou pour perdre Ulysse, daignez en instruire son fils Telemaque.

CALYPSO, étonnée & attendrie de voir dans une si vive jeunesse tant de sagesse & d'éloquence (1), ne pouvoit rassasier ses yeux en le regardant, & elle demeuroit en silence. Enfin elle lui dit: Telemaque, nous vous apprendrons ce qui est arrivé à vôtre pere; mais l'Histoire en est longue. Il est tems de vous délasser de tous vos travaux. Venez dans ma demeure, où je vous recevrai comme mon fils. Venez, vous serez ma consolation dans cette solitude, & je ferai vôtre bonheur, pourvu que vous sachiez en jouïr.

TELEMAQUE suivoit la Déesse environnée d'une foule de jeunes Nymphes, au dessus desquelles elle s'élevoit de toute la tête; comme un grand chêne dans une forêt éleve ses branches épaisses, au-dessus de tous les arbres qui l'environnent. Il admiroit l'éclat de sa beauté, la riche pourpre de sa robe longue & flotante, ses cheveux nouez par derriere négligemment, mais avec grace; le feu qui sortoit de ses yeux, & la douceur qui temperoit cette vivacité. Mentor, les yeux baissez, gardant un silence modeste, suivoit Telemaque.

(1) Comme cet Ouvrage est tout allegorique, ce trait renferme en passant un éloge abregé des grandes qualités du Duc de Bourgogne, qui, dans la plus vive jeunesse, faisoit déja paroître tant de Sagesse & de Prudence, qu'on ne pouvoit douter qu'il ne devînt un jour un Prince très accompli. Il se nommoit Louïs, comme le Roi son Grand Pere; & fut Daufin de France, après la mort de Monseigneur. Il naquit le 6. d'Août 1682. & mourut le 18. Fevrier 1711. dans sa 29. année.

On

On arriva à la porte de la grote de Calypſo, où Telemaque fut ſurpris de voir, avec une apparence de ſimplicité ruſtique, tout ce qui peut charmer les yeux. Il eſt vrai qu'on n'y voioit ni or, ni argent, ni marbre, ni colonnes, ni tableaux, ni ſtatues ; mais cette grote étoit taillée dans le roc en voutes pleines de rocailles & de coquilles. Elle étoit tapiſſée d'une jeune vigne, qui étendoit également ſes branches ſouples de tous côtez. Les doux Zephirs conſervoient en ce lieu, malgré les ardeurs du Soleil, une délicieuſe fraîcheur. Des fontaines, coulant avec un doux murmure ſur des prez ſemez d'amarantes & de violettes, formoient en divers lieux des bains auſſi purs & auſſi clairs que le criſtal. Mille fleurs naiſſantes émailloient les tapis verds, dont la grote étoit environnée. Là on voit un bois de ces arbres toufus, qui portent des pommes d'or, & dont la fleur, qui ſe renouvelle dans toutes les ſaiſons, répand le plus doux de tous les parfums. Ce bois ſembloit couronner ces belles prairies, & formoit une nuit que les rayons du Soleil ne pouvoient percer. Là on n'entendoit jamais que le chant des oiſeaux, ou le bruit d'un ruiſſeau, qui ſe précipitant du haut d'un rocher, tomboit à gros bouillons pleins d'écume, & s'enfuyoit au travers de la prairie.

La grote de la Déeſſe étoit ſur le penchant d'une coline. De-là on découvroit la mer, quelquefois claire & unie comme une glace, quelquefois folement irritée contre des rochers, où elle ſe briſoit, en gémiſſant & élevant ſes vagues comme des montagnes. D'un autre côté on voioit une riviere, où ſe formoient des Iles, bordées de tilleuls fleuris, & de hauts peupliers, qui portoient leurs têtes ſuperbes juſques dans les nuées. Les divers canaux, qui formoient les Iles, ſembloient ſe jouer dans la campagne. Les uns rouloient leurs eaux claires avec rapidité ; d'autres avoient une eau paiſible & dormante ; d'autres par de longs détours revenoient ſur leurs pas, comme pour remonter vers leur ſource, & ſembloient ne pouvoir quitter ces bords enchantez. On apperce-voit de loin des colines & des montagnes, qui ſe perdoient

C 5

dans

dans les nuës, & dont la figure·bizare formoit un hori-zon à soubait pour le plaisir des yeux. Les montagnes voisines étoient couvertes de pampre verd, qui pendoit en festons. Le raisin, plus éclatant que la pourpre, ne pouvoit se cacher sous les feuilles; & la vigne étoit accablée sous son fruit. Le figuier, l'olivier, le grenadier, & tous les autres arbres couvroient la campagne, & en faisoient un grand jardin.

CALYPSO ayant montré à Telemaque toutes ces beautez naturelles, lui dit: reposez-vous, vos habits sont mouillez, il est tems que vous en changiez. Ensuite nous vous reverrons, & je vous raconterai des Histoires, dont votre cœur sera touché. En même tems elle le fit entrer avec Mentor dans le lieu le plus secret & le plus reculé d'une grote voisine de celle où la Déesse demeuroit. Les Nymphes avoient eu soin d'allumer en ce lieu un grand feu de bois de cedre, dont la bonne odeur se répandoit de tous côtez, & elles y avoient laissé des habits pour les nouveaux hôtes. Telemaque voyant qu'on lui avoit destiné une tunique d'une laine fine, dont la blancheur effaçoit celle de la neige, & une robe de pourpre avec une broderie d'or, prit le plaisir qui est naturel à un jeune homme, en considerant cette magnificence.

MENTOR lui dit d'un ton grave: Est-ce donc-là, ô Telemaque, les pensées qui doivent occuper le cœur du fils d'Ulysse? Songez plûtôt à soûtenir la réputation de votre pere, & à vaincre la fortune qui vous persecute. Un jeune homme, qui aime à se parer vainement comme une femme, est indigne de la sagesse & de la gloire. La gloire n'est duë qu'à un cœur, qui sait souffrir sa peine & fouler aux pieds les plaisirs.

TELEMAQUE répondit en soûpirant (2): Que les Dieux me fassent périr, plûtôt que de souffrir que la

____

(2) Tout ce que dit ici Telemaque est dans le caractere du Duc de Bourgogne : ce Prince faisoit paroître une sagesse si austere, que le feu Roi son aieul le craignoit & se cachoit de lui, quand il vouloit faire quelque dépense qui sentît le luxe ou la vo-lupté,

molesse

moleſſe & la volupté s'emparent de mon cœur. Non, non, le fils d'Ulyſſe ne ſera jamais vaincu par les charmes d'une vie lâche & effeminée: mais quelle faveur du Ciel nous a fait trouver après nôtre naufrage cette Déeſſe, ou cette mortelle, qui nous comble de biens?

CRAIGNEZ, repartit Mentor, qu'elle ne vous accable de maux. Craignez ſes trompeuſes douceurs plus que les éceuils qui ont briſé vôtre navire. Le naufrage & la mort ſont moins funeſtes que les plaiſirs qui attaquent la vertu. Gardez-vous bien de croire ce qu'elle vous racontera. La jeuneſſe eſt préſomptueuſe, elle ſe promet tout d'elle-même: quoi que fragile, elle croit pouvoir tout, & n'avoir jamais rien à craindre: elle ſe confie legerement & ſans précaution. Gardez-vous d'écouter les paroles douces & flateuſes de Calypſo, qui ſe gliſſeront comme un ſerpent ſous les fleurs. Craignez ce poiſon caché. Défiez-vous de vous-même, & attendez toûjours mes conſeils.

ENSUITE ils retournérent auprès de Calypſo, qui les attendoit. Les Nymphes avec leurs cheveux treſſez & des habits blancs ſervirent d'abord un repas ſimple; mais exquis pour le goût & pour la propreté. On n'y voyoit aucune autre viande que celle des oiſeaux qu'elles avoient pris dans les filets, ou des bêtes qu'elles avoient percées de leurs fleches à la chaſſe. Un vin plus doux que le nectar couloit des grands vaſes d'argent dans les taſſes d'or couronnées de fleurs. On apporta dans des corbeilles tous les fruits que le Printems promet, & que l'Automne répand ſur la terre. En même tems quatre jeunes Nymphes ſe mirent à chanter. D'abord elles chantérent le combat des Dieux contre les Geants, puis les amours de Jupiter & de Semelé, la naiſſance de Bacchus & ſon éducation conduite par le vieux Silene, la courſe d'Atalante & d'Hypomene, qui fut vainqueur par le moyen des pommes d'or cueillies au Jardin des Heſperides. Enfin la guerre de Troye fut auſſi chantée, les combats d'Ulyſſe & ſa ſageſſe furent élevez juſqu'aux
Cieux.

Cieux. La premiere des Nymphes, qui s'appelloit Leucothoé, joignit les accords de sa lyre aux douces voix de toutes les autres. Quand Telemaque entendit le nom de son pere, les larmes, qui coulérent le long de ses joues, donnerent un nouveau lustre à sa beauté. Mais comme Calypso apperçut qu'il ne pouvoit manger, & qu'il étoit saisi de douleur, elle fit signe aux Nymphes. A l'instant on chanta le combat des Centaures avec les Lapithes, & la descente d'Orphée aux Enfers pour en retirer Euridice.

Quand le repas fut fini, la Déesse prit Telemaque, & lui parla ainsi : Vous voyez, fils du grand Ulysse, avec quelle faveur je vous reçois. Je suis immortelle. Nul mortel ne peut entrer dans cette Ile, sans être puni de sa témérité ; & vôtre naufrage même ne vous garantiroit pas de mon indignation, si d'ailleurs je ne vous aimois. Vôtre Pere a eu le même bonheur que vous. Mais, helas ! il n'a pas sçu en profiter. Je l'ai gardé long tems dans cette Ile. Il n'a tenu qu'à lui d'y vivre avec moi dans un état immortel. Mais l'aveugle passion de retourner dans sa miserable patrie, lui fit rejetter tous ces avantages (e). Vous voiez tout ce qu'il a perdu pour Ithaque, qu'il n'a pu revoir. Il voulut me quitter ; il partit ; & je fus vengée par la tempête. Son vaisseau, après avoir été long-tems le jouet des vents, fut enseveli dans les ondes. Profitez d'un si triste exemple. Après son naufrage vous n'avez plus rien à esperer, ni pour le revoir, ni pour regner jamais dans l'Ile d'Ithaque après lui. Consolez-vous de l'avoir perdu, puisque vous trouvez une Divinité prête à vous rendre heureux, & un Royaume qu'elle vous offre. La Déesse ajoûta à ces paroles de longs discours, pour montrer combien Ulysse avoit été heureux auprès d'elle. Elle raconta ses avan-

____

(e) La cause de son impatience étoit son amour pour sa Femme Penelope, dont l'image l'occupoit nuit & jour. Il l'aimoit si éperdument, qu'il contrefit l'insensé pour ne pas aller au Siége de Troie ; mais sa ruse fut découverte.

tûres dans la caverne du Cyclope Polypheme (*f*), & chez
Antiphates, Roi des Leſtrigons (*g*). Elle n'oublia pas ce
qui lui étoit arrivé dans l'Ile de Circé, fille du Soleil (*h*),
& les dangers qu'il avoit courus entre Scylle & Charybde (*i*). Elle repreſenta la derniere tempête, que Neptune
avoit excitée contre lui, quand il partit d'auprès d'elle.
Elle voulut faire entendre, qu'il étoit péri dans ce naufrage;
& elle ſupprima ſon arrivée dans l'Ile des Pheaciens. (*k*).

TELEMAQUE, qui s'étoit d'abord abandonné trop
promptement à la joie d'être ſi bien traité de Calypſo,
reconnut enfin ſon artifice, & la ſageſſe des conſeils que
Mentor venoit de lui donner. Il répondit en peu de
mots : O Déeſſe, pardonnez à ma douleur. Maintenant
je ne puis que m'affliger. Peut-être que dans la ſuite
j'aurai plus de force pour goûter la fortune que vous
m'offrez. Laiſſez-moi en ce moment pleurer mon

(*f*) *On peut voir dans le IX.
Livre de l'Odyſſée la deſcription
de cette caverne, qui étoit dans
la Sicile : comment Ulyſſe & ſes
compagnons s'y trouvérent en-
fermez : de quelle maniere ils
crevérent, l'œil au Geant Polypheme, après avoir lié ſes
forces par le vin; & comment
ils en ſortirent, en ſe liant eux-
mêmes ſous le ventre des plus
forts beliers de ſon troupeau.*
Odyſſ. Liv. IX.

(*g*) *Les Leſtrigons faiſoient
leur demeure dans la Ville de
Lamus, anciennement Formies,
ſur la côte de la Campanie; on
croit qu'ils avoient auparavant
habité la Sicile. Leur nom
ſignifie* Devorateur, *étant tiré
de* Lahama, *qui veut dire de-
vorer. Ulyſſe perdit chez eux
quelques uns de ſes compagnons
qui furent devorés par ces peuples.* Odyſſ. Liv. X.

(*h*) *L'Ile de Circé s'apelloit
Æœa, ou Circeï, qui eſt une*

*Montagne fort voiſine de For-
mies : Homere l'apelle une Ile,
parce que la Mer & les Marais
qui l'environnent en font une
preſqu' Ile. Les Compagnons
d'Ulyſſe y furent changez en
pourceaux.* Ibid. Liv. XII.

(*i*) *Scylle & Charybde ſont
deux roches placées à l'entrée
du Detroit de la Sicile, du côté
de Pelore : la 1. ſur la côte
d'Italie, & la 2. ſur celle de
Sicile. C'étoient anciennement
des écueils fort dangereux, à
cauſe de la qualité des vaiſſeaux
qu'on avoit alors, mais on s'en
mocque aujourd'hui, que la navigation eſt beaucoup plus per-
fectionnée. Ulyſſe y perdit encore
ſix de ſes Compagnons.* Ibid.

(*k*) *L'Ile des Pheaciens eſt
Corcyre ou Corfou, apellée anciennement Scherie. Elle eſt vis
à vis du continent d'Epire. Les
Pheniciens l'avoient nommée
Scherie de* Schara, *qui ſignifie
lieu de negoce.*

pere,

pere. Vous favez mieux que moi comme il mérite d'être pleuré.

CALYPSO n'ofa d'abord le preffer d'avantage. Elle feignit même d'entrer dans fa douleur, & de s'attendrir pour Ulyffe. Mais pour mieux connoître les moyens de toucher le cœur du jeune homme, elle lui demanda comment il avoit fait naufrage, & par quelles avantures il étoit fur fes côtes. Le recit de mes malheurs, dit-il, feroit trop long. Non, non, répondit-elle; il me tarde de les favoir, hâtez-vous de me les raconter. Elle le preffa longtems. Enfin il ne put lui refifter, & il parla ainfi:

J'étois parti d'Ithaque pour aller demander aux autres Rois revenus du fiege de Troye, des nouvelles de mon pere. Les amans de ma mere Penelope furent furpris de mon départ (*l*). J'avois pris foin de le leur cacher, connoiffant leur perfidie. Neftor (*m*), que je vis à Pylos, ni Menelas (*n*), qui me reçut avec amitié dans Lacedemone, ne pûrent m'apprendre fi mon pere étoit encore en vie. Laffé de vivre toûjours en fufpens & dans l'incertitude, je me réfolus d'aller dans la Sicile, où j'avois ouï dire que mon Pere avoit été jetté par les vents. Mais le fage Mentor, que vous voyez ici prefent, s'oppofoit à ce temeraire deffein: Il me reprefentoit d'un côté les Cyclopes, Geants monftrueux qui dévorent les hommes; de l'autre la flote d'Enée & des Troyens, qui étoient fur ces côtes. Ces Troyens, difoit-il, font animez contre tous les Grecs: mais fur tout ils répandroient avec plaifir le fang du fils d'Ulyffe. Retournez, continuoit-il, en Ithaque; peut-être que vôtre pere, aimé des Dieux, y fera auffitôt que vous. Mais fi les Dieux ont réfolu fa perte, s'il ne doit jamais revoir fa patrie, du

---

(*l*) *L'extrême beauté de Penelope avoit attirés auprès d'elle plufieurs Princes, qui prétendoient l'époufer croyant Ulyffe mort.*

(*m*) *Neftor, fils de Nelée & de Chioride, fut un des Rois qui allérent au Siége de Troie;*

il y mena une flotte de XC. vaiffeaux.

(*n*) *Menelas étoit fils d'Atrée & d'Ærope: il avoit époufée Helene, fille de Jupiter & de Leda, dont l'enlevement fut caufe de la Guerre de Troie.*

moins

moins il faut que vous alliez le venger, délivrer vôtre mere, montrer vôtre fageffe à tous les peuples, & faire voir en vous à toute la Grece un Roi auffi digne de régner, que le fut jamais Ulyffe lui-même. Ces paroles étoient falutaires. Mais je n'étois pas affez prudent pour les écouter. Je n'écoutai que ma paffion. Le fage Mentor m'aima jufqu'à me fuivre dans un voyage téméraire, que j'entreprenois contre fes confeils ; & les Dieux permirent que je fiffe une faute, qui devoit fervir à me corriger de ma préfomption.

Pendant que Telemaque parloit, Calypfo regardoit Mentor. Elle étoit étonnée : elle croyoit fentir en lui quelque chofe de divin ; mais elle ne pouvoit démêler fes penfées confufes. Ainfi elle demeuroit pleine de crainte & de défiance à la vuë de cet inconnu. Alors elle apprehenda de laiffer voir fon trouble. Continuez, dit-elle à Telemaque, & fatisfaites ma curiofité. Telemaque reprit ainfi :

Nous eumes affez long tems un vent favorable pour aller en Sicile ; mais enfuite une noire tempête déroba le Ciel à nos yeux, & nous fûmes envelopez dans une profonde nuit. A la lueur des éclairs nous appreçûmes d'autres vaiffeaux expofez au même péril, & nous reconnûmes bientôt que c'étoient les vaiffeaux d'Enée. Ils n'étoient pas moins à craindre pour nous que les rochers. Alors je compris, mais trop tard, ce que l'ardeur d'une jeuneffe imprudente m'avoit empêché de confiderer attentivement. Mentor parut dans ce danger, non-feulement ferme & intrépide, mais plus gai qu'à l'ordinaire. C'étoit lui qui m'encourageoit. Je fentois qu'il m'infpiroit une force invincible. Il donnoit tranquillement tous les ordres, pendant que le Pilote étoit troublé. Je lui difois : Mon cher Mentor, pourquoi ai-je refufé de fuivre vos confeils ? Ne fuis-je pas malheureux d'avoir voulu me croire moi-même dans un âge où l'on n'a ni prévoyance de l'avenir, ni experience du paffé, ni moderation pour ménager le prefent ? O ! fi jamais nous échapons de cette tempête, je

me

me défierai de moi-même comme de mon plus dangereux ennemi. C'eft vous, Mentor, que je croirai toûjours.

MENTOR en foûriant me répondit : Je n'ai garde de vous reprocher la faute que vous avez faite. Il fuffit que vous la fentiez & qu'elle vous ferve à être une autrefois plus moderé dans vos defirs ; mais quand le péril fera paffé, la préfomption reviendra peut-être. Maintenant il faut fe foutenir par le courage. Avant que de fe jetter dans le péril, il faut le prévoir & le craindre. Mais quand on y eft, il ne refte plus qu'à le méprifer. Soyez donc le digne fils d'Ulyffe ; montrez un cœur plus grand que tous les maux qui vous menacent.

LA douceur & le courage du fage Mentor me charmérent. Mais je fus encore bien plus furpris, quand je vis avec quelle addreffe il nous délivra des Troyens. Dans le moment, où le Ciel commençoit à s'éclaircir, & où les Troyens, nous voyant de près, n'auroient pas manqué de nous reconnoître, il remarqua un de leurs vaiffeaux, qui étoit prefque femblable au nôtre, & que la tempête avoit ecarté ; la poupe en étoit couronnée de certaines fleurs. Il fe hâta de mettre fur nôtre poupe des couronnes de fleurs femblables. Il les attacha lui-même avec des bandelettes de la même couleur que celle des Troyens. Il ordonna à tous nos rameurs de fe baiffer, le plus qu'ils pourroient, le long de leurs bancs, pour n'être point reconnus des ennemis. En cet état nous paffâmes au milieu de leur flote. Ils pousférent des cris de joie en nous voyant, comme en voyant les compagnons qu'ils avoient crus perdus. Nous fûmes même contraints par la violence de la mer d'aller affez long tems avec eux. Enfin nous demeurâmes un peu derriere ; & pendant que les vents impetueux les pouffoient vers l'Afrique, nous fîmes les derniers efforts pour aborder à force de rames fur la côte voifine de Sicile.

NOUS y arrivâmes en effet ; mais ce que nous cherchions n'étoit guéres moins funefte que la flote qui nous

faifoit

fáiſoit fuir. Nous trouvâmes ſur cette côte de Sicile d'autres Troyens, ennemis des Grecs ; c'étoit-là que regnoit
le vieux Aceſte (o) ſorti de Troye. A peine fûmes nous
arrivez ſur ce rivage, que les habitants crurent que nous
étions ou d'autres peuples de l'Ile armez pour les ſurprendre, ou des étrangers qui venoient s'emparer de leurs terres. Ils brûlent nôtre vaiſſeau dans le premier emportement, ils égorgent tous nos compagnons, ils ne reſervent
que Mentor & moi pour nous preſenter à Aceſte, afin
qu'il pût ſavoir de nous quels étoient nos deſſeins, & d'où
nous venions. Nous entrons dans la ville, les mains liées
derriere le dos ; & nôtre mort n'étoit retardée que pour
nous faire ſervir de ſpeɛtacle à un peuple cruel, quand on
ſauroit que nous étions Grecs.

On nous préſenta d'abord à Aceſte, qui, tenant ſon
ſceptre d'or en main, jugeoit les peuples, & ſe préparoit
à un grand ſacrifice. Il nous demanda d'un ton ſevere,
quel étoit nôtre païs, & le ſujet de nôtre voyage. Mentor
ſe hâta de répondre, & lui dit : Nous venons des côtes
de la grande Heſperie, & nôtre patrie n'eſt pas loin de-là.
Ainſi il évita de dire que nous étions Grecs : mais Aceſte,
ſans l'écouter d'avantage, & nous prenant pour des Etrangers qui cachoient leur deſſein, ordonna qu'on nous envoyât dans une forêt voiſine, où nous ſervirions en eſclaves
ſous ceux qui gouvernoient ſes troupeaux. Cette condition me parut plus dure que la mort. Je m'écriai : O
Roi ! faites-nous mourir plûtôt que de nous traiter ſi indignement. Sachez que je ſuis Telemaque, fils du ſage
Ulyſſe Roi des Ithaciens ; je cherche mon pere dans toutes les mers : ſi je ne puis le trouver, ni retourner dans
ma patrie, ni éviter la ſervitude, ôtez-moi la vie, que je
ne ſaurois ſupporter.

A peine eus-je prononcé ces mots, que tout le peuple
émû s'écria, qu'il faloit faire perir le fils de ce cruel Ulyſſe,

<table>
<tr><td>(o) Aceſte, Fils de Criniſe,
fleuve de Sicile, & d'Egeſte,
Dame Troyenne. Il reçut chez</td><td>lui Anchiſe & Enée lors qu'ils
alloient en Italie. Virgil. Æne
id. Liv. 5.</td></tr>
</table>

dont

dont les artifices avoient renversé la ville de Troye. O!
Fils d'Ulysse, me dit Aceste, je ne puis refuser vôtre sang
aux manes de tant de Troyens, que vôtre pere a précipitez
sur les rivages du noir Cocyte ; vous & celui qui vous
mene, vous périrez. En même tems un vieillard de la
troupe proposa au Roi de nous immoler sur le tombeau
d'Anchise (*p*). Leur sang, disoit-il, sera agréable à l'ombre
de ce Heros ; Enée même, quand il saura un tel sacrifice,
sera touché, de voir combien vous aimez ce qu'il avoit de
plus cher au monde. Tout le peuple applaudit à cette pro-
position, & on ne songea plus qu'à nous immoler. Déja
on nous menoit sur le tombeau d'Anchise ; on y avoit
dressé deux Autels, où le feu sacré étoit allumé ; le glaive,
qui devoit nous percer, étoit devant nos yeux ; on nous
avoit couronnez de fleurs ; & nulle compassion ne pouvoit
garantir nôtre vie. C'étoit fait de nous ; quand Mentor,
demandant tranquilement à parler au Roi, lui dit :

O ! Aceste, si le malheur du jeune Telemaque, qui n'a
jamais porté les armes contre les Troyens, ne peut vous
toucher ; du moins que vôtre propre intérêt vous touche.
La science que j'ai acquise des présages & de la volonté
des Dieux, me fait connoître, qu'avant que trois jours soient écoulez vous serez attaqué par des peuples barbares,
qui viennent, comme un torrent, du haut dès montagnes
pour inonder vôtre ville, & pour ravager tout vôtre païs :
hâtez-vous de les prévenir : mettez vos peuples sous les
armes, & ne perdez pas un moment pour retirer au dedans de vos murailles les riches troupeaux, que vous avez
dans la campagne. Si ma prédiction est fausse, vous serez libre de nous immoler dans trois jours : si au contraire elle est veritable, souvenez-vous, qu'on ne doit pas
ôter la vie à ceux, de qui on la tient.

Aceste fut étonné de ces paroles, que Mentor lui
disoit avec une assurance qu'il n'avoit jamais trouvée en
aucun homme. Je vois bien, répondit-il, ô Etranger, que

(*p*) *Le tombeau d'Anchise* | *rent Aceste & Enée qui l'y en-*
étoit sur le Mont Eryce ; ce fu- | *sevelirent.*

les Dieux, qui vous ont si mal partagé pour tous les dons
de la fortune, vous ont accordé une sagesse, qui est plus
estimable que toutes les prosperitez. En même tems il
retarda le sacrifice, & donna avec diligence les ordres nécessaires pour prévenir l'attaque, dont Mentor l'avoit me-
nacé. On ne voyoit de tous côtez que des femmes
tremblantes, des vieillards courbez, de petits enfans les
larmes aux yeux, qui se retiroient dans la ville. Les bœufs
mugissans & les brebis belantes venoient en foule, quittant
les gras pâturages, & ne pouvant trouver assez d'étables
pour être mis à couvert. C'étoit de toutes parts des
bruits confus de gens, qui se poussoient les uns les autres,
qui ne pouvoient s'éntendre, qui prenoient dans ce trouble
un inconnu pour leur ami, & qui couroient, sans savoir
où tendoient leur pas. Mais les principaux de la ville, se
croyans plus sages que les autres, s'imaginoient que Mentor étoit un imposteur, qui avoit fait une fausse prédiction
pour sauver sa vie.

Avant la fin du troisiéme jour, pendant qu'ils étoient
pleins de ces pensées, on vit sur le penchant des montagnes voisines un tourbillon de poussiere ; puis on apperçut une troupe innombrable de barbares armez. C'é-
toient les Hymeriens (q), peuples feroces, avec les Nations qui habitent sur les monts Nebrodes, & sur le sommet d'Agragas, où regne un hyver, que les Zephirs n'ont
jamais adouci. Ceux, qui avoient méprisé la prédiction
de Mentor, perdirent leurs esclaves & leurs troupeaux.
Le Roi dit à Mentor : J'oublie que vous étes des Grecs ;
nos ennemis deviennent nos amis fideles ; les Dieux vous
ont envoyez pour nous sauver ; je n'attens pas moins de
votre valeur que de la sagesse de vos conseils ; hâtez-vous
de nous secourir.

____

(q) La Ville d'Himere étoit en Sicile, au couchant du fleuve de même nom. Elle fut très floris-sante pendant cent quarante ans, au bout desquels elle fut ruïnée par les Carthaginois sous la con-duite d'Annibal, environ quatre cens ans avant J. C.

MENTOR

Mentor montre dans ſes yeux une audace, qui étonne les plus fiers combatans. Il prend un bouclier, un caſque, une épée, une lance : il range les Soldats d'Aceſte : il marche à leur tête, & s'avance en bon ordre vers les ennemis. Aceſte, quoique plein de courage, ne peut dans ſa vieilleſſe le ſuivre que de loin. Je le ſuis de plus près ; mais je ne puis égaler ſa valeur. Sa cuiraſſe reſſembloit dans le combat à l'immortelle Egide (r). La Mort couroit de rang en rang par tout ſous ſes coups. Semblable à un lion de Numidie, que la cruelle faim devore, & qui entre dans un troupeau de foibles brebis, il déchire, il égorge, il nage dans le ſang ; & les Bergers, loin de ſecourir le troupeau, fuyent tremblans pour ſe dérober à ſa fureur.

Ces Barbares, qui eſperoient de ſurprendre la ville, furent eux-mêmes ſurpris & déconcertez. Les ſujets d'Aceſte, animez par l'exemple & par les paroles de Mentor, eurent une vigueur, dont ils ne ſe croyoient point capables. De ma lance je renverſai le fils du Roi de ce peuple ennemi ; il étoit de mon âge, mais il étoit plus grand que moi : car ce peuple venoit d'une race de Geants, qui étoient de la même origine que les Cyclopes. Il mépriſoit un ennemi auſſi foible que moi : mais ſans m'étonner de ſa force prodigieuſe, ni de ſon air ſauvage & brutal, je pouſſai ma lance contre ſa poitrine, & je lui fis vomir, en expirant, des torrens d'un ſang noir. Il penſa m'écraſer dans ſa chûte. Le bruit de ſes armes retentit juſqu'aux montagnes. Je pris ſes dépouilles, & je revins trouver Aceſte. Mentor, ayant achevé de mettre les ennemis en deſordre, les tailla en piéces, & pouſſa les fuyards juſques dans les forêts.

(r) *L'Egide étoit le bouclier de Jupiter, ainſi nommé d'un mot Grec, qui ſignifie Chevre, parce que ce Dieu fut nourri par la Chevre Amalthée, & qu'il couvrit en-ſuite ſon bouclier de ſa peau. Il le donna depuis à Pallas, qui y attacha la tête de Meduſe, dont le ſeul aſpect metamorphoſoit les hommes en rochers.*

Un

U n succès si inesperé fit regarder Mentor comme un homme cheri & inspiré des Dieux. Aceste, touché de reconnoissance, nous avertit qu'il craignoit tout pour nous, si les vaisseaux d'Enée revenoient en Sicile. Il nous en donna un pour retourner sans retardement en nôtre païs, nous combla de presens, & nous pressa de partir pour prévenir tous les malheurs qu'il prévoyoit. Mais il ne voulut nous donner ni un pilote, ni des rameurs de sa nation, de peur qu'ils ne fussent trop exposez sur les côtes de la Grece. Il nous donna des Marchands Pheniciens, qui étant en commerce avec tous les peuples du monde, n'avoient rien à craindre, & qui devoient ramener le vaisseau à Aceste, quand ils nous auroient laissez en Ithaque. Mais les Dieux, qui se jouent des desseins des hommes, nous réservoient à d'autres dangers.

Fin du premier Livre.

LES
AVANTURES
DE
TELEMAQUE,
FILS D'ULYSSE

LIVRE PREMIER.

SOMMAIRE.

TELEMAQUE, conduit par Minerve sous la figure de Mentor, aborde après un naufrage dans l'Ile de la Déesse Calypso, qui regrettoit encore le départ d'Ulysse. La Déesse le reçoit favorablement, conçoit de la passion pour lui, lui offre l'immortalité, & lui demande ses a-vantures. Il lui raconte son voyage à Pylos & à Lacedemone ; son naufrage sur la côte de Si-cile ; le péril où il fut d'être immolé aux manes d'Anchise ; le secours que Mentor & lui don-nérent à Aceste dans une incursion de Barbares, & le soin que ce Roi eut de reconnoître ce ser-vice, en leur donnant un vaisseau Tyrien pour retourner en leur païs.

CA-

Telemaque rencontre Termosiris dans les deserts d'Egypte.

Roi l'avoit replongé dans de nouveaux malheurs ; qu'on le mit en prison dans une tour sur le bord de la mer, d'où il vit le nouveau Roi Boccoris, qui périt dans un combat contre ses Sujets révoltez & secourus par les Tyriens.

LES Tyriens, par leur fierté, avoient irrité contre eux le Roi Sesostris, qui régnoit en Egypte, & qui avoit conquis tant de Royaumes. Les richesses qu'ils ont acquises par le commerce, & la force de l'imprenable ville de Tyr, située dans la mer, avoient enflé le cœur de ces peuples. Ils avoient refusé de payer à Sesostris le tribut, qu'il leur avoit imposé en revenant de ses conquêtes ; & ils avoient fourni des troupes à son frere, qui avoit voulu le massacrer à son retour, au milieu des réjouissances d'un grand festin.

SESOSTRIS avoit résolu, pour abattre leur orgueil, de troubler leur commerce dans toutes les mers. Ses vaisseaux alloient de tous côtez, cherchans les Pheniciens. Une flote Egyptienne nous rencontra, comme nous commencions à perdre de vûe les montagnes de la Sicile. Le port & la terre sembloient fuir derriere nous, & se perdre dans les nuës. En même tems nous voyons approcher les navires des Egyptiens, semblables à une ville flotante. Les Pheniciens les reconnurent, & voulurent s'en éloigner : mais il n'étoit plus tems. Leurs voiles étoient meilleures que les nôtres, le vent les favorisoit ; leurs rameurs étoient en plus grand nombre. Ils nous abordent, nous prennent, & nous emménent prisonniers en Egypte.

EN vain je leur representai que nous n'étions pas Pheniciens : à peine daignérent ils m'écouter. Ils nous regardérent comme des esclaves, dont les Pheniciens trafiquoient, & ils ne songérent qu'au profit d'une telle prise. Déja nous remarquons les eaux de la mer, qui blanchissent par le mêlange de celles du Nil ; & nous voyons la côte d'Egypte presqu'aussi basse que la mer. Ensuite
nous

nous arrivons à l'Ile de Pharos, voifine de la ville de No: De-là nous remontons le Nil jufqu'à Memphis.

Si la douleur de nôtre captivité ne nous eut rendus infenfibles à tous les plaifirs, nos yeux auroient été charmez de voir cette fertile terre d'Egypte, femblable à un jardin délicieux arrofé d'un nombre infini de canaux. Nous ne pouvions jetter les yeux fur les deux rivages fans appercevoir des villes opulentes, des maifons de campagne agréablement fituées, des terres qui fe couvroient tous les ans d'une moiffon dorée fans fe repofer jamais, des prairies pleines de troupeaux, des Laboureurs qui étoient accablez fous le poids des fruits que la terre épanchoit de fon fein, des Bergers qui faifoient répéter les doux fons de leurs flûtes & de leurs chalumeaux à tous les Echos d'alentour.

(3) HEUREUX, difoit Mentor, le peuple qui eft conduit par un fage Roi! il eft dans l'abondance; il vit heureux, & aime celui à qui il doit tout fon bonheur. C'eft ainfi, ajoûtoit-il, ô Telemaque, que vous devez régner, & faire la joie de vos peuples, fi jamais les Dieux vous font poffeder le Royaume de vôtre pere. Aimez vos peuples comme vos enfans, goutez le plaifir d'être aimé d'eux, & faites qu'ils ne puiffent jamais fentir la paix & la joie, fans fe reffouvenir que c'eft un bon Roi, qui leur a fait ces riches prefens. Les Rois, qui ne fongent qu'à fe faire craindre & qu'à abattre leurs fujets pour les rendre plus foûmis, font les fleaux du genre humain. Ils font craints, comme ils le veulent être; mais ils font haïs, déteftez; & ils ont encore plus à craindre de leurs fujets, que leurs fujets n'ont à craindre d'eux.

Je répondois à Mentor: Helas! il n'eft pas queftion de fonger aux maximes, fuivant lefquelles on doit régner.

(3) Ici commence l'inftruction donnée au Duc de Bourgogne, fur la maniere de regner, par opofition à celle que fuivoit Louïs XIV. fon aieul. Comme cet Ouvrage a été fait avant le mariage du Prince à qui il étoit deftiné, ceci doit être raporté au tems des Negociations de Ryfwick, c'eft à dire environ à l'année 1697. auquel tems la France étoit déja fort épuifée.

Il n'y a plus d'Ithaque pour nous; nous ne reverrons jamais ni nôtre patrie ni Penelope : & quand même U-
lyſſe retourneroit plein de gloire dans ſon Royaume, il
n'aura jamais la joie de m'y voir; jamais je n'aurai celle
de lui obéir pour apprendre à commander. Mourons, mon
cher Mentor, nulle autre penſée ne nous eſt plus permiſe :
mourons, puiſque les Dieux n'ont aucune pitié de nous.

E N parlant ainſi, de profonds ſoûpirs entrecoupoient
toutes mes paroles. Mais Mentor, qui craignoit les maux
avant qu'ils arrivaſſent, ne ſavoit plus ce que c'étoit que
de les craindre dès qu'ils étoient arrivez. Indigne fils du
ſage Ulyſſe! s'écrioit-il. Quoi donc, vous vous laiſſez
vaincre à vôtre malheur! Sachez que vous reverrez un
jour l'Ile d'Ithaque & Penelope : vous verrez même dans
ſa premiere gloire celui que vous n'avez jamais connu,
l'invincible Ulyſſe, que la fortune ne peut abattre, & qui
dans ſes malheurs, encore plus grands que les vôtres, vous
apprend à ne vous décourager jamais : O! s'il pouvoit
apprendre dans les terres éloignées ou la tempête l'a
jetté, que ſon fils ne ſait imiter ni ſa patience ni ſon
courage, cette nouvelle l'accableroit de honte, & lui ſeroit plus rude que tous les malheurs qu'il ſouffre depuis
ſi long-tems.

E N S U I T E Mentor me faiſoit remarquer la joie &
l'abondance répandue dans toute la campagne d'Egypte,
ou l'on comptoit juſqu'à vingt-deux mille villes. Il admiroit la bonne police de ces villes, la juſtice exercée en
faveur du pauvre contre le riche, la bonne éducation des
enfans, qu'on accoûtumoit à l'obéiſſance, au travail, à la
ſobrieté, à l'amour des arts, ou des lettres; l'exactitude
pour toutes les cérémonies de la Religion, le deſin-
tereſſement, le deſir de l'honneur, la fidélité pour
les hommes, & la crainte pour les Dieux, que chaque pere inſpiroit à ſes enfans. Il ne ſe laſſoit point
d'admirer ce bel ordre. Heureux, me diſoit-il ſans ceſſe,
le peuple qu'un ſage Roi conduit ainſi! mais encore plus
heureux le Roi qui fait le bonheur de tant de peuples, &

qui trouve le sien dans sa vertu ! (4) Il tient les hommes par un lien cent fois plus fort que celui de la crainte ; c'est celui de l'amour. Non seulement on lui obéit, mais encore on aime à lui obéir. Il régne dans tous les cœurs ; chacun, bien loin de vouloir s'en défaire, craint de le perdre, & donneroit sa vie pour lui.

Je remarquois ce que disoit Mentor, & je sentois renaître mon courage au fond de mon cœur, à mesure que ce sage ami me parloit. Aussitôt que nous fumes arrivez à Memphis, ville opulente & magnifique, le Gouverneur ordonna que nous irions jusques à Thebes, pour être presentez au Roi Sesostris, qui vouloit examiner les choses par lui même, & qui étoit fort animé contre les Tyriens. Nous remontâmes donc encore le long du Nil, jusqu'à cette fameuse Thebes à cent portes, ou habitoit ce grand Roi. Cette ville nous parut d'une étendue immense, & plus peuplée que les plus florissantes villes de la Grece. La police y est parfaite pour la propreté des rues, pour le cours des eaux, pour la commodité des bains, pour la culture des arts, & pour la sûreté publique. Les places sont ornées de fontaines & d'obelisques ; les temples sont de marbre, & d'une architecture simple, mais majestueuse. Le Palais du Prince est lui seul comme une grande ville : on n'y voit que colonnes

---

(4) En lisant ceci & tout ce qui suit, on ne peut pas, sans renoncer au bon sens & à la droite raison, ne pas reconnoître, que l'Auteur a eu dessein de faire vivement sentir à son éleve, que ce n'étoit pas sur l'exemple de son aieul qu'il devoit se regler. Or comme le Daufin, Pere du Duc de Bourgogne, avoit été élevé sur les principes de l'Evêque de Meaux, tout differens de ceux-ci, l'Auteur de Telemaque a eu recours à l'Allegorie pour ne paroître pas heurter de front les maximes de son Confrere, qui n'a pas laissé d'être très-sensible au reproche tacite qui lui étoit fait. Cela a paru dans le differend survenu entre ces deux Prélats au sujet du Livre des *Maximes des Saints* ; où l'Archevêque de Cambrai s'est autant distingué par sa moderation, que l'Evêque de Meaux par l'amertume de son zele.

de

de marbre, que pyramides & obelifques, que ftatues co-
loffales, que meubles d'or & d'argent maffifs.

CEUX qui nous avoient pris, dirent au Roi que nous
avions été trouvez dans un navire Phenicien. Il écoutoit
chaque jour à certaines heures reglées tous ceux de fes
fujets qui avoient ou des plaintes à lui faire, ou des avis à
lui donner. Il ne méprifoit, ni ne rebutoit perfonne,
& (5) ne croioit être Roi que pour faire du bien à fes
fujets, qu'il aimoit comme fes enfans. Pour les Etrangers, il les recevoit avec bonté, & vouloit les voir, parce
qu'il croioit qu'on apprenoit toûjours quelque chofe
d'utile, en s'inftruifant des mœurs & des manieres des
peuples éloignez. Cette curiofité du Roi fit qu'on nous
prefenta à lui. Il étoit fur un trône d'yvoire, tenant en
main un fceptre d'or ; il étoit déja vieux, mais agréable,
plein de douceur & de majefté. Il jugeoit tous les jours
les peuples avec une patience & une fageffe qu'on admiroit fans flaterie. Après avoir travaillé toute la journée
à régler les affaires & à rendre une exacte juftice, il fe
délaffoit le foir à écouter des hommes favans, ou à con-
verfer avec les plus honnétes gens, qu'il favoit bien choifir
pour les admettre dans fa familiarité. On ne pouvoit lui
reprocher en toute fa vie, que d'avoir triomphé avec
trop de fafte des Rois qu'il avoit vaincus, & de s'être
confié à un de fes fujets, que je vous dépeindrai tout à
l'heure.

QUAND il me vit, il fut touché de ma jeuneffe &
de ma douleur ; il me demanda ma patrie & mon nom :
nous fûmes étonnez de la fageffe qui parloit par fa bouche. Je lui répondis : O ! Grand Roi, vous n'ignorez
pas le fiege de Troye qui a duré dix ans, & fa ruine qui
a couté tant de fang à toute la Grece : Ulyffe, mon pere,

---

(5) *Il ne croioit être Roi*
que pour faire du bien à fes
fujets. Ce portrait de Sefoftris
eft celui de Philippe IV. Roi
d'Efpagne, Prince eftimé pour
fa prudence & fa fageffe, quoi
qu'il n'ait pas toûjours été
heureux dans fes projets. Il
naquit en 1605, & mourut en
1665.

a été un des principaux Rois qui ont ruiné cette ville. Il erre fur toutes les mers, fans pouvoir retrouver l'Ile d'Ithaque, qui eft fon Royaume: je le cherche; & un malheur femblable au fien, fait que j'ai été pris. Rendez-moi à mon pere & à ma patrie. Ainfi puiffent les Dieux vous conferver à vos enfans, & leur faire fentir la joie de vivre fous un fi bon pere.

Sesostris continuoit à me regarder d'un œil de compaffion: mais voulant favoir fi ce que je difois étoit vrai, il nous renvoya à un de fes Officiers, qui fut chargé de s'informer de ceux qui avoient pris nôtre vaiffeau, fi nous étions effectivement ou Grecs ou Pheniciens. S'ils font Pheniciens, dit le Roi, il faut doublement les punir pour être nos ennemis, & plus encore pour avoir voulu nous tromper par un lâche menfonge. Si au contraire ils font Grecs, je veux qu'on les traite favorablement, & qu'on les renvoye dans leur païs fur un de mes vaiffeaux: car j'aime la Grece; plufieurs Egyptiens y ont donné des loix; je connois la vertu d'Hercule; la gloire d'Achille eft parvenue jufqu'à nous, & j'admire ce qu'on m'a raconté de la fageffe du malheureux Ulyffe. Mon plaifir eft de fecourir la vertu malheureufe.

(6) L'Officier auquel le Roi renvoya l'examen de nôtre affaire, avoit l'ame auffi corrompue & auffi artificieufe que Sefoftris étoit fincere & généreux. Cet Officier fe nommoit Metophis. Il nous interrogea pour tâcher de nous furprendre; & comme il vit que Mentor répondoit avec plus de fageffe que moi, il le regarda avec averfion & défiance; car les méchans s'irritent contre les bons. Il nous fépara, & depuis ce tems-là je ne fçus point ce qu'étoit devenu Mentor. Cette féparation fut un coup de foudre pour moi. Metophis efperoit toûjours, qu'en nous queftionnant féparément, il pourroit

(6) *L'Officier auquel le Roi* donna trop d'autorité. On ne *renvoya, &c.* Par cet Officier peut guéres lui reprocher que il faut entendre le Duc de de s'être trop confié à ce Lerme, à qui Philippe IV. Miniftre artificieux & violent.

nous

nous faire dire des chofes contraires ; fur tout il croyoit m'éblouir par fes promeffes flateufes, & me faire avouer ce que Mentor lui auroit caché. Enfin il ne cherchoit pas de bonne foi la verité : mais il vouloit trouver quelque prétexte de dire au Roi que nous étions des Pheniciens, pour nous faire fes efclaves. En effet, malgré nôtre innocence & malgré la fageffe du Roi, il trouva le moyen de le tromper. Helas! à quoi les Rois font-ils expofez? Les plus fages mêmes font fouvent furpris. Des hommes artificieux & intereffez les environnent ; les bons fe retirent, parce qu'ils ne font ni empreffez ni flateurs. les bons attendent qu'on les cherche ; & les Princes ne favent guéres les aller chercher. Au contraire, les méchans font hardis, trompeurs, empreffez à s'infinuer & à plaire, adroits à diffimuler, prêts à tout faire contre l'honneur & la confcience pour contenter les paffions de celui qui regne ; (7) O! qu'un Roi eft malheureux d'être expofé aux artifices des méchans! il eft perdu s'il ne repouffe la flaterie, & s'il n'aime ceux qui difent hardiment la verité. Voilà les reflexions que je faifois dans mon malheur, & je rappellois tout ce que j'avois oui dire à Mentor.

CEPENDANT Metophis m'envoia vers les montagnes du defert d'Oafis avec fes efclaves, afin que je ferviffe avec eux à conduire fes grands troupeaux. En cet endroit Calypfo interrompit Telemaque, difant : Eh bien! que fîtes-vous alors, vous qui aviez préféré en Sicile là mort à la fervitude ? Telemaque répondit : Mon malheur croiffoit toûjours ; je n'avois plus la miferable confolation

---

(7) Ce que l'on doit admirer dans cet ouvrage, n'eft pas tant l'excellence du Poëme par fa compofition, que le fond d'honneur, de probité & de courage qu'on reconnoît dans l'Auteur, de l'avoir ofé compofer dans le pofte où il étoit, & dans la plus flateufe Cour qu'il y ait peut-être jamais eu au monde. Il ne pouvoit pas condamner directement la conduite du Roi en inftruifant fon petit fils : c'eft bien affez d'avoir entrepris de le faire d'une maniere indirecte.

de choisir entre la servitude & la mort ; il falut être
esclave, & épuiser, pour ainsi dire, toutes les rigueurs de
la fortune ; il ne me restoit plus aucune esperance, & je
ne pouvois pas même dire un mot pour travailler à me
délivrer. Mentor m'a dit depuis qu'on l'avoit vendu à des
Ethiopiens, & qu'il les avoit suivis en Ethiopie.

Pour moi j'arrivai dans des deserts affreux: on y
voit des sables brûlans au milieu des plaines, des neiges qui
ne fondent jamais, & qui font un hyver perpetuel sur le
sommet des montagnes ; & on trouve seulement pour
nourrir les troupeaux des pâturages parmi des rochers:
vers le milieu du penchant de ces montagnes escarpées, les
vallées y sont si profondes, qu'à peine le Soleil y peut
faire luire ses rayons.

Je ne trouvai d'autres hommes dans ce païs, que des
Bergers aussi sauvages que le païs même. Là je passois
les nuits à déplorer mon malheur, & les jours à suivre
un troupeau pour éviter la fureur brutale d'un premier
esclave, qui esperant d'obtenir sa liberté accusoit sans
cesse les autres, pour faire valoir à son maître son zele &
son attachement à ses interêts. Cet esclave se nommoit
Brutis : je devois succomber dans cette occasion. La
douleur me pressant, j'oubliai un jour mon troupeau, &
je m'étendis sur l'herbe auprès d'une caverne, où j'at-
tendois la mort, ne pouvant plus supporter mes peines.
En ce moment je remarquai que toute la montagne
trembloit, les chênes & les pins sembloient descendre du
sommet de la montagne, les vents retenoient leurs haleines ; une voix mugissante sortit de la caverne, & me
fit entendre ces paroles : Fils du sage Ulysse, il faut que
tu deviennes comme lui, grand par la patience. Les
Princes qui ont toûjours été heureux, ne sont guére
dignes de l'être; la molesse les corrompt, l'orgueil les
enyvre. Que tu seras heureux, si tu surmontes tes malheurs, & si tu ne les oublies jamais! Tu reverras Ithaque, & ta gloire montera jusqu'aux Astres. Quand tu
seras le maître des autres hommes, souviens-toi que tu

as été foible, pauvre & souffrant comme eux; prens plaisir à les soulager; aime ton peuple; déteste la flaterie; & sache que tu ne seras grand qu'autant que tu seras moderé & courageux pour vaincre tes passions.

CES paroles divines entrérent jusqu'au fond de mon cœur; elles y firent renaître la joie & le courage; je ne sentis point cette horreur, qui fait dresser les cheveux sur le tête, & qui glace le sang dans les veines, quand les Dieux se communiquent aux mortels. Je me levai tranquille; j'adorai à genoux, les mains levées vers le Ciel, Minerve, à qui je crus devoir cet oracle. En même tems je me trouvai un nouvel homme; la sagesse éclairoit mon esprit; je sentois une douce force pour modérer toutes mes passions, & pour arréter l'impétuosité de ma jeunesse. Je me fis aimer de tous les Bergers du |desert; ma douceur, ma patience, mon exactitude appaisérent enfin le cruel Butis, qui étoit en autorité sur les autres esclaves, & qui avoit voulu d'abord me tourmenter.

POUR mieux supporter l'ennui de la captivité & de la solitude, je cherchai des livres, car j'étois accablé de tristesse, faute de quelque instruction qui pût nourrir mon esprit, & le soûtenir. Heureux, disois-je, ceux qui se dégoûtent des plaisirs violens, & qui savent se contenter des douceurs d'une vie innocente! Heureux ceux qui se divertissent en s'instruisant, & qui se plaisent à cultiver leur esprit par les sciences! En quelque endroit que la fortune ennemie les jette, ils portent toûjours avec eux dequoi s'entretenir; & l'ennui, qui dévore les autres hommes au milieu même des délices, est inconnu à ceux qui savent s'occuper par quelque lecture (8). Heureux ceux qui aiment à lire; & qui ne font point comme moi

(8) Louïs XIV. ne lisoit point: le Duc de S. Aignan le dit un jour à Mr. de la Fontaine, qui en prit occasion de présenter à ce Monarque son Livre des *Amours de Psiché & de Cupidon,* pour faire passer par ce moïen un trait malin, qui est à la page 79. de ce Livre (Edit. de la Haïe 1700.) & qui pouvoit s'entendre du Roi, par raport au grand nombre de ses Maîtresses.

privez de la lecture! Pendant que ces penfées rouloient dans mon efprit, je m'enfonçai dans une fombre forêt, où j'apperçus tout à coup un vieillard, qui tenoit un livre à la main.

CE vieillard avoit un grand front chauve & un peu ridé ; une barbe blanche pendoit jufqu'à fa ceinture ; fa taille étoit haute & majeftueufe ; fon teint étoit encore frais & vermeil, les yeux vifs & perçans, fa voix douce, fes paroles fimples & aimables. Jamais je n'ai vû un fi vénérable vieillard : il s'appelloit Termofiris ; il étoit Prêtre d'Apollon, qu'il fervoit dans un Temple de marbre, que les Rois d'Egypte avoient confacré au Dieu dans cette forêt. Le livre qu'il tenoit étoit un recueil d'Hymnes à l'honneur des Dieux. Il m'aborde avec amitié; nous nous entretenons; il racontoit fi bien les chofes paffées, qu'on croyoit les voir ; mais il les racontoit courtement, & jamais fes Hiftoires ne m'ont laffé. Il prévoyoit l'avenir par la profonde fageffe qui lui faifoit connoître les hommes, & les deffeins dont ils font capables. Avec tant de prudence, il étoit gai, complaifant, & la jeuneffe la plus enjouée n'a pas tant de grace qu'en avoit cet homme dans une vieilleffe fi avancée; auffi aimoit-il les jeunes gens, lorfqu'ils étoient dociles, & qu'ils avoient le goût de la vertu.

BIENTÔT il m'aima tendrement, & me donna des livres pour me confoler ; il m'appelloit fon fils. Je lui difois fouvent : Mon pere, les Dieux, qui m'ont ôté Mentor, ont eu pitié de moi; ils m'ont donné en vous un autre foûtien. Cet homme, femblable à Orphée (s), ou à Linus (t), étoit fans doute infpiré des Dieux. Il me recitoit les vers qu'il avoit faits, & me donnoit ceux

---

(s) *Orphée étoit Fils d'A-pollon & de Calliope, une des Mufes. Il excella dans l'art de joüer de la Lyre.*

(t) *Linus étoit auffi Fils d'Apollon & de Terpfichore. Il furpaffa encore Orphée dans la* *fcience de la Mufique, puifqu'il lui donna des leçons. On dit que s'étant moqué d'Hercule, à qui il enfeignoit à joüer de la Lyre, parce qu'il en joüoit mal, ce Heros lui caffa la tête avec cet inftrument.*

de

de plufieurs excellens Poëtes favorifez des Mufes. Lorfqu'il étoit revêtu de fa longue robe d'une éclatante blancheur, & qu'il prenoit en main fa lyre d'yvoire, les tygres, les ours, les lions venoient le flater & lécher fes
pieds. Les Satyres fortoient des forêts pour danfer autour de lui ; les arbres mêmes paroiffoient émûs ; &
vous auriez cru que les rochers attendris alloient defcen-
dre du haut des montagnes, aux charmes de fes doux ac-
cens. Il ne chantoit que la grandeur des Dieux, la vertu
des Héros, & la fageffe des hommes qui préférent la
gloire aux plaifirs.

I L me difoit fouvent que je devois prendre courage,
& que les Dieux n'abandonneroient ni Ulyffe ni fon fils.
Enfin, il m'affura que je devois, à l'exemple d'Apollon,
enfeigner aux Bergers à cultiver les Mufes. Apollon, difoit-il, indigné que Jupiter par fes foudres troubloit le
Ciel dans les plus beaux jours, voulut s'en venger fur les
Cyclopes qui forgeoient les foudres, & il les perça de fes
fléches. Auffitôt le Mont-Etna ceffa de vomir des tourbillons de flâmes ; on n'entendit plus les coups des terribles marteaux, qui frappant l'enclume, faifoient gémir les
profondes cavernes de la terre & les abîmes de la mer.
La fer & l'airain n'étant plus polis par les Cyclopes,
commençoient à fe rouiller. Vulcain furieux fort de fa
fournaife ; quoique boiteux, il monte en diligence vers
l'Olympe ; il arrive fuant & couvert de pouffiére dans
l'Affemblée des Dieux ; il fait des plaintes améres. Jupiter s'irrite contre Apollon, le chaffe du ciel, & le précipite fur la terre. Son char vuide faifoit de lui-même
fon cours ordinaire, pour donner aux hommes les jours
& les nuits avec le changement régulier des faifons. A-
pollon, dépouillé de tous fes rayons, fut contraint de fe
faire Berger, & de garder les troupeaux du Roi Admete.
Il jouoit de la flute, & tous les autres Bergers venoient à
l'ombre des ormeaux, fur le bord d'une claire fontaine,
écouter fes chanfons. Jufques-là ils avoient mené une
vie fauvage & brutale ; ils ne favoient que conduire

leurs

leurs brebis, les tondre, traire leur lait, & faire des fromages: toute la campagne étoit comme un defert affreux.

Bientôt Apollon montra à tous les Bergers les arts, qui peuvent rendre leur vie agréable. Il chantoit les fleurs dont le Printems se couronne, les parfums qu'il répand & la verdure qui naît sous ses pas; puis il chantoit les délicieuses nuits de l'Eté, où les Zephirs refraîchissent les hommes, & où la rosée désaltere la terre. Il mêloit aussi dans ses chansons les fruits dorez, dont l'Automne récompense les travaux des Laboureurs; & le repos de l'Hyver, pendant lequel la jeunesse folâtre danse auprès du feu. Enfin il representoit les forêts sombres qui couvrent les montagnes, & les creux vallons où les rivieres, par mille détours, semblent se jouer au milieu des riantes prairies. Il apprit ainsi aux Bergers, quels sont les charmes de la vie champêtre, quand on sait goûter ce que la simple nature a de gracieux. Bientôt les Bergers avec leurs flutes se virent plus heureux que les Rois, & leurs cabanes attiroient en foule les plaisirs purs, qui fuyent les Palais dorez: les jeux, les ris, les graces, suivoient par tout les innocentes Bergeres. Tous les jours étoient des Fêtes. On n'entendoit plus que le gazouillement des oiseaux, ou la douce haleine des Zéphirs, qui se jouoient dans les rameaux des arbres, ou le murmure d'une onde claire, qui tomboit de quelque rocher, ou les chansons que les Muses inspiroient aux Bergers, qui suivoient Apollon. Ce Dieu leur enseignoit à remporter le prix de la course, & à percer de fléches les daims & les cerfs. Les Dieux mêmes devinrent jaloux des Bergers; cette vie leur parut plus douce que toute leur gloire, & ils rappellérent Apollon dans l'Olympe.

Mon fils, cette histoire doit vous instruire, puisque vous êtes dans l'état où fut Apollon; défrichez cette terre sauvage; faites fleurir comme lui le defert; apprenez à tous ces Bergers, quels sont les charmes de l'harmonie; adoucissez les cœurs farouches; montrez-leur l'aimable

vertu;

vertu ; faites-leur fentir combien il eſt doux de jouir dans la ſolitude des plaiſirs innocens, que rien ne peut ôter aux Bergers. Un jour, mon fils, un jour, les peines & les ſoucis cruels qui environnent les Rois, vous feront regretter ſur le trône la vie paſtorale,

Ayant ainſi parlé, Termoſiris me donna une flute ſi douce, que les échos de ces montagnes, qui la firent entendre de tous côtez, attirerent bientôt autour de moi tous les Bergers voiſins. Ma voix avoit une harmonie divine ; je me ſentois émû & comme hors de moi-même pour chanter les graces, dont la nature a orné la campagne. Nous paſſions les jours entiers & une partie des nuits à chanter enſemble. Tous les Bergers, oubliant leurs cabanes & leurs troupeaux, étoient ſuſpendus & immobiles autour de moi, pendant que je leur donnois des leçons. Il ſembloit que ces deſerts n'euſſent plus rien de ſauvage ; tout y étoit doux & riant ; la politeſſe des habitans ſembloit adoucir la terre.

Nous nous aſſemblions ſouvent pour offrir des ſacrifices dans ce Temple d'Apollon, où Termoſiris étoit Prêtre. Les Bergers y alloient couronnez de lauriers en l'honneur du Dieu. Les Bergeres y alloient auſſi en danſant avec des couronnes de fleurs, & portant ſur leurs têtes dans des corbeilles les dons ſacrez. Après la ſacrifice, nous faiſions un feſtin champêtre. Nos plus doux mets étoient le lait de nos chévres & de nos brebis, que nous avions ſoin de traire nous-mêmes, avec les fruits fraîchement cueillis de nos propres mains, tels que les dattes, les figues & les raiſins : nos ſiéges étoient les gazons ; les arbres touffus nous donnoient une ombre plus agréable que les lambris dorez des Palais des Rois.

Mais ce qui acheva de me rendre fameux parmi nos Bergers, c'eſt qu'un jour un lion affamé vint ſe jetter ſur mon troupeau : déja il commençoit un carnage affreux ; je n'avois en main que ma houlette ; je m'avance hardiment. Le lion hériſſe ſa criniere, me montre ſes dents & fes griffes, ouvre une gueule féche & enflâmée ; fes yeux paroiffoient pleins de fang & de feu ; il bat fes flancs avec fa longue queuë ; je le terraffe. La petite cotte de mailles, dont j'étois revêtu felon la coûtume des Bergers d'Egypte, l'empêcha de me déchirer. Trois fois je l'abatis ; trois fois il fe releva : il pouffoit des rugiffemens, qui faifoient retentir toutes les forêts. Enfin je l'étouffai entre mes bras ; & les Bergers, témoins de ma victoire, voulurent que je me revêtiffe de la peau de ce terrible animal.

Le bruit de cette action, & celui du beau changement de tous nos Bergers, fe répandit dans toute l'Egypte ; il parvint même jufqu'aux oreilles de Sefoftris. Il fçut qu'un de ces deux captifs, qu'on avoit pris pour des Pheniciens, avoit ramené l'âge d'or dans fes deferts prefque inhabitables. Il voulut me voir, car il aimoit les Mufes ; & tout ce qui peut inftruire les hommes touchoit fon grand cœur. Il me vit, il m'écouta avec plaifir, & découvrit que Metophis l'avoit trompé par avarice : il le condamna à une prifon perpetuelle, & lui ôta toutes les richeffes qu'il poffedoit injuftement. O ! qu'on eft malheureux, difoit-il, quand on eft au-deffus du refte des hommes ! fouvent on ne peut voir la vérité par fes propres yeux ; (9) on eft environné de gens qui l'empêchent d'arriver jufqu'à celui qui commande ; chacun eft intereffé à le tromper ; chacun fous une apparence de zele cache fon ambition. On fait femblant d'aimer le Roi, & on n'aime que les richeffes qu'il donne ; on l'aime fi peu, que pour obtenir fes faveurs on le flate & on le trahit.

(9) *On eft environné de gens qui l'empêchent d'arriver jufqu'à celui qui commande.* L'Auteur avoit en vuë ici, outre le Duc de Lerme Miniftre de Philippe IV. Roi d'Efpagne, le Marquis de Louvois, qui ne laiffoit point approcher de la perfonne du Roi, & n'accordoit aucune audience que l'on n'eût aparavant concerté avec lui ce qu'on avoit à dire à S. M. Il étoit dur, feroce, impitoïable, & vendoit cherement les graces qu'il faifoit obtenir.

ENSUITE Sefoftris me traita avec une tendre amitié, & réfolut de me renvoyer en Ithaque, avec des vaiffeaux & des troupes, pour délivrer Penelope de tous fes amans. La flote étoit déja prête, nous ne fongions qu'à nous embarquer. J'admirois les coups de la fortune, qui releve tout à coup ceux qu'elle a le plus abaiffez. Cette experience me faifoit efperer qu'Ulyffe pourroit bien revenir enfin dans fon Royaume après quelque longue fouffrance. Je penfois auffi en moi-même que je pourrois encore revoir Mentor, quoiqu'il eut été emmené dans les païs les plus inconnus de l'Ethiopie. Pendant que je retardois un peu mon départ, pour tâcher d'en favoir des nouvelles, Sefoftris, qui étoit fort âgé, mourut fubitement, & fa mort me replongea dans de nouveaux malheurs.

TOUTE l'Egypte parut inconfolable de cette perte. Chaque famille croyoit avoir perdu fon meilleur ami, fon protecteur, fon pere. Les vieillards, levant les mains au Ciel, s'écroient: Jamais l'Egypte n'eut un fi bon Roi; jamais elle n'en aura de femblable. ô Dieux! il faloit ou ne le montrer point aux hommes, ou ne le leur ôter jamais! pourquoi faut-il que nous furvivions au grand Sefoftris? Les jeunes gens difoient: L'efperance de l'Egypte eft détruite; nos peres ont été heureux de paffer leur vie fous un fi bon Roi; pour nous, nous ne l'avons vû que pour fentir fa perte. Ses domeftiques pleuroient nuit & jour. Quand on fit les funerailles du Roi, pendant quarante jours les peuples les plus reculez y accouroient en foule: chacun vouloit voir encore une fois le corps de Sefoftris: chacun vouloit en conferver l'image: plufieurs vouloient être mis avec lui dans le tombeau.

CE qui augmenta encore la douleur de fa perte, c'eft que fon fils Bocchoris n'avoit ni humanité pour les Etrangers, ni curiofité pour les fciences, ni eftime pour les hommes vertueux, ni amour pour la gloire. La grandeur de fon pere avoit contribué à le rendre fi indigne de

régner.

régner. Il avoit été nourri dans la moleſſe & dans une fierté brutale. Il comptoît pour rien les hommes, croyant qu'ils n'étoient faits que pour lui, & qu'il étoit d'une autre nature qu'eux. Il ne ſongeoit qu'à contenter ſes paſſions, qu'à diſſiper les treſors immenſes que ſon pere avoit ménagez avec tant de ſoin, qu'à tourmenter les peuples, & qu'à ſuccer le ſang des malheureux; enfin qu'à ſuivre les conſeils flâteurs des jeunes inſenſez qui l'environnoient, pendant qu'il écartoit avec mépris tous les ſages vieillards qui avoient eu la confiance de ſon pere. C'étoit un Monſtre, & non pas un Roi. Toute l'Egypte gémiſſoit; & quoique le nom de Seſoſtris, ſi cher aux Egyptiens, leur fît ſupporter la conduite lâche & cruelle de ſon fils, le fils couroit à ſa perte, & un Prince ſi indigne du trône ne pouvoit long tems régner.

Il ne me fut plus permis d'eſpérer mon retour en Ithaque. Je demeurai dans une tour ſur le bord de la mer auprès de Peluſe, où nôtre embarquement devoit ſe faire, ſi Seſoſtris ne fût pas mort. Metophis avoit eu l'adreſſe de ſortir de priſon, & de ſe rétablir auprès du nouveau Roi : il m'avoit fait renfermer dans cette tour pour ſe venger de la diſgrace que je lui avois cauſée. Je paſſois les jours & les nuits dans une profonde triſteſſe. Tout ce que Termoſiris m'avoit prédit, & tout ce que j'avois entendu dans la caverne, ne me paroiſſoit plus qu'un ſonge. J'étois abîmé dans la plus amere douleur : je voyois les vagues, qui venoient battre le pied de la tour où j'étois priſonnier. Souvent je m'occupois à conſiderer des vaiſſeaux agitez par la tempête, qui étoient en danger d'être briſez contre les rochers, ſur leſquels a tour étoit bâtie. Loin de plaindre ces hommes menacez du naufrage, j'enviois leur ſort. Bientôt, diſois-je à moi-même, ils finiront les malheurs de leur vie, ou ils arriveront en leur païs: helas! je ne puis eſperer ni l'un ni l'autre.

Pendant que je me conſumois ainſi en regrets inutiles, j'apperçus comme une forêt de mats de vaiſſeaux.

4

La

La mer étoit couverte de voiles, que les vents enfloient:
l'onde étoit écumante fous des rames innombrables. J'entendois de toutes parts des cris confus: j'appercevois fur
le rivage une partie des Egyptiens effrayez qui couroient
aux armes, & d'autres qui fembloient aller au devant de
cette flote qu'on voyoit arriver. Bientôt je reconnus
que ces vaiffeaux étrangers étoient les uns de Phenicie,
& les autres de l'Ile de Cypre; car mes malheurs commençoient à me rendre experimenté fur ce qui regarde la
navigation. Les Egyptiens me parurent divifez entre
eux. Je n'eus aucune peine à croire que l'infenfé Bocchoris avoit par fes violences caufé une revolté de fes fujets, & allumé la guerre civile. Je fus du haut de cette
tour fpectateur d'un fanglant combat.

Les Egyptiens qui avoient appellé à leur fecours les
étrangers, après avoir favorifé leur defcente, attaquérent
les autres Egyptiens qui avoient le Roi à leur tête. Je
voyois ce Roi qui animoit les fiens par fon exemple, il
paroiffoit comme le Dieu Mars; des ruiffeaux de fang
couloient autour de lui; les roues de fon char étoient
teintes d'un fang noir, épais & écumant; à peine pou-
voient-elles paffer fur des tas de corps morts écrafez.

Ce jeune Roi bien fait, vigoureux, d'une mine haute
& fiere, avoit dans fes yeux la fureur & le defefpoir. Il
étoit comme un beau cheval qui n'a point de bouche:
fon courage le pouffoit au hazard, & la fageffe ne modéroit point fa valeur. Il ne favoit ni réparer fes fautes,
ni donner des ordres précis, ni prévoir les maux qui le
menaçoient, ni ménager les gens dont il avoit le plus
grand befoin. Ce n'étoit pas qu'il manquât de génie; fes
lumieres égaloient fon courage: mais il n'avoit jamais
été inftruit par la mauvaife fortune. Ses Maîtres avoient
empoifonné par la flaterie fon beau naturel. Il étoit
enyvré de fa puiffance & de fon bonheur; il croyoit que
tout devoit ceder à fes defirs fougueux; la moindre ré-
fiftance enflâmoit fa colere. Alors il ne raifonnoit plus;
il étoit comme hors de lui-même; fon orgueil furieux

en

en faifoit une bête farouche : fa bonté naturelle & fa droite raifon l'abandonnoient en un inftant ; fes plus fideles ferviteurs étoient réduits à s'enfuir ; il n'aimoit plus que ceux qui flatoient fes paffions. Ainfi il prenoit toûjours des partis extrêmes contre fes véritables intérêts, & il forçoit tous les gens de bien à détefter fa folle conduite. Long tems fa valeur le foûtint contre la multitude de fes ennemis : mais enfin il fut accablé. Je le vis périr ; le dard d'un Phenicien parça fa poitrine ; les rênes lui échapérent des mains ; il tomba de fon char fous les pieds des chevaux. Un foldat de l'Ile de Cypre lui coupa la tête ; & la prenant par les cheveux, il la montra comme en triomphe à toute l'armée victorieufe.

JE me fouviendrai toute ma vie d'avoir vû cette tête qui nageoit dans le fang, les yeux fermez & éteints, ce vifage pâle & défiguré, cette bouche entr'ouverte, qui fembloit vouloir encore achever des paroles commencées, cet air fuperbe & menaçant, que la mort même n'avoit pû effacer. Toute ma vie il fera peint devant mes yeux ; & fi jamais les Dieux me faifoient regner, je n'oublierois point, après un fi funefte exemple, qu'un Roi n'eft digne de commander, & n'eft heureux dans fa puiffance, qu'autant qu'il la foûmet à la raifon. Hé ! quel malheur pour un homme deftiné a faire le bonheur public, de n'être le maître de tant d'hommes que pour les rendre malheureux.

Fin du fecond Livre.

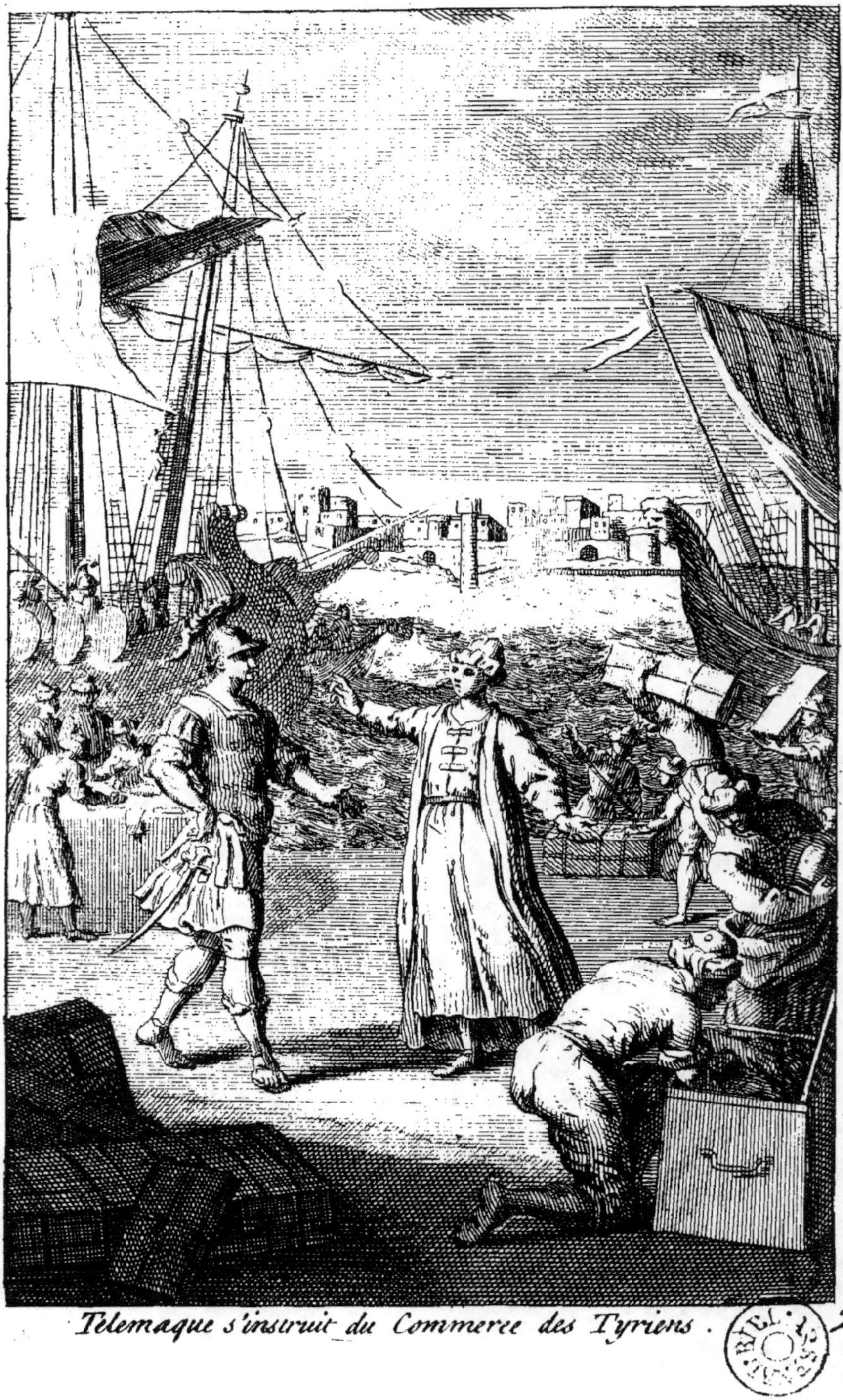

Telemaque s'instruit du Commerce des Tyriens.

LES AVANTURES
DE
TELEMAQUE,
FILS D'ULYSSE.
LIVRE TROISIEME.

SOMMAIRE.

TELEMAQUE raconte que le succeſſeur de Boccoris, rendant tous les priſonniers Tyriens, lui-même Telemaque fut emmené avec eux à Tyr ſur le vaiſſeau de Narbal, qui commandoit la flote Tyrienne : que Narbal lui dépeignit Pygmalion leur Roi, dont il faloit craindre la cruelle avarice : qu'enſuite il avoit été inſtruit par Narbal ſur les regles du commerce de Tyr, & qu'il alloit s'embarquer ſur un vaiſſeau Cyprien pour aller par l'Ile de Cypre en Ithaque, quand Pygmalion découvrit qu'il étoit étranger, & voulut le faire prendre : qu'alors il étoit ſur le point de périr ; mais qu'Aſtarbé maîtreſſe du Tyran l'avoit ſauvé, pour faire mourir en ſa place un jeune homme, dont le mépris l'avoit irritée.

ALYPSO écoutoit avec étonnement des paroles si sages. Ce qui la charmoit le plus, étoit de voir que Telemaque racontoit ingénuement les fautes qu'il avoit faites par précipitation, & en manquant de docilité pour le sage Mentor. Elle trouvoit une noblesse & une grandeur étonnante dans ce jeune homme, qui s'accusoit lui-même, & qui paroissoit avoir si bien profité de ses imprudences pour se rendre sage, prévoyant & modéré. Continuez, dit-elle, mon cher Telemaque; il me tarde de savoir comment vous sortîtes de l'Egypte, & où vous avez retrouvé le sage Mentor, dont vous avez senti la perte avec tant de raison.

TELEMAQUE reprit ainsi son discours. Les Egyptiens les plus vertueux & les plus fideles au Roi étant les plus foibles, & voyant le Roi mort, furent contraints de céder aux autres. On établit un autre Roi nommé Termutis. Les Pheniciens avec les troupes de l'Ile de Cypre se retirérent, après avoir fait alliance avec le nouveau Roi. Celui-ci rendit tous les prisonniers Pheniciens ; je fus compté comme étant de ce nombre. On me fit sortir de la tour; je m'embarquai avec les autres, & l'esperance commença à reluire au fond de mon cœur.

UN vent favorable remplissoit déja nos voiles ; les rameurs fendoient les ondes écumantes; la vaste mer étoit couverte de navires ; les mariniers poussoient des cris de joie ; les rivages d'Egypte s'enfuyoient loin de nous ; les collines & les montagnes s'applanissoient peu à peu. Nous commencions à ne voir plus que le Ciel & l'eau, pendant que le Soleil, qui se levoit, sembloit faire sortir de la mer ses feux étinçelans ; ses rayons doroient le sommet des montagnes, que nous découvrions encore un peu sur l'horizon ; & tout le Ciel, peint d'un sombre azur, nous promettoit une heureuse navigation.

Quoiqu'on m'eût renvoyé comme étant Phenicien, aucun des Pheniciens avec qui j'étois, ne me connoissoit. Narbal, qui commandoit dans le vaisseau où l'on me mit, me demanda mon nom & ma patrie. De qu'elle ville de Phenicie êtes-vous ? me dit-il. Je ne suis point Phenicien, lui dis-je: mais les Egyptiens m'avoient pris sur la mer dans un vaisseau de Phenicie. J'ai demeuré captif en Egypte comme un Phenicien: c'est sous ce nom que j'ai long-tems souffert : c'est sous ce nom que l'on m'a délivré. De quel païs êtes vous donc ? reprit alors Narbal. Je lui parlai ainsi : Je suis Telemaque, fils d'Ulysse Roi d'Ithaque en Grece ; mon pere s'est rendu fameux entre tous les Rois qui ont assiegé la ville de Troye : mais les Dieux ne lui ont pas accordé de revoir sa patrie. Je l'ai cherché en plusieurs païs ; la fortune me persécute comme lui : vous voyez un malheureux, qui ne soûpire qu'après le bonheur de retourner parmi les siens, & de retrouver son pere.

Narbal me regardoit avec étonnement, & il crut appercevoir en moi je ne sai quoi d'heureux qui vient des dons du Ciel, & qui n'est point dans le commun des hommes; il étoit naturellement sincere & généreux ; il fut touché de mon malheur, & me parla avec une confiance que les Dieux lui inspirérent pour me sauver d'un grand péril.

Telemaque, je ne doute point, me dit-il, de ce que vous me dites, & je ne saurois en douter. La douceur & la vertu peintes sur vôtre visage, ne me permettent pas de me défier de vous : je sens même que les Dieux, que j'ai toûjours servis, vous aiment, & qu'ils veulent que je vous aime aussi comme si vous étiez mon fils : je vous donnerai un conseil salutaire, & pour récompense je ne vous demande que le secret. Ne craignez point, lui dis-je, que j'aye aucune peine à me taire sur les choses que vous voudrez me confier; quoique je sois si jeune, j'ai déja vieilli dans l'habitude de ne dire jamais mon secret, & encore plus de ne trahir jamais sous aucun

prétexte

prétexte le secret d'autrui. Comment avez-vous pû, me dit-il, vous accoûtumer au secret dans une si grande jeuneffe ? Je ferai ravi d'apprendre par quel moyen vous avez acquis cette qualité, qui eft le fondement de la plus fage conduite, & fans laquelle tous les talens font inutiles ?

Quand Ulyffe, lui dis-je, partit pour aller au fiege de Troye, il me prit fur fes genoux & entre fes bras ; (c'eft ainfi qu'on me l'a raconté.) Après m'avoir baifé tendrement, il me dit ces paroles, quoique je ne pûffe les entendre : O mon fils ! que les Dieux me préfervent de te revoir jamais ; que plûtôt le cifeau de la Parque tranche le fil de tes jours, lorfqu'il eft à peine formé, de même que le moiffonneur tranche de fa faux une tendre fleur qui commence à éclorre ; que mes ennemis te puiffent écrafer aux yeux de ta mere & aux miens ; fi tu dois un jour te corrompre & abandonner la vertu. O ! mes amis, continua-t-il, je vous laiffe ce fils, qui m'eft fi cher ; ayez foin de fon enfance. Si vous m'aimez, éloignez de lui la pernicieufe flaterie ; enfeignez-lui à fe vaincre ; qu'il foit comme un jeune arbriffeau encore tendre, qu'on plie pour le redreffer. Sur tout n'oubliez rien pour le rendre jufte, bienfaifant, fincere & fidele à garder un fe-cret. Quiconque eft capable de mentir, eft indigne d'être compté au nombre des hommes ; & quiconque ne fait pas fe taire, eft indigne de gouverner.

Je vous rapporte ces paroles, parce qu'on a eu foin de me les répéter fouvent, & qu'elles ont pénétré jufqu'au fond de mon cœur : je me les redis fouvent à moi-même. Les amis de mon pere eurent foin de m'exercer de bonne heure au fecret. J'étois encore dans la plus tendre enfance, & ils me confioient déja toutes les peines qu'ils reffentoient, voyant ma mere expofée à un grand nombre de téméraires, qui vouloient l'époufer. Ainfi on me traitoit dès-lors comme un homme raifonnable & fûr ; on m'entretenoit fouvent des plus grandes affaires ; on m'inftruifoit de ce qu'on àvoit refolu pour écarter ces

prétendans.

prétendans.   J'étois ravi qu'on eût en moi cette confiance.   Par là je me croyois déja un homme fait.   Jamais je n'en ai abufé ; jamais il ne m'eſt échapé une feule parole, qui pût découvrir le moindre fecret.   Souvent les prétendans tâchoient de me faire parler, eſperant qu'un enfant, qui auroit vû ou entendu quelque choſe d'important, ne ſauroit pas ſe retenir : mais je ſavois bien leur répondre ſans mentir, & ſans leur apprendre ce que je ne devois point leur dire.

ALORS Narbal me dit : Vous voiez, Telemaque, la puiſſance des Pheniciens.   Ils ſont redoutables à toutes les Nations voiſines par leurs innombrables vaiſſeaux.   Le commerce qu'ils font juſqu'aux Colomnes d'Hercule, (*u*) leur donne des richeſſes qui ſurpaſſent celles des peuples les plus floriſſans.   Le grand Roi Seſoſtris, qui n'auroit jamais pû les vaincre par mer, eut bien de la peine à les vaincre par terre avec ſes armées qui avoient conquis tout l'Orient : il nous impoſa un tribut, que nous n'avons pas long tems payé.   Les Pheniciens ſe trouvoient trop riches & trop puiſſans pour porter patiemment le joug de la ſervitude ; nous reprîmes nôtre liberté.   La mort ne laiſſa pas à Seſoſtris le tems de finir la guerre contre nous.   Il eſt vrai que nous avions tout à craindre de ſa ſageſſe encore plus que de ſa puiſſance : mais ſa puiſſance paſſant entre les mains de ſon fils, dépourvû de toute ſageſſe, nous conclûmes que nous n'avions plus rien à craindre.   En effet les Egyptiens, bien loin de rentrer, les armes à la main, dans nôtre païs pour nous ſubjuguer encore une fois, ont été contraints de nous appeller à leur ſecours pour les délivrer de ce Roi impie & furieux.   Nous avons été leurs liberateurs. Quelle gloire ajoûtée à la liberté & à l'opulence des Pheniciens !

(*u*) *Les Colomnes d'Hercule ſont les Montagnes de Calpé & d'Abila au Detroit de Gibraltar, où l'Ocean entre dans la Mer Méditerranée, & où Hercule borna ſes voyages. Elles ſont ainſi nommées, parce qu'elles paroiſſent de loin comme deux colonnes aux yeux des voyageurs.*

M A I s pendant que nous délivrons les autres, nous sommes esclaves nous-mêmes. O Telemaque! craignez de tomber dans les mains de Pygmalion nôtre Roi ; il les a trempées, ces mains cruelles! dans le sang de Sichée, mari de Didon (*x*) sa sœur. Didon, pleine de desirs de la vengeance, s'est sauvée de Tyr avec plusieurs vaisseaux. La plûpart de ceux qui aiment la vertu & la liberté l'ont suivie ; elle a fondé sur la côte d'Afrique une superbe ville, qu'on nomme Carthage. (*y*) Pygmalion, tourmenté par une soif insatiable des richesses, se rend de plus en plus miserable & odieux à ses sujets. C'est une crime à Tyr que d'avoir de grands biens. L'avarice le rend défiant, soupçonneux, cruel; il persecute les riches, & il craint les pauvres.

C'est un crime encore plus grand à Tyr d'avoir de la vertu ; car Pygmalion suppose que les bons ne peuvent souffrir ses injustices & ses infamies. La vertu le condamne ; il s'aigrit & s'irrite contre elle. Tout l'agite, l'inquiéte, le rouge; il a peur de son ombre; il ne dort, ni nuit ni jour. Les Dieux pour le confondre l'accablent de tresors, dont il n'ose jouir. Ce qu'il cherche pour être heureux, est précisément ce qui l'empêche de l'être; il regrete tout ce qu'il donne, & craint toûjours de perdre. Il se tourmente pour gagner. On ne le voit presque jamais; il est seul, triste, abatu au fond de son Palais; ses amis mêmes n'osent l'aborder de peur de lui devenir suspects. Une garde terrible tient toûjours des épées nuës & des picques levées autour de sa maison. Trente chambres, qui se communiquent les unes aux autres, & dont chacune a une porte de fer avec six gros verrouils, font le

(*x*) *Didon étoit Fille de Belus, Roi de Tir & de Sidon. Pigmalion fit mourir son mari Sichée pour avoir ses richesses.*

(*y*) *Cette ville, bâtu sur la côte d'Afrique, vis à vis de Rome, dont elle étoit la rivale, fut ruïnée par Scipion l'Afriquain.*

lieu

lieu où il fe renferme. (10) On ne fait jamais dans laquelle de ces chambres il couche, & on affure qu'il ne
couche jamais deux nuits de fuite dans la même, de peur
d'y être égorgé. Il ne connoît ni les doux plaifirs, ni l'a-
mitié encore plus douce. Si on lui parle de chercher la
joie, il fent qu'elle fuit loin de lui, & qu'elle refufe d'entrer
dans fon cœur. Ses yeux creux font pleins d'un feu âpre
& farouche ; ils font fans ceffe errans de tous côtez. Il prête
l'oreille au moindre bruit, & fe fent tout émû ; il eft
pâle, défait, & les noirs foucis font peints fur fon vifage
toûjours ridé. Il fe tait, il foûpire, il tire de fon cœur
de profonds gémiffemens, il ne peut cacher les remords
qui déchirent fes entrailles. Les mets les plus exquis le
dégoutent ; fes enfans, loin d'être fon efpérance, font le fujet de fa terreur ; il en a fait fes plus dangereux ennemis ;
il n'a eu toute fa vie aucun moment d'affuré : il ne fe
conferve qu'à force de répandre le fang de tous ceux qu'il
craint. Infenfé, qui ne voit pas que la cruauté, à laquelle
il fe confie, le fera périr ! quelqu'un de ces domeftiques,
auffi défiant que lui, fe hâtera de délivrer le monde de ce
monftre.

P O U R moi je crains les Dieux : quoi qu'il m'en coute,
je ferai fidele au Roi qu'ils m'ont donné. J'aimerois
mieux qu'il me fît mourir, que de lui ôter la vie, & même
que de manquer à le défendre. Pour vous, ô Telemaque,
gardez-vous bien de lui dire, que vous êtes le fils d'Ulyffe :
il efpereroit qu'Ulyffe, retournant à Ithaque, lui payeroit

(10) *On ne fait jamais dans laquelle de ces chambres il couche.*
Ceci eft un trait de la vie d'O-livier Cromwel, déclaré Pro-tecteur d'Angleterre après la mort de Charles I. Ce tiran, qui couvroit d'un beau nom toutes fes violences, étoit, comme Pygmalion, inquiet, cruel, défiant. Craint de tout le monde, il craignoit auffi tout le monde à fon tour. Il avoit dans fon Palais de Whitehal plufieurs chambres, dans lefquelles il couchoit al-ternativement. Cependant il mourut de fa mort naturelle, au mois de Septembre 1658, après avoir longtems gouverné l'Angleterre fous le titre de Protecteur, avec plus d'autorité que fous celui de Roi.

quelque grande fomme pour vous racheter ; & il vous tiendroit en prifon.

QUAND nous arrivâmes à Tyr, je fuivis le confeil de
Narbal, & je reconnus la verité de tout ce qu'il m'avoit
raconté. Je ne pouvois comprendre qu'un homme fe
pût rendre auffi miferable que Pygmalion me le paroiffoit.

SURPRIS d'un fpectacle fi affreux & fi nouveau pour
moi, je difois en moi-même : Voilà un homme, qui n'a
cherché qu'à fe rendre heureux ; il a crû y parvenir par
les richeffes & par une autorité abfolue ; il poffede tout ce
qu'il peut defirer, & cependant il eft miferable par fes richeffes & par fon autorité même. S'il étoit Berger, comme j'étois n'aguéres, il feroit auffi heureux que je l'ai
été ; il jouïroit des plaifirs innocens de la campagne, &
en jouïroit fans remord. Il ne craindroit ni le fer ni le
poifon. Il aimeroit les hommes ; il en feroit aimé. Il
n'auroit point ces grandes richeffes, qui lui font auffi inutiles que du fable, puifqu'il n'ofe y toucher ; mais il jouïroit librement des fruits de la terre, & ne fouffriroit aucun
veritable befoin. Cet homme paroît faire tout ce qu'il
veut ; mais il s'en faut bien qu'il le faffe ; il fait tout
ce que veulent fes paffions féroces. Il eft toûjours en-
trainé par fon avarice, par fa crainte & par fes foupçons.
Il paroît être maître de tous les autres hommes ; mais il
n'eft pas maître de lui-même ; car il a autant de maîtres
& de bourreaux, qu'il a de defirs violens.

JE raifonnois ainfi de Pygmalion fans le voir ; car on
ne le voyoit point, & on regardoit feulement avec crainte
ces hautes tours, qui étoient nuit & jour entourées de Gardes, où il s'étoit mis lui-même comme en prifon, fe ren-
fermant avec fes trefors. Je comparois ce Roi invifible
avec Sefoftris fi doux, fi acceffible, fi affable, fi curieux de
voir les Etrangers, fi attentif à écouter tout le monde, &
à tirer du cœur des hommes la verité, qu'on cache aux
Rois. Sefoftris, difois-je, ne craignoit rien, & n'avoit
rien à craindre ; il fe montroit à tous ces fujets comme à
fes propres enfans. Celui-ci craint tout, & a tout à crain-

dre.

dre. Ce méchant Roi eſt toûjours expoſé à une mort funeſte, même dans ſon Palais inacceſſible, au milieu de ſes Gardes. Au contraire le bon Roi Seſoſtris étoit en ſeureté au milieu de la foule des peuples, comme un bon pere dans ſa maiſon environné de ſa famille.

PYGMALION donna ordre de renvoyer les troupes de l'Ile de Cypre, qui étoient venues ſecourir les ſiennes à cauſe de l'alliance qui étoit entre les deux peuples. Narbal prit cette occaſion de me mettre en liberté : il me fit paſſer en revûë parmi les ſoldats Cypriens ; car le Roi étoit ombrageux juſques dans les moindres choſes. (11) Le defaut des Princes trop faciles & inappliquez eſt de ſe livrer avec une aveugle confiance à des favoris artificieux & corrompus. Le défaut de celui-ci étoit au contraire de ſe défier des plus honnêtes gens. Il ne ſavoit point diſcerner les hommes droits & ſimples qui agiſſent ſans déguiſement : auſſi n'avoit-il jamais vû de gens de bien ; car de telles gens ne vont point chercher un Roi ſi corrompu. D'ailleurs, il avoit vû depuis qu'il étoit ſur le trône, dans les hommes dont il s'étoit ſervi, tant de diſſimulation, de perfidie & de vices affreux déguiſez ſous les apparences de la vertu, qu'il regardoit tous les hommes ſans exception comme s'ils euſſent été maſquez. Il ſuppoſoit qu'il n'y avoit aucune vertu ſincere ſur la terre : ainſi il regardoit tous les hommes comme étant à peu près égaux. Quand il trouvoit un homme faux & corrompu, il ne ſe donnoit point la peine d'en chercher un autre,

---

(11) *Le defaut des Princes trop faciles & inappliquez eſt de ſe livrer avec une aveugle confiance à des favoris artificieux & corrompus.* On ne peut mieux peindre ce que fit Louïs XIV. qui voulant avoir la gloire de tout faire par lui-même, ſe livra neanmoins aveuglément à ſes Miniſtres qui faiſoient tout ſous ſon autorité. Il ſe contenta de certains dehors dont il ne ſortit preſque jamais. Il ſe fit bien ſervir par ſes Miniſtres, mais ils le rendirent infidelle dans ſes Traités, & lui inſpirant que tout le bien de ſes ſujets lui apartenoit, il crut en uſer encore avec beaucoup de moderation que de n'en prendre que ce qu'il en prenoit.

comptant qu'un autre ne feroit pas meilleur. Les bons lui paroiffoient pires que les méchans les plus déclarez, parce qu'il les croyoit auffi méchans & plus trompeurs.

Pour revenir à moi, je fus confondu avec les Cypriens, & j'échapai à la défiance pénétrante du Roi. Narbal trembloit de crainte que je ne fûffe découvert : il lui en eut coûté la vie & à moi auffi. Son impatience de nous voir partir étoit incroyable ; mais les vents contraires nous retinrent affez long tems à Tyr.

Je profitai de ce féjour pour connoître les mœurs des Pheniciens fi celebres chez toutes les Nations connues. J'admirois l'heureufe fituation de cette grande ville, qui eft au milieu de la mer dans une Ile. La côte voifine eft délicieufe par fa fertilité, par les fruits exquis qu'elle porte, par le nombre des villes & des villages qui fe touchent prefque ; enfin par la douceur de fon climat : car les montagnes mettent cette côte à l'abri des vents brûlans du Midy ; elle eft rafraîchie par le vent du Nord, qui foufle du côté de la mer. Ce païs eft au pied du Liban, dont le fommet fend les nuës & va toucher les Aftres ; une glace éternelle couvre fon front ; des fleuves pleins de neiges tombent comme des torrens des pointes des rochers qui environnent fa tête. Au deffous on voit une vafte forêt de cédres antiques, qui paroiffent auffi vieux que la terre où ils font plantez, & qui portent leurs branches épaiffes jufques vers les nuës : cette forêt a fous fes pieds de gras pâturages dans la pente de la montagne. C'eft-là qu'on voit errer les taureaux qui mugiffent : les brebis, qui bêlent avec leurs tendres agneaux, bondiffent fur l'herbe. Là coulent mille ruiffeaux d'une eau claire. Enfin on voit au-deffous de ces pâturages le pied de la montagne, qui eft comme un jardin : le Printemps & l'Automne y regnent enfemble pour y joindre les fleurs & les fruits. Jamais ni le foufle empefté du Midy, qui féche & qui brûle tout, ni le rigoureux Aquilon n'ont ofé effacer les vives couleurs qui ornent ce jardin.

C'est

C'est auprès de cette belle côte que s'éleve dans la mer l'Ile, où eſt bâtie la ville de Tyr. Cette grande Ville ſemble nager au deſſus des eaux & être la Reine de toute la mer. Les Marchands y abordent de toutes les parties du monde; & ſes habitans ſont eux-mêmes les plus fameux Marchands qu'il y ait dans l'univers. Quand on entre dans cette ville, on croit d'abord que ce n'eſt point une ville qui appartienne à un peuple particulier; mais qu'elle eſt la ville commune de tous les peuples, & le centre de leur commerce. Elle a deux grands Môles, ſemblables à deux bras, qui s'avancent dans la mer & qui embraſſent un vaſte port, où les vents ne peuvent entrer. Dans ce port on voit comme une forêt de mâts de navires; & ces navires ſont ſi nombreux, qu'à peine peut-on découvrir la mer qui les porte. Tous les Citoyens s'appliquent au commerce, & leurs grandes richeſſes ne les dégoûtent jamais du travail néceſſaire pour les augmenter. On y voit de tous côtez le fin lin d'Egypte, & la pourpre Tyrienne deux fois teinte, d'un éclat merveilleux: cette double teinture eſt ſi vive, que le tems ne peut l'effacer: on s'en ſert pour des laines fines, qu'on rehauſſe d'une broderie d'or & d'argent. Les Pheniciens ont le commerce de tous les peuples juſqu'au détroit de Gades (z); & ils ont même pénétré dans le vaſte Ocean, qui environne toute la terre. Ils ont fait auſſi de longues navigations ſur la mer rouge, & c'eſt par ce chemin qu'ils vont chercher, dans des iles inconnuës, de l'or, des parfums, & divers animaux qu'on ne voit point ailleurs.

Je ne pouvois raſſaſier mes yeux du ſpectacle magnifique de cette grande ville, où tout étoit en mouvement. Je n'y voyois point, comme dans les villes de la Grece, des hommes oiſifs & curieux, qui vont chercher des nouvelles dans la place publique, ou regarder les étrangers qui arrivent ſur le port. Les hommes ſont occupez à déchar-

---

(z) Gades ou Gadire, aujourd'hui Cadix, eſt un Ile de l'Eſpagne Betique, voiſine du Continent, vis à vis du Port de Mneſtée. Elle fut bâtie par les Tiriens.

ger

ger leurs vaiſſeaux, à tranſporter leurs marchandiſes, ou à les vendre, à ranger leurs magazins, & à tenir un compte exact de ce qui leur eſt dû par les negocians étrangers *(a)*. Les femmes ne ceſſent jamais, ou de filer les laines, ou de faire des deſſeins de broderie, ou de ployer les riches étoffes.

D'où vient, diſois-je à Narbal, que les Pheniciens ſe ſont rendus les maîtres du commerce de toute la terre, & qu'ils s'enrichiſſent ainſi aux dépens de tous les autres peuples ? Vous le voyez, me répondit-il: la ſituation de Tyr eſt heureuſe pour le commerce; c'eſt nôtre Patrie qui a la gloire d'avoir inventé la navigation. Les Tyriens furent les premiers (s'il en faut croire ce qu'on raconte de la plus obſcure antiquité) qui domptérent les flots, long tems avant l'âge de Typhis & des Argonautes *(b)* tant vantez dans la Grece. Ils furent, dis-je, les premiers qui oſérent ſe mettre dans un frêle vaiſſeau à la merci des vagues & des tempêtes, qui ſondérent les abîmes de la mer, qui obſervérent les Aſtres loin de la terre, ſuivant la ſcience des Egyptiens & des Babyloniens; enfin, qui réunirent tant de peuples que la mer avoit ſéparez. Les Tyriens ſont induſtrieux, patiens, laborieux, propres, ſobres & ménagers; ils ont une exacte police, ils ſont parfaitement d'accord entre eux; jamais peuple n'a été plus conſtant, plus ſincere, plus fidele, plus ſûr, plus commode à tous les étrangers *(c)*.

(a) Cette deſcription de la ville de Tyr, qu'on vient de lire, eſt une peinture naturelle d'Amſterdam, qui lui reſſemble en tout, ſi même elle ne la ſurpaſſe en richeſſes, comme par l'étenduë de ſon commerce. L'on n'a eu en vuë que d'exciter par là l'émulation des François, en faiſant voir que toutes ces choſes étoient negligées dans le Royaume.

(b) Les Argonautes étoient les Heros de la Grece, qui allérent en Colchos avec Jaſon, pour enlever la Toiſon d'or. Leur vaiſſeau, bâti en Theſſalie par les mains mêmes de Pallas, ſe nommit Argo; & Tiphis en étoit le Pilote.

(c) Ceci eſt encore un portrait naturel des Hollandois, & ce qui ſuit eſt une belle leçon pour leur apprendre ce qu'ils doivent craindre: comme il eſt une peinture de ce qui eſt arrivé aux François.

Voilà,

Voilà, fans aller chercher d'autre caufe, ce qui leur donne l'empire de la mer, & qui fait fleurir dans leur port un
fi utile commerce. Si la divifion & la jaloufie mettoient
entr'eux ; (12) s'ils commençoient à s'amolir dans les délices & dans l'oifiveté ; fi les premiers de la nation mé-
prifoient le travail & l'économie ; fi les arts ceffoient
d'être en honneur dans leur ville (13) ; s'ils manquoient
de bonne foi envers les étrangers ; s'ils alteroient tant foit
peu les regles d'un commerce libre ; s'ils négligeoient leurs
manufactures (14), & s'ils ceffoient de faire les grandes
avances qui font néceffaires pour rendre leurs marchandifes
parfaites chacune dans fon genre, vous verriez bientôt
tomber cette puiffance que vous admirez.

MAIS expliquez-moi, lui difois-je, les vrais moyens
d'établir un jour à Ithaque un pareil commerce. Faites,
me répondit-il, comme on fait ici ; recevez bien & facilement tous les étrangers ; faites-leur trouver dans vos
ports la feureté, la commodité, la liberté entiere ; ne vous
laiffez jamais entraîner ni par l'avarice, ni par l'orgueil.
Le vrai moyen de gagner beaucoup eft de ne vouloir jamais trop gagner, & de favoir perdre à propos. Faites-
vous aimer par tous les étrangers : fouffrez même quelque
chofe d'eux : craignez d'exciter la jaloufie par vôtre hauteur : foyez conftant dans les regles du commerce ; qu'elles foient fimples & faciles ; accoûtumez vos peuples à les

(12) *S'ils commençoient à s'a-*
molir, &c. Le luxe & la moleffe avoient commencé de
ruïner la France, où les biens
des plus grands Signeurs fuf-
fifoient à peine pour les dépenfes de leurs ameublemens
& de leurs équipages.

(13) *Si les arts ceffoient d'être*
en honneur. Comme les Tailles devinrent perfonnelles &
arbitraires dans le Royaume,
& que l'on taxa l'aife & l'induftrie, les arts étoient négligés, & les artifans ne fe met-

toient pas en peine de paroître habiles, croyant fe redi-
mer par là des contributions
dont on les chargeoit.

(14) *S'ils négligeoient leurs*
Manufactures. La profcription
des Reformez de France aiant
donné lieu à l'établiffement
de quantité de Manufactures
hors du Royaume, comme celles des Etofes de foye ; les villes de Lion, de Tours, &c. en
ont fouffert un préjudice irréparable.

fuivre inviolablement ; puniffez féverement la fraude &
même la négligence ou le fafte des Marchands, qui ruinent
le commerce en ruinant les hommes qui le font. Sur-
tout n'entreprenez jamais de gêner le commerce, pour le
tourner felon vos vûes. Il eft plus convenable que le
Prince ne s'en mêle point, & qu'il en laiffe tout le profit
à fes fujets qui en ont la peine : autrement il les décou-
ragera. Il en tirera affez d'avantages par les grandes richeffes qui entreront dans fes Etats. Le commerce eft
comme certaines fources ; fi vous voulez détourner leurs
cours, vous les faites tarir. Il n'y a que le profit & la
commodité qui attirent les étrangers chez vous. Si vous
leur rendez le commerce moins commode & moins utile,
ils fe retirent infenfiblement, & ne reviennent plus, parce
que d'autres peuples profitant de vôtre imprudence les attirent chez eux, & les accoûtument à fe paffer de vous.
Il faut même vous avouër que depuis quelque tems la
gloire de Tyr eft bien obfcurcie. O ! fi vous l'aviez vû,
mon cher Telemaque, avant le regne de Pygmalion, vous
auriez été bien plus étonné. Vous ne trouvez plus ici
maintenant que les trifles reftes d'une grandeur qui menace ruine. O malheureufe Tyr ! en quelles mains es-tu
tombée ! autrefois la mer t'apportoit le tribut de tous les
peuples de la terre.

Pygmalion craint tout & des étrangers & de fes
fujets. Au lieu d'ouvrir, fuivant nôtre ancienne coûtume,
fes ports à toutes les Nations les plus éloignées dans une
entiere liberté, il veut favoir le nombre des vaiffeaux qui
arrivent, leur païs, le nom des hommes qui y font, leur
genre de commerce, la nature & le prix de leurs marchandifes, & le tems qu'ils doivent demeurer ici. Il fait encore pis ; car il ufe de fupercherie pour furprendre les
Marchands, & pour confifquer leurs marchandifes. Il inquiéte les Marchands qu'il croit les plus opulens : il établit
fous divers prétextes de nouveaux impôts : il veut entrer
lui-même dans le commerce, & tout le monde craint d'a-
voir affaire avec lui. Ainfi le commerce languit. Les

étrangers

étrangers oublient peu à peu le chemin de Tyr, qui leur
étoit autrefois si connu ; & si Pygmalion ne change de
conduite, nôtre gloire & nôtre puissance seront bientôt
transportées à quelqu'autre peuple mieux gouverné que
nous.

Je demandai ensuite à Narbal, comment les Tyriens
s'étoient rendus si puissans sur la mer ; car je voulois n'ignorer rien de tout ce qui sert au gouvernement d'un Royaume. Nous avons, me répondit-il, les forêts du Liban,
qui nous fournissent les bois des vaisseaux, & nous les ré-
servons avec soin pour cet usage ; on n'en coupe jamais
que pour les besoins publics. Pour la construction des vaisseaux, nous avons l'avantage d'avoir des ouvriers habiles.
Comment, lui disois-je, avez-vous pû trouver ces ouvriers ?
Il me répondit ; Ils se font formez peu à peu dans le païs.
Quand on recompense bien ceux qui excellent dans les
arts, on est sûr d'avoir bientôt des hommes qui les mé-
nent à leur derniere perfection : car les hommes qui ont
le plus de sagesse & de talent, ne manquent point de s'a-
donner aux arts, ausquels les grandes récompenses font attachées. Ici on traite avec honneur tous ceux qui réüs-
sissent dans les arts, & dans les sciences utiles à la navigation. On considere un bon Géometre ; on estime fort
un habile Astronome ; on comble de biens un Pilote qui
surpasse les autres dans sa fonction ; on ne méprise point
un bon Charpentier ; au contraire, il est bien payé & bien
traité : les bons Rameurs même ont des récompenses
seures & proportionnées à leur service : on les nourrit
bien ; on a soin d'eux, quand ils sont malades ; en leur
absence on a soin de leurs femmes & de leurs enfans. S'ils
périssent dans un naufrage, on dédommage leur famille ;
on renvoye chez eux ceux qui ont servi un certain tems.
Ainsi on en a autant qu'on en veut. Le pere est ravi
d'élever son fils dans un si bon métier, & dès sa plus tendre jeunesse il se hâte de lui enseigner à manier la rame,
à tendre les cordages, & à mépriser les tempêtes. C'est
ainsi qu'on méne les hommes sans contrainte par la ré-

E 4

compense

compenſe & par le bon ordre. L'autorité ſeule ne fait jamais bien : la ſoumiſſion des inferieurs ne ſuffit pas : il faut gagner les cœurs, & faire trouver aux hommes leur avantage dans les choſes, où l'on veut ſe ſervir de leur induſtrie.

Après ce diſcours, Narbal me ména viſiter tous les magaſins, les arſenaux, & tous les métiers qui ſervent à la conſtruction des navires. Je demandois le détail des moindres choſes, & j'écrivois tout ce que j'avois appris, de peur d'oublier quelque circonſtance utile.

Cependant Narbal, qui connoiſſoit Pygmalion & qui m'aimoit, attendoit avec impatience mon départ, craignant que je ne fuſſe découvert par les eſpions du Roi, qui alloient nuit & jour par toute la ville : mais les vents ne nous permettoient pas encore de nous embarquer. Pendant que nous étions occupez à viſiter curieuſement le port, & à interroger divers Marchands, nous vîmes venir à nous un Officer de Pygmalion, qui dit a Narbal : Le Roi vient d'apprendre d'un des Capitaines des vaiſſeaux qui ſont revenus d'Egypte avec vous, que vous avez amené un étranger qui paſſe pour Cyprien : le Roi veut qu'on l'arrête, & qu'on ſache certainement de quel païs il eſt ; vous en répondrez ſur vôtre tête. Dans ce moment je m'étois un peu éloigné, pour regarder de plus près les proportions que les Tyriens avoient gardées dans la conſtruction d'un vaiſſeau preſque neuf, qui étoit, diſoit-on, par cette proportion exacte de toutes ſes parties, le meilleur voilier qu'on eut jamais vû dans le port, & j'interrogeois l'ouvrier qui avoit réglé cette proportion.

Narbal, ſurpris & effrayé, répondit : Je vais chercher cet étranger, qui eſt de l'Ile de Cypre. Mais quand il eut perdu de vûe cet Officier, il courut vers moi pour m'avertir du danger où j'étois. Je ne l'avois que trop prévû, me dit-il, mon cher Telemaque ; nous ſommes perdus. Le Roi, que ſa défiance tourmente jour & nuit, ſoupçonne que vous n'êtes pas de l'Ile de Cypre ; il ordonne qu'on vous arrête ; il me veut faire périr, ſi je ne

vous

vous mets entre ſes mains. Que ferons nous ? O Dieux ! donnez-nous la ſageſſe pour nous tirer de ce péril. Il faudra, Telemaque, que je vous méne au Palais du Roi. Vous ſoûtiendrez que vous étes Cyprien de la ville d'Amatonte, fils d'un Statuaire de Venus. Je déclarerai que j'ai connu autrefois vôtre pere; & peut-être que le Roi, ſans approfondir davantage, vous laiſſera partir. Je ne vois plus d'autres moyens de ſauver vôtre vie & la mienne.

J E répondis à Narbal: Laiſſez périr un malheureux, que le deſtin veut perdre ; je ſçai mourir, Narbal, & je vous dois trop pour vous entrainer dans mon malheur. Je ne puis me réſoudre à mentir. Je ne ſuis point Cyprien, & je ne ſaurois dire que je le ſuis. Les Dieux voyent ma ſincerité ; c'eſt à eux à conſerver ma vie par leur puiſſance, s'ils le veulent, mais je ne veux point la ſauver par un menſonge (15).

N A R B A L me répondit : Ce menſonge, Telemaque, n'a rien qui ne ſoit innocent ; les Dieux même ne peuvent le condamner : il ne fait aucun mal à perſonne ; il ſauve la vie à deux innocens ; il ne trompe le Roi que pour l'empêcher de faire un grand crime. Vous pouſſez trop loin l'amour de la vertu, & la crainte de bleſſer la Religion.

I L ſuffit, lui diſois-je, que le menſonge ſoit menſonge, pour n'être pas digne d'un homme qui parle en preſence des Dieux, & qui doit tout à la vérité. Celui qui bleſſe la vérité, offenſe les Dieux, & ſe bleſſe ſoi-même : car il parle contre ſa conſcience. Ceſſez, Narbal, de me propoſer ce qui eſt indigne de vous & de moi. Si les Dieux ont pitié de nous, ils ſauront bien nous délivrer. S'ils veulent nous laiſſer périr, nous ferons en mourant les victimes de la vérité, & nous laiſſerons aux hommes l'ex-

___

(15) Cette Morale eſt admirable, & tout à fait opoſée à celle des Jeſuites, que l'on a en vuë de combattre ici : comme le Roi avoit été élevé ſelon les Maximes de la der-niere, l'Auteur montre par là à ſon Eleve, que ce n'étoit ni ſur les principes, ni ſur l'exemple de ſon aieul qu'il devoit ſe régler.

                    emple

emple de préférer la vertu fans tache à une longue vie :
la mienne n'eft déja que trop longue, étant fi malheureufe.
C'eft vous feul, ô mon cher Narbal, pour qui mon cœur
s'attendrit. Faloit-il que vôtre amitié pour un malheureux étranger vous fût fi funefte ?

Nous demeurâmes long tems dans cette efpece de
combat. Mais enfin nous vîmes arriver un homme qui
couroit hors d'haleine : c'étoit un autre Officier du Roi,
qui venoit de la part d'Aftarbé. (16) Cette femme étoit
belle comme une Déeffe ; elle joignoit aux charmes du
corps tous ceux de l'efprit ; elle étoit enjouée, flateufe,
infinuante. Avec tant de charmes trompeurs, elle avoit,
comme les Sirenes, un cœur cruel & plein de malignité :
Mais elle favoit cacher fes fentimens corrompus par un
profond artifice. Elle avoit fçu gagner le cœur de Pygmalion par fa beauté, par fon efprit, par fa douce voix, &
par l'harmonie de fa lyre. Pygmalion, aveuglé par un violent amour pour elle, avoit abandonné la Reine Topha
fon époufe. Il ne fongeoit qu'à contenter les paffions de
l'ambitieufe Aftarbé. L'amour de cette femme ne lui é-
toit guéres moins funefte que fon infame avarice : mais
quoiqu'il eût tant de paffion pour elle, elle n'avoit pour
lui que du mépris & du dégoût. Elle cachoit fes vrais
fentimens, & faifoit femblant de ne vouloir vivre que
pour lui, dans le tems même qu'elle ne pouvoit le fouffrir.

(16) Ce portrait eft celui de la Marquife de Montefpan, nommée *Françoife Athenaïfte de Roche-Chouart,* que Louïs XIV. enleva à fon mari. Elle étoit belle, enjouée, flateufe, infinuante ; mais ambitieufe, cruelle, vindicative, & capable des plus grands excés. Le Roi quitta pour elle la Reine fon époufe. Cette Maîtreffe ambitieufe, étant moins attachée à la perfonne du Roi qu'à l'éclat de fa Couronne, remplit toute la Cour de trouble, quand le Monarque la voulut quitter pour Mademoifelle de Fontagne. Elle menaça de déchirer aux yeux du Roi les enfans qu'elle avoit eus de lui ; & fut foupçonnée d'avoir fait empoifonner la nouvelle favorte, qui l'avoit fupplantée par fa beauté. Elle reprocha au Roi, qu'il fentoit mauvais, &c.

IL y avoit à Tyr un jeune Lydien, nommé Malachon, d'une merveilleuse beauté, mais moû, effeminé, noyé dans les plaisirs. Il ne songeoit qu'à conserver la délicatesse de son teint, qu'à peigner ses cheveux blonds flotans sur ses épaules, qu'à se parfumer, qu'à donner un tour gracieux aux plis de sa robe ; enfin qu'à chanter ses amours sur la lyre. Astarbé le vit, elle l'aima, & en devin furieuse. Il la méprisa, parce qu'il étoit passionné pour une autre femme. D'ailleurs il craignoit de s'exposer à la cruelle jalousie du Roi. Astarbé se sentant méprisée, s'abandonna à son ressentiment. Dans son desespoir elle s'imagina qu'elle pouvoit faire passer Malachon pour l'étranger que le Roi faisoit chercher, & qu'on disoit qui étoit venu avec Narbal. En effet elle le persuada à Pygmalion, & corrompit tous ceux qui auroient pû le détromper. Comme il n'aimoit point les hommes vertueux, & qu'il ne savoit point les discerner, il n'étoit environné que de gens interessez, artificieux, prêts à executer ses ordres injustes & sanguinaires. De telles gens craignoient l'autorité d'Astarbé, & ils lui aidoient à tromper le Roi, de peur de déplaire à cette femme hautaine qui avoit toute sa confiance. Ainsi Malachon, quoique connu pour Cretois dans toute la ville, passa pour le jeune étranger, que Narbal avoit emmené d'Egypte ; il fut mis en prison.

ASTARBE, qui craignoit que Narbal n'allât parler au Roi, & ne découvrît son imposture, envoya en diligence à Narbal cet Officier, qui lui dit ces paroles : Astarbé vous défend de découvrir au Roi quel est vôtre étranger ; elle ne vous demande que le silence, & elle sçaura bien faire en sorte que le Roi soit content de vous : cependant hâtez-vous de faire embarquer avec les Cypriens le jeune étranger que vous avez amené d'Egypte, afin qu'on ne le voye plus dans la ville. Narbal, ravi de pouvoir ainsi sauver sa vie & la mienne, promit de se taire ; & l'Officier, satisfait d'avoir obtenu ce qu'il demandoit,

mandoit, s'en retourna rendre compte à Aftarbé de fa commiffion.

NARBAL & moi nous admirâmes la bonté des Dieux, qui récompenfoient nôtre fincerité, & qui ont un foin fi touchant de ceux qui hazardoient tout pour la vertu. Nous regardions avec horreur un Roi livré à l'avarice & à la volupté. Celui qui craint avec tant d'excès d'être trompé, difions-nous, mérite de l'être, & l'eft prefque toûjours groffiérement. Il fe défie des gens de bien, & s'abandonne à des fcelerats : il eft le feul qui ignore ce qui fe paffe. Voyez Pygmalion ; il eft le jouet d'une femme fans pudeur. Cependant les Dieux fe fervent du menfonge des méchans pour fauver les bons, qui aiment mieux perdre la vie que de mentir.

EN même tems nous apperçûmes que les vents changeoient, & qu'ils devenoient favorables aux vaiffeaux de Cypre. Les Dieux fe déclarent, s'écria Narbal ; ils veulent, mon cher Telemaque, vous mettre en feureté : fuyez cette terre cruelle & maudite. Heureux qui pourroit vous fuivre jufques dans les rivages les plus inconnus ! Heureux qui pourroit vivre & mourir avec vous ! Mais un deftin fevere m'attache à cette malheureufe patrie ; il faut fouffrir avec elle : peutêtre fraudra-t-il être enfeveli dans fes ruines : n'importe ; pourvû que je dife toûjours la verité, & que mon cœur n'aime que la juftice. Pour vous, ô mon cher Telemaque, je prie les Dieux, qui vous conduifent comme par la main, de vous accorder le plus précieux de tous les dons, qui eft la vertu pure & fans tache jufqu'à la mort, Vivez, retournez en Ithaque, confolez Penelope, délivrez-la de fes téméraires Amans ; que vos yeux puiffent voir, que vos mains puiffent embraffer le fage Ulyffe, & qu'il trouve en vous un fils égal à fa fageffe. Mais dans vôtre bonheur fouvenez vous du malheureux Narbal, & ne ceffez jamais de m'aimer.

QUAND

QUAND il eut achevé ces paroles, je l'arrosai de mes larmes sans lui répondre. De profonds soûpris m'empêchoient de parler. Nous nous embrassions en silence. Il me mena jusqu'au vaisseau ; il demeura sur le rivage ; & quand le vaisseau fut parti, nous ne cessions de nous regarder, tandis que nous pûmes nous voir.

Fin du troisiéme Livre.

LES AVANTURES
DE
TELEMAQUE,
FILS D'ULYSSE.
LIVRE QUATRIEME.

SOMMAIRE.

CALYPSO interrompt Telemaque pour le faire reposer. Mentor le blame en secret d'avoir entrepris le recit de ses avantures, & lui conseille de les achever puisqu'il les a commencées. Telemaque raconte que pendant sa navigation depuis Tyr jusqu'en l'Ile de Cypre, il avoit eu un songe où il avoit vû Venus & Cupidon, contre qui Minerve le protegoit ; qu'ensuite il avoit cru voir aussi Mentor, qui l'exhortoit à fuir l'Ile de Cypre ; qu'à son réveil une tempête auroit fait périr le vaisseau, s'il n'eût pris lui-même le gouvernail, parce que les Cypriens noyez dans le vin étoient hors d'état de le sauver ; qu'à son arrivée dans l'Ile il avoit vû avec horreur les exemples

les

Minerve deffend Telemaque des traits de l'amour.

*les plus contagieux ; mais que le Syrien Hazaël,
dont Mentor étoit devenu l'esclave, se trouvant
alors au même lieu, avoit réüni les deux Grecs
& les avoit embarquez dans son vaisseau pour
les mener en Crete, & que dans ce trajet ils
avoient vû le beau spectacle d'Amphitrite trainée
dans son char par des chevaux marins.*

ALYPSO, qui avoit été jusqu'à ce moment immobile & transportée de plaisir en écoutant les avantures de Telemaque, l'interrompit pour lui faire prendre quelque repos. Il est tems, lui dit-elle, que vous alliez goûter la douceur du sommeil après tant de travaux. Vous n'avez rien à craindre ici ; tout vous est favorable. Abandonnez-vous donc à la joie. Goûtez la paix & tous les autres dons des Dieux, dont vous allez être comblé. Demain, quand l'Aurore avec ses doigts de roses entr'ouvrira les portes dorées de l'Orient, & que les chevaux du Soleil, sortant de l'onde amere, répandront les flâmes du jour pour chasser devant eux toutes les étoiles du Ciel, nous reprendrons, mon cher Telemaque, l'histoire de vos malheurs. Jamais vôtre pere n'a égalé vôtre sagesse & vôtre courage. Ni Achille *(d)*, vainqueur d'Hector ; ni Thesée *(e)*, revenu des Enfers ; ni même le grand Alcide *(f)*, qui a purgé la terre de tant de monstres, n'ont fait voir autant de force & de vertu que vous. Je souhaite qu'un profond

---

(d) Achille étoit fils de Pelée Roi de Thessalie, & de Tethis fille de Nerée. Il fut tué par Paris, frere d'Hector, dans le Temple d'Apollon, pendant qu'il epousoit Polixene, fille de Priam.

(e) Thesée, fils d'Egée Roi d'Athenes, descendit aux enfers pour enlever Proserpine. Mais il y fut enchainé par ordre de Pluton, jusqu'à ce qu'Hercule le vînt delivrer.

(f) C'est Hercule, fils de Jupiter & d'Alcmene femme d'Amphitrion. Il fut haï de Junon, qui le fit exposer à plusieurs monstres, dont neanmoins il fut vainqueur.

fommeil vous rende cette nuit courte: Mais, helas! qu'elle fera longue pour moi! Qu'il me tardera de vous revoir, de vous entendre, de vous faire redire ce que je fçai déja, & de vous demander ce que je ne fçai pas encore! Allez, mon cher Telemaque, avec le fage Mentor que les Dieux vous ont rendu. Allez dans cette grote écartée, où tout eft préparé pour vôtre repos. Je prie Morphée de répandre fes plus doux charmes fur vos paupieres appefanties, de faire couler une vapeur divine dans tous vos membres fatigués, & de vous envoyer des fonges legers, qui, voltigeant autour de vous, flatent vos fens par les images les plus riantes, & repouffent loin de vous tout ce qui pourroit vous réveiller trop prompte-ment.

La Déeffe conduifit elle-même Telemaque dans cette grote féparée de la fienne. Elle n'étoit ni moins ruftique, ni moins agréable. Une fontaine, qui couloit dans un coin, y faifoit un doux murmure qui appelloit le Sommeil. Les Nymphes y avoient préparé deux lits d'une molle verdure, fur lefquels elles avoient étendu deux grandes peaux, l'une de lion pour Telemaque, & l'autre d'ours pour Mentor.

Avant que de laiffer fermer les yeux au fommeil, Mentor parla ainfi à Telemaque; Le plaifir de raconter vos hiftoires vous a entraîné; vous avez charmé la Déeffe en lui expliquant les dangers, dont vôtre courage & vôtre induftrie vous ont tiré; par là vous n'avez fait qu'enflâmer d'avantage fon cœur, & que vous préparer une plus dangereufe captivité. Comment efperez-vous qu'elle vous laiffe maintenant fortir de fon Ile, vous qui l'avez enchantée par le recit de vos avantures? L'amour d'une vaine gloire vous a fait parler fans prudence. Elle s'étoit engagée à vous raconter des hiftoires, & à vous apprendre quelle a été la deftinée d'Ulyffe; elle a trouvé le moyen de parler long tems fans rien dire, & elle vous a engagé à lui expliquer tout ce qu'elle defire favoir: tel eft l'art des femmes flateufes & paffionnées. Quand eft-ce, ce, ô Telemaque, que vous ferez affez fage pour ne parler jamais par vanité, & que vous faurez taire tout ce qui vous eft avantageux, quand il n'eft pas utile à dire? Les autres admirent vôtre fageffe dans un âge où il eft pardonnable d'en manquer : pour moi, je ne puis vous pardonner rien ; je fuis le feul qui vous connois, & qui vous aime affez pour vous avertir de toutes vos fautes. Combien étes-vous encore éloigné de la fageffe de vôtre pere ?

Quoy donc, répondit Telemaque, pouvois-je refufer à Calypfo de lui raconter mes malheurs? Non, reprit Mentor ; il faloit les lui raconter : mais vous deviez le faire, en ne lui difant que ce qui pouvoit lui donner de la compaffion. Vous pouviez lui dire que vous aviez été tantôt errant, tantôt captif en Sicile, puis en Egypte. C'étoit lui dire affez; & tout le refte n'a fervi qu'à augmenter le poifon qui brûle déja fon cœur. Plaife aux Dieux que le vôtre puiffe s'en préferver !

Mais que ferai-je donc, continua Telemaque, d'un ton moderé & docile? Il n'eft plus tems, repartit Mentor, de lui cacher ce qui refte de vos avantures; elle en fçait affez pour ne pouvoir être trompée fur ce qu'elle ne fçait pas encore; vôtre réferve ne ferviroit qu'à l'irriter : achevez donc demain de lui raconter tout ce que les Dieux ont fait en vôtre faveur, & apprenez un autre fois à parler plus fobrement de tout ce qui peut vous attirer quelque louange. Telemaque reçut avec amitié un fi bon confeil; & ils fe couchêrent.

Aussitôt que Phœbus eut répandu fes premiers rayons fur la terre, Mentor, entendant la voix de la Déeffe qui appelloit fes Nymphes dans le bois, éveilla Telemaque. Il eft tems, lui dit-il, de vaincre le fommeil : allons, retournez à Calypfo, mais défiez-vous de fes douces paroles : ne lui ouvrez jamais vôtre cœur; craignez le poifon flateur de fes louanges. Hier elle vous élevoit au deffus de vôtre fage pere, de l'invincible Achille, du fa-

meux

meux Thefée, d'Hercule devenu immortel *(1)*. Sentîtes-vous combien cette louange eft exceffive? Crûtes-vous ce qu'elle difoit? Sachez qu'elle ne le croit pas elle-même. *(2)* Elle ne vous loüe qu'à caufe qu'elle vous croit foible, & affez vain pour vous laiffer tromper par des louanges difproportionnées à vos actions.

APRES ces paroles ils allérent au lieu où la Déeffe les attendoit. Elle foûrit en les voyant, & cacha fous une apparence de joie la crainte & l'inquietude, qui troubloient fon cœur; car elle prevoyoit que Telemaque, conduit par Mentor, lui échaperoit de même qu'Ulyffe. Hatez-vous, dit-elle, mon cher Telemaque, de fatisfaire ma curiofité: j'ai crû pendant toute la nuit vous voir partir de Phenicie & chercher une nouvelle deftinée dans l'Ile de Cypre: dites-nous donc, quel fut ce voyage, & ne perdons pas un moment. Alors on s'affit fur l'herbe femée de violettes, à l'ombre d'un bocage épais.

CALYPSO ne pouvoit s'empêcher de jetter fans ceffe des regards tendres & paffionnes fur Telemaque, & de voir avec indignation, que Mentor obfervoit jufqu'au moindre mouvement de fes yeux. Cependant toutes les Nymphes en filence fe panchoient pour prêter l'oreille, & faifoient une efpece de demi cercle pour mieux écouter & pour mieux voir. Les yeux de l'Affemblée étoient im-mobiles & attachez fur le jeune homme. Telemaque,

---

(1) Par là l'on aprenoit au Duc de Bourgogne à éviter la fauffe gloire, à laquelle fon aieul s'étoit trop aban-donné. Ses flateurs lui aiant perfuadé, qu'il étoit plus qu'un homme, il ne crut pas que perfonne pût jamais lui être comparé: c'eft pourquoi il fouffrit qu'on lui donnât le Soleil pour emblême de fa puiffance, & qu'on lui attri-buât l'immortalité, comme on a fait dans l'Infcription de la Place des victoires à Pa-ris. Cette Place étoit bâtie, lorfque cet Ouvrage fut com-pofé; & c'eft à quoi on fait ici allufion.

(2) Elle ne vous loüe, &c. Voilà un trait des plus forts contre le Roi, dont chacun connoiffoit la foibleffe fur le chapitre de la louange. On a beau dire qu'il n'en vouloit que de fine: celle du *Viro immortali* étoit trop groffiere, pour tomber dans l'efprit d'un Prince, qui auroit été tant foit peu delicat.

baiffant

baiſſant les yeux & rougiſſant avec beaucoup de grace, reprit ainſi la ſuite de ſon Hiſtoire.

A peine le doux ſoufle d'un vent favorable avoit rempli nos voiles, que la terre de Phenicie diſparut à nos yeux. Comme j'étois avec les Cypriens, dont j'ignorois les mœurs, je me réſolus de me taire, de marquer tout, & d'obſerver toutes les regles de la diſcretion pour gagner leur eſtime. Mais pendant mon ſilence un ſommeil doux & puiſſant vint me ſaiſir ; mes ſens étoient liez & ſuſpendus ; je goûtois une paix & une joie profonde, qui enyvroit mon cœur. Tout à coup je crus voir Venus, qui fendoit les nuës dans ſon char volant conduit par deux Colombes. Elle avoit cette éclatante beauté, cette vive jeuneſſe, ces graces tendres, qui parurent en elle, quand elle ſortit de l'écume de l'Ocean, & qu'elle éblouit les yeux de Jupiter même. Elle deſcendit tout à coup d'un vol rapide juſqu'auprès de moi, me mit en ſoûriant la main ſur l'épaule, & me nommant par mon nom prononça ces paroles. Jeune Grec, tu vas entrer dans mon Empire ; tu arriveras bientôt dans cette Ile fortunée, où les plaiſirs, les ris, & les jeux folâtres naiſſent ſous mes pas. Là tu brûleras des parfums ſur mes Autels ; là je te plongerai dans un fleuve de délices. Ouvre ton cœur aux plus douces eſperances, & garde-toi bien de reſiſter à la plus puiſſante de toutes les Déeſſes, qui veut te rendre heureux.

En même tems j'apperçûs l'enfant Cupidon, dont les petites aîles s'agitant le faiſoient voler autour de ſa mere. Quoiqu'il eut ſur ſon viſage la tendreſſe, les graces & l'enjoûment de l'enfance, il avoit je ne ſçai quoi dans ſes yeux perçans qui me faiſoit peur. Il rioit en me regardant : ſon ris étoit malin, moqueur & cruel. Il tira de ſon carquois d'or la plus aiguë de ſes flêches ; il banda ſon arc, & alloit me percer, quand Minerve ſe montra foudainement pour me couvrir de ſon Egide. Le viſage de cette Déeſſe n'avoit point cette beauté molle, & cette langueur paſſionnée, que j'avois remarquée dans le viſage

&

& dans la poſture de Venus. C'étoit au contraire une beauté ſimple, négligée, modeſte ; tout étoit grave, vigoureux, noble, plein de force & de majeſté. La flêche de Cupidon ne pouvant percer l'Egide, tomba par terre. Cupidon indigné en ſoûpira amérement : il eut honte de ſe voir vaincu. Loin d'ici, s'écria Minerve, loin d'ici, téméraire Enfant ; tu ne vaincras jamais que des ames lâches, qui aiment mieux tes honteux plaiſirs que la ſageſſe, la vertu & la gloire. A ces mots l'Amour irrité s'envola ; & Venus remontant vers l'Olympe, je vis long tems ſon char avec ſes deux colombes, dans une nuée d'or & d'azur ; puis elle diſparut. En baiſſant mes yeux vers la terre, je ne retrouvai plus Minerve.

Il me ſembla que j'étois tranſporté dans un jardin délicieux, tel qu'on dépeint les Champs Elyſées. En-ce lieu je reconnus Mentor, qui me dit : Fuyez cette cruelle terre, cette Ile empeſtée, où l'on ne reſpire que la volupté. La vertu la plus courageuſe y doit trembler, & ne ſe peut ſauver qu'en fuyant. Dès que je le vis, je me voulois jetter à ſon cou pour l'embraſſer : mais je ſentois que mes pieds ne pouvoient ſe mouvoir, que mes genoux ſe déroboient ſous moi, & que mes mains s'efforçant de ſaiſir Mentor, cherchoient une ombre vaine, qui m'échapoit toûjours. Dans cet effort je m'éveillai, & je ſentis que ce ſonge myſterieux étoit un avertiſſement divin. Je me ſentis plein de courage contre les plaiſirs, & de défiance contre moi-même pour déteſter la vie molle des Cypriens. Mais ce qui me perça le cœur, fut que je crus que Mentor avoit perdu la vie, & qu'ayant paſſé les ondes du Styx (*g*) il habitoit l'heureux ſéjour des ames juſtes.

(*g*) *Le Styx eſt une fontaine au pié de la Montagne Nonacris en Arcadie, dont les eaux ſont venimeuſes, & ſi froides qu'elles font mourir auſſi-tôt qu'on les a buës. Les Poëtes feignent que c'eſt un fleuve ou m... ais d'Enfer, par lequel les Dieux du Ciel jurent avec tant de reſpect, qu'ils n'oſeroient violer leur ſerment.*

Cette

Cette pensée me fit répandre un torrent de larmes. On me demanda pourquoi je pleurois? Les larmes, répondis-je, ne conviennent que trop à un malheureux étranger, qui erre sans esperance de revoir sa patrie. Cependant tous les Cypriens qui étoient dans le vaisseau, s'abandonnoient à une folle joie. Les rameurs, ennemis du travail, s'endormoient sur leurs rames; le Pilote, couronné de fleurs, laissoit le gouvernail, & tenoit en sa main une grande cruche de vin, qu'il avoit presque vuidée; lui & tous les autres, troublez par la fureur de Bacchus, chantoient, à l'honneur de Venus & de Cupidon, des vers qui devoient faire horreur à tous ceux qui aiment la vertu.

Pendant qu'ils oublioient ainsi les dangers de la mer, une soudaine tempête troubla le ciel & la mer. Les vents déchaînez mugissoient avec fureur dans les voiles; les ondes noires battoient les flancs du navire, qui gémissoit sous leurs coups. Tantôt nous montions sur le dos des vagues enflées; tantôt la mer sembloit se dérober sous le navire & nous précipiter dans l'abîme. Nous appercevions auprès de nous des rochers, contre lesquels les flots irritez se brisoient avec un bruit horrible. Alors je compris par experience ce que j'avois souvent oui dire à Mentor, que les hommes mous & abandonnez aux plaisirs, manquent de courage dans les dangers. Tous nos Cypriens abatus pleuroient comme des femmes; je n'entendois que des cris pitoyables, que des regrets sur les délices de la vie, que de vaines promesses aux Dieux, pour leur faire des sacrifices, si on pouvoit arriver au port. Personne ne conservoit assez de presence d'esprit, ni pour ordonner les manœuvres, ni pour les faire. Il me parut que je devois en sauvant ma vie, sauver celle des autres. Je pris le gouvernail en main, parceque le Pilote, troublé par le vin comme une Bacchante (*h*), étoit hors

(*h*) *Les Bacchantes étoient des femmes qui sacrifioient à Bacchus de trois en trois ans, de nuit, sur le Mont Citheron proche de Thebes, & sur d'autres Montagnes de Thrace. Elles tenoient des bâtons couverts de lierre apellez Thirses, & sembloient possedées d'une fureur divine.*

d'état

d'état de connoître le danger du vaiſſeau : j'encourageai les matelots effrayez ; je leur fis abaiſſer les voiles : ils ramérent vigoureuſement : nous paſſâmes au travers des écueils ; & nous vîmes de près toutes les horreurs de la mort.

CETTE avanture parut comme un ſonge à tous ceux qui me devoient la conſervation de leurs vies ; ils me regardoient avec étonnement. Nous arrivâmes en l'Ile de Cypre *(1)* au mois du Printems, qui eſt conſacré à Venus. Cette ſaiſon, diſoient les Cypriens, convient à cette Déeſſe ; car elle ſemble animer toute la nature, & faire naître les plaiſirs comme les fleurs.

EN arrivant dans l'Ile, je ſentis un air doux, qui rendoit les corps lâches & pareſſeux, mais qui inſpiroit une humeur enjouée & folâtre. Je remarquai que la campagne, naturellement fertile & agréable, étoit preſque inculte ; tant les habitans étoient ennemis du travail. Je vis de tous côtez des femmes & de jeunes filles vainement parées, qui alloient, en chantant les louanges de Venus, ſe dévouer à ſon Temple : la beauté, les graces, la joie, les plaiſirs éclatoient également ſur leurs viſages ; mais les graces y étoient trop affectées : on n'y voyoit point une noble ſimplicité & une pudeur aimable, qui fait le plus grand charme de la beauté. L'air de moleſſe, l'art de compoſer leurs viſages, leur parure vaine, leur demarche languiſſante, leurs regards, qui ſembloient chercher ceux des hommes, leurs jalouſies entre elles pour allumer de grandes paſſions ; en un mot, tout ce que je voyois dans ces femmes, me ſembloit vil & mépriſable ; à force de me vouloir plaire, elles me dé-goûtoient. *(3)*

(1) Cypre eſt une Ile de la Mer Mediterranée, très fertile & très delicieuſe ; conſacrée à Venus.

(3) Cette peinture des femmes de Cypre eſt le portrait au naturel des Dames de la Cour de France, pendant la jeuneſſe du Roi, & juſqu'au tems de Madame de Maintenon, qui fit prendre à toute la Cour le maſque de la Devotion.

ON

 On me conduiſit au Temple de la Déeſſe : elle en a pluſieurs dans cette Ile ; car elle eſt particulierement adorée à Cythere, à Idalie, & à Paphos : c'eſt à Cythere (k), que je fus conduit. Le Temple eſt tout de marbre ; c'eſt un parfait Periſtyle : les colonnes ſont d'une groſſeur & d'une hauteur, qui rendent cet édifice très majeſtueux : au deſſus de l'architrave & de la friſe, ſont à chaque face de grands frontons, où l'on voit en bas relief toutes les plus agréables avantures de la Déeſſe. A la porte du Temple eſt ſans ceſſe une foule de peuples, qui viennent faire leurs offrandes. On n'égorge jamais, dans l'enceinte du lieu ſacré, aucune victime : on n'y brûle point, comme ailleurs, la graiſſe des geniſſes & des taureaux ; on n'y repand jamais leur ſang : on preſente ſeulement devant l'Autel les bêtes qu'on offre, & on n'en peut offrir aucune qui ne ſoit jeune, blanche, ſans défaut & ſans tache : on les couvre de bandelettes de pourpre, brodées d'or ; leurs cornes ſont dorées & ornées de bouquets de fleurs odoriférantes. Après qu'elles ont été preſentées devant l'Autel, on les renvoye dans un lieu écarté, où elles ſont égorgées pour les feſtins des Prêtres de la Déeſſe.

On offre auſſi toutes ſortes de liqueurs parfumées, & du vin plus doux que le nectar. Les Prêtres ſont revê-tus de longues robes blanches avec des ceintures d'or, & des franges de même au bas de leurs robes. On brûle, nuit & jour, ſur les Autels les parfums les plus exquis de l'Orient ; & ils forment une eſpece de nuage, qui monte vers le Ciel. Toutes les colonnes du Temple ſont or-nées de feſtons pendans : tous les vaſes, qui ſervent au ſacrifice, ſont d'or ; un bois ſacré de myrthes environne le bâtiment. Il n'y a que de jeunes garçons & de jeunes filles d'une rare beauté, qui puiſſent preſenter les victimes aux Prêtres, & qui oſent allumer le feu des Au-

____

(k) *Cythere eſt proche de Candie, Venus y aborda dans une conque ou coquille de mer.*

tels: mais l'impudence & la diffolution defhonorent un Temple fi magnifique.

D'ABORD j'eus horreur de ce que je voyois: mais infenfiblement je commençois à m'y accoûtumer. Le vice ne m'effrayoit plus ; toutes les compagnies m'infpiroient je ne fçai quelle inclination pour le defordre: on fe moquoit de mon innocence : (4) ma retenuë & ma pudeur fervoient de jouet à ces peuples effrontez. On n'oublioit rien pour exciter toutes mes paffions, pour me tendre des piéges, & pour réveiller en moi le goût des plaifirs. Je me fentois affoiblir tous les jours; la bonne éducation que j'avois reçue ne me foûtenoit prefque plus ; toutes mes bonnes réfolutions s'évanouiffoient : je ne me fentois plus la force de réfifter au mal, qui me preffoit de tous côtez; j'avois même une mauvaife honte de la vertu : j'étois comme un homme qui nage dans une riviere profonde & rapide; d'abord il fend les eaux & remonte contre le torrent : mais fi les bords font efcarpez, & s'il ne peut fe repofer fur le rivage, il fe laffe enfin, peu à peu, & fa force l'abandonne, fes membres épuifez s'engourdiffent, & le cours du fleuve l'entraîne ; ainfi mes yeux commençoient à s'obfcurcir ; mon cœur tomboit en défaillance; je ne pouvois plus rappeller ni ma raifon, ni le fouvenir des vertus de mon pere. Le fonge, où je croyois avoir vû le fage Mentor defcendu aux Champs Elyfées, achevoit de me décourager: une fecrete & douce langueur s'emparoit de moi. J'aimois déja le poifon flâteur, qui fe gliffoit de veine en veine, & qui pénétroit jufqu'à la moëlle de mes os. Je pouffois

---

(4) Le Roi, même dans fa jeuneffe, étoit fort ferieux & fort retenu ; il ne bougeoit de chez les Niéces du Cardinal Mazarin, & malgré leur familiarité il les gênoit dans leurs divertiffemens ; mais on ne fut pas longtems fans tendre des piéges à fon inno-cence; & la mauvaife éducation qu'il avoit eue, contribua encore à l'y faire tomber plûtôt. C'eft contre un pareil danger, que l'Auteur munit ici fon Eleve, en lui faifant fentir les périls, auxquels la jeuneffe eft expofée.

néanmoins encore de profonds soûpirs ; je verſois des larmes améres : je rugiſſois comme un lion dans ma fureur. O! malheureuſe jeuneſſe, diſois-je : O Dieux qui vous jouez cruellement des hommes, pourquoi les faites-vous paſſer par cet âge qui eſt un tems de folie ou de fiévre ardente? O! que ne ſuis-je couvert de cheveux blancs, courbé & proche du tombeau, comme Laërte mon ayeul! La mort me ſeroit plus douce que la foibleſſe honteuſe où je me vois.

A peine avois-je ainſi parlé, que ma douleur s'adouciſſoit, & que mon cœur enyvré d'une folle paſſion ſecouoit preſque toute pudeur; puis je me voyois plongé dans un abîme de remords. Pendant ce trouble je courois, errant ça & là dans le ſacré bocage, ſemblable à une biche que le chaſſeur a bleſſée : elle court au travers des vaſtes forêts pour ſoulager ſa douleur: mais la fléche, qui l'a percée dans le flanc, la ſuit par tout: elle porte par tout avec elle le trait meurtier. Ainſi je courois en vain, pour m'oublier moi-même; & rien n'adouciſſoit la playe de mon cœur.

En ce moment j'apperçûs aſſez loin de moi dans l'ombre épaiſſe de ce bois la figure du ſage Mentor: mais ſon viſage me parut ſi pâle, ſi triſte & auſtere, que je n'en pus reſſentir aucune joie. Eſt-ce donc vous, ô mon cher ami, mon unique eſperance? Eſt-ce vous? Quoi donc! eſt-ce vous-même? Une image trompeuſe ne vient-elle pas abuſer mes yeux? Eſt-ce vous, Mentor? N'eſt-ce point vôtre ombre encore ſenſible à mes maux? N'étes-vous point au rang des ames heureuſes qui jouiſſent de leur vertu, & à qui les Dieux donnent des plaiſirs purs dans une éternelle paix aux Champs Elyſées (1)? Parlez, Mentor, vivez-vous encore? Suis-je aſſez heureux pour vous poſſeder, ou bien n'eſt-ce qu'une ombre de mon ami? En diſant ces paroles, je courois vers lui tout

_____

(1) *Les Champs Eliſées é-* | *la Deſcription au VI. Liv. de*
toient, ſelon les Poetes, le ſejour | *l'Enéide.*
des bienheureux. On en peut voir |

tranſporté

tranfporté jufqu'à perdre la refpiration : il m'attendoit tranquilement fans faire un pas vers moi. O Dieux ! vous le favez, quelle fut ma joie, quand je fentis que mes mains le touchoient. Non, ce n'eft pas une vaine ombre ; je le tiens, je l'embraffe, mon cher Mentor: c'eft ainfi que je m'écriai ; j'arrofai fon vifage d'un torrent de larmes ; je demeurois attaché à fon coû fans pouvoir parler. Il me regardoit triftement avec des yeux pleins d'une tendre compaffion.

Enfin je lui dis : Helas ! d'où venez-vous ? En quels dangers ne m'avez-vous point laiffé pendant vôtre abfence ? & que ferois-je maintenant fans vous ? Mais fans répondre à mes queftions : Fuyez, me dit-il d'un ton terrible ; fuyez, hâtez-vous de fuir. Ici la terre ne porte pour fruit que du poifon ; l'air qu'on refpire eft empefté ; les hommes contagieux ne fe parlent que pour fe communiquer un venin mortel. La volupté lâche & infame, qui eft le plus horrible des maux forti de la boëte de Pandore, amollit les cœurs, & ne fouffre ici aucune vertu. Fuyez, que tardez-vous ? ne regardez pas même derriere vous en fuyant ; effacez jufqu'au moindre fouvenir de cette Ile execrable.

Il dit, & auffitôt je fentis comme un nuage épais qui fe diffipoit fur mes yeux, & qui me laiffoit voir la pure lumiere : une joie douce & pleine d'un ferme courage renaiffoit dans mon cœur : cette joie étoit bien differente de cette autre joie molle & folâtre, dont mes fens avoient été empoifonnez : l'une eft une joie d'yvreffe & de trouble, qui eft entrecoupée de paffions furieufes & de cuifans remords ; l'autre eft une joie de raifon, qui a quelque chofe de bienheureux & de celefte ; elle eft toû- jours pure & égale ; rien ne peut l'épuifer ; plus on s'y plonge, plus elle eft douce ; elle ravit l'ame fans la trou- bler. Alors je verfai des larmes de joie, & je trouvois qu'il n'eft rien de fi doux que de pleurer. O heureux, difois- je, les hommes à qui la vertu fe montre dans toute fa beauté ! Peut-on la voir fans l'aimer ? Peut-on l'aimer fans être heureux ?   Mentor

MENTOR me dit : Il faut que je vous quitte; je pars dans ce moment : il ne m'eſt pas permis de m'arrêter. Où allez-vous donc, lui répondis-je? En quelle terre inhabitable ne vous ſuivrai-je point? Ne croyez pas pouvoir m'échaper; je mourrai plûtôt ſur vos pas. En diſant ces paroles, je le tenois ſerré de toute ma force. C'eſt en vain, me dit-il, que vous eſperez de me retenir. Le cruel Metophis me vendit à des Ethiopiens ou Arabes. Ceux-ci étant allez à Damas en Syrie pour leur commerce, voulurent ſe défaire de moi, croyant en tirer une grande ſomme d'un nommé Hazaël, qui cherchoit un eſclave Grec, pour connoître les mœurs de la Grece, & pour s'inſtruire de nos ſciences. En effet, Hazaël m'acheta cherement. Ce que je lui ai appris de nos mœurs, lui a donné la curioſité de paſſer dans l'Ile de Crete pour étudier les ſages Loix de Minos. Pendant nôtre navigation les vents nous ont contraint de relâcher dans l'Ile de Cypre : en attendant un vent favorable, il eſt venu faire ſes offrandes au Temple ; le voilà qui en ſort ; les vents nous appellent: déja nos voiles s'enflent. Adieu, mon cher Telemaque : un eſclave qui craint les Dieux, doit ſuivre fidelement ſon maître. Les Dieux ne me permettent plus d'être à moi; ſi j'étois à moi, ils le ſavent, je ne ſerois qu'à vous ſeuL Adieu, ſouvenez-vous des travaux d'Ulyſſe & des larmes de Penelope, ſouvenez-vous des juſtes Dieux. O Dieux protecteurs de l'innocence! en quelle terre ſuis-je contraint de laiſſer Telemaque ?

NON, non, lui dis-je, mon cher Mentor, il ne dépendra pas de vous de me laiſſer ici, plûtôt mourir que de vous voir partir ſans moi. Ce Maître Syrien eſt-il impitoyable? Eſt-ce une tygreſſe dont il a ſuccé les mammelles dans ſon enfance? Voudra-t-il vous arracher d'entre mes bras? Il faut qu'il me donne la mort, ou qu'il ſouffre que je vous ſuive: vous m'exhortez vous-même à fuir, & vous ne voulez pas que je fuye en ſuivant vos pas. Je vais parler à Hazaël; il aura peutêtre pitié de ma jeunesse & de mes larmes; puisqu'il aime la sagesse & qu'il va si loin la chercher, il ne peut point avoir un cœur féroce & insensible. Je me jetterai à ses pieds, j'embrasserai ses genoux, je ne le laisserai point aller, qu'il ne m'ait accordé de vous suivre. Mon cher Mentor, je me ferai esclave avec vous; je lui offrirai de me donner à lui: s'il me refuse, c'est fait de moi, je me délivrerai de la vie.

Dans ce moment Hazaël appella Mentor; je me prosternai devant lui: il fut surpris de voir un inconnu en cette posture. Que voulez-vous? me dit-il. La vie, répondis-je; car je ne puis vivre, si vous ne souffrez que je suive Mentor, qui est à vous. Je suis le fils du grand Ulysse le plus sage des Rois de la Grece, qui ont renversé la superbe ville de Troye, fameuse dans toûte l'Asie. Je ne vous dis pas ma naissance pour me vanter, mais seulement pour vous inspirer quelque pitié de mes malheurs. J'ai cherché mon pere dans toutes les mers, ayant avec moi cet homme, qui étoit pour moi un autre pere: la fortune pour comble de maux me l'a enlevé; elle l'a fait vôtre esclave: souffrez que je le sois aussi. S'il est vrai que vous aimez la justice, & que vous alliez en Crete pour apprendre les Loix du bon Roi Minos, n'endurcissez point vôtre cœur contre mes soûpirs & contre mes larmes. Vous voyez le fils d'un Roi, qui est réduit à demander la servitude comme son unique ressource. Autrefois j'ai voulu mourir en Sicile pour éviter l'esclavage; mais mes premiers malheurs n'étoient que de foibles essais des outrages de la fortune; maintenant je crains de ne pouvoir être reçu parmi les esclaves. O Dieux! voyez mes maux; ô Hazaël! souvenez-vous de Minos, dont vous admirez la sagesse, & qui nous jugera tous deux dans le Royaume de Pluton *(m)*.

(m) Minos étoit fils de Ju-piter & d'Europe, fille d'Age-nor Roi de Phenicie. Il étoit Roi de Candie, & parce qu'il étoit fort juste on a feint que Pluton l'avoit choisi pour être juge dans les enfers.

Hazaël

Hazaël, me regardant avec un visage doux & humain, me tendit la main & me releva. Je n'ignore pas, me dit-il, la sagesse & la vertu d'Ulysse : Mentor m'a raconté souvent, quelle gloire il a acquise parmi les Grecs ; & d'ailleurs la prompte Renommée a fait entendre son nom à tous les peuples d'Orient. Suivez-moi, fils d'Ulysse, je serai vôtre pere jusqu'à ce que vous ayez retrouvé celui qui vous a donné la vie. Quand même je ne serois pas touché de la gloire de vôtre pere, de ses malheurs & des vôtres, l'amitié que j'ai pour Mentor, m'engageroit à prendre soin de vous. Il est vrai que je l'ai acheté comme esclave : mais je le garde comme un ami fidele ; l'argent qu'il m'a coûté, m'a acquis le plus cher & le plus précieux ami que j'ai sur la terre. J'ai trouvé en lui la Sagesse ; je lui dois tout ce que j'ai d'amour pour la vertu. Dès ce moment il est libre ; vous le serez aussi ; je ne vous demande à l'un & à l'autre que vôtre cœur.

En un instant je passai de la plus amere douleur à la plus vive joie que les mortels puissent sentir. Je me voiois sauvé d'un horrible danger ; je m'approchois de mon païs ; je trouvois un secours pour y retourner ; je goûtois la consolation d'être auprès d'un homme, qui m'aimoit déja par le pur amour de la vertu. Enfin je trouvois tout en retrouvant Mentor pour ne le plus quitter.

Hazaël s'avance sur le bord du rivage ; nous le suivons ; on entre dans le vaisseau ; les rameurs fendent les ondes paisibles. Un zephir leger se joue dans nos voiles ; il anime tout le vaisseau & lui donne un doux mouvement. L'Ile de Cypre disparoît bientôt. Hazaël, qui avoit impatience de connoître mes sentimens, me demanda ce que je pensois des mœurs de cette Ile. Je lui dis ingenûment en quels dangers ma jeunesse avoit été exposée, & le combat que j'avois souffert au-dedans de moi. Il fut touché de mon horreur pour le vice, & dit ces paroles : O Venus ! je reconnois vôtre puissance & celle

de

de vôtre fils; j'ai brûlé de l'encens fur vos Autels; mais fouffrez que je déteste l'infame moleffe des habitans de vôtre Ile, & l'impudence brutale avec laquelle ils célebrent vos Fêtes.

ENSUITE il s'entretenoit avec Mentor de cette premiere Puiffance, qui a formé le ciel & la terre; de cette Lumiere infinie, immuable, qui fe donne à tous fans fe partager; de cette Verité fouveraine & univerfelle, qui éclaire tous les efprits, comme le Soleil éclaire tous les corps. Celui, ajoûtoit-il, qui n'a jamais vû cette Lumiere pure, eft aveugle comme un aveugle né: il paffe fa vie dans une profonde nuit, comme les peuples que le Soleil n'éclaire point pendant plufieurs mois de l'année. Il croit être fage, & il eft infenfé: il croit tout voir, & il ne voit rien: il meurt n'aiant jamais rieu vû: tout au plus il apperçoit de fombres & fauffes lueurs, de vaines ombres, des fantômes qui n'ont rien de réel. Ainfi font tous les hommes, entraînez par le plaifir des fens & par le charme de l'imagination. Il n'y a point fur la terre de veritables hommes, excepté ceux qui confultent, qui aiment, qui fuivent cette raifon éternelle. C'eft elle qui nous infpire, quand nous penfons bien: c'eft elle qui nous reprend, quand nous penfons mal. Nous ne tenons pas moins d'elle la raifon que la vie; elle eft comm e n grand Ocean de lumiere; nos efprits font comme de petits ruiffeaux qui en fortent, & qui y retournent pour s'y perdre.

QUOIQUE je ne compriffe pas encore parfaitement la fageffe de ce difcours, je ne laiffois pas d'y goûter je ne fçai quoi de pur & de fublime: mon cœur en étoit échauffé, & la verité me fembloit reluire dans toutes cès paroles. Ils continuérent à parler de l'origine des Dieux, des Heros, des Poëtes, de l'âge d'or, du Déluge, des premieres Hiftoires du genre humain, du fleuve d'oubli (n) où fe plongent les ames des morts, des peines éternelles

---

(n) *Ce fleuve eft nommé Lethé par les Poëtes, d'un mot Grec, qui fignifie* oubli, *parce qu'ils feignent que fes eaux ôtent la mémoire du paffé.*

préparées

préparées aux impies dans le goufre noir du Tartare, (o)
& de cette heureuse paix, dont jouïssent les Justes
dans les Champs Elysées sans crainte de la pouvoir
perdre.

PENDANT qu'Hazaël & Mentor parloient, nous apperçûmes des Dauphins couverts d'une écaille, qui paroissoit
d'or & d'azur. En se jouant ils soulevoient les flots
avec beaucoup d'écume. Après eux venoient des Tritons,
qui sonnoient de la trompette avec leurs conques re-
courbées. Ils environnoient le char d'Amphitrite, (p)
traîné par des chevaux marins plus blancs que la neige,
& qui fendant l'onde salée laissoient loin derriere eux un
vaste sillon dans la mer. Leurs yeux étoient enflâmez,
& leurs bouches étoient fumantes. Le char de la
Déesse étoit une conque, d'une merveilleuse figure ; elle
étoit d'une blancheur plus éclatante que l'yvoire, & les
roues étoient d'or. Ce char sembloit voler sur la face
des eaux paisibles. Une troupe de Nymphes couronnées de fleurs nageoient en foule derriere le char ; leurs
beaux cheveux pendoient sur leurs épaules, & flotoient
au gré du vent. La Déesse tenoit d'une main un sceptre
d'or, pour commander aux vagues ; de l'autre elle portoit
sur ses genoux le petit Dieu Palemon son fils, pendant à sa
mamelle. Elle avoit un visage serein & une douce
majesté, qui faisoit fuir les vents séditieux & toutes les
noires tempêtes. Les Tritons conduisoient les chevaux,
& tenoient les rênes dorées. Une grande voile de pourpre flotoit dans l'air au dessus du char ; elle étoit à demi
enflée par le soufle d'une multitude de petits Zephirs, qui
s'efforçoient de la pousser par leurs haleines. On voioit
au milieu des airs Eole, (q) empressé, inquiet & ardent.

___

(o) Le Tartare est un lieu
dans les Enfers où les méchans
sont tourmentés. Il est ainsi
nommé d'un mot Grec, qui signifie troubler, ou d'un autre, qui
signifie trembler de froid.

(p) Amphitrite, fille de

l'Ocean & de Doris, femme de
Neptune, est la Déesse de la mer.

(q) Eole étoit fils de Jupiter
& d'Aceste, fille d'Hippotas
Troïen. Les Poëtes l'ont fait
Dieu des Vents, parce qu'il savoit
prédire les vents selon les saisons.

Son

Son visage ridé & chagrin, sa voix menaçante, ses sourcils épais & pendans, ses yeux pleins d'un feu sombre & austere tenoient en silence les fiers Aquilons, & repoussoient tous les nuages. Les immenses baleines & tous les monstres marins, faisant avec leurs narines un flux & reflux de l'onde amere, sortoient à la hâte de leurs grotes profondes pour voir la Déesse.

Fin du quatriéme Livre.

Telemaque obtient le prix a la Lutte.

LES
AVANTURES
DE
TELEMAQUE,
FILS D'ULYSSE.
LIVRE CINQUIEME.

SOMMAIRE.

TELEMAQUE raconte, qu'en arrivant en Créte, il apprit qu'Idomenée, Roi de cette Ile, avoit sacrifié son fils unique pour accomplir un vœu indiscret ; que les Crétois, voulant venger le sang du fils, avoient réduit le pere à quiter leur pais ; qu'après de longues incertitudes, ils étoient actuellement assemblez pour élire un autre Roi. Telemaque ajoûte, qu'il fut admis dans cette assemblée ; qu'il y remporta les prix pour divers jeux, & qu'il expliqua les questions laissées per Minos dans le Livre de ses Loix ; que les Vieillards, Juges de l'Ile, & tous les peuples voulurent le faire Roi, voyans sa sagesse.

F 5   APRES

APRES que nous eûmes admiré ce fpectacle, nous commençâmes à découvrir les montagnes de Créte (r); que nous avions encore affez de peine à diftinguer dès nuées du Ciel & des flots de la mer. Bientôt nous vîmes le fommet du Mont Ida, au deffus des autres montagnes de l'Ile, comme un vieux cerf dans une forêt porte fon bois rameaux au deffus des têtes des jeunes faons, dont il eft fuivi. Peu à peu nous vîmes plus diftinctement les côtes de cette Ile, qui fe prefentoient à nos yeux comme un amphitheatre. Autant que la terre de Cypre nous avoit paru négligée & inculte, autant celle de Crete fe montroit fertile & ornée de tous les fruits par le travail de fes habitans.

DE tous côtez nous remarquions des Villages bien bâtis, des Bourgs qui égaloient des Villes, & des Villes fuperbes. Nous ne trouvions aucun champ, où la main du Laboureur diligent ne fût imprimée ; par tout la charuë avoit laiffé des creux fillons : les ronces, les épines & toutes les plantes qui occupent inutilement la terre, font inconnues en ce païs. Nous confiderions avec plaifir les creux vallons, où les troupeaux de bœufs mugiffent dans les gras herbages le long des ruiffeaux ; les moutons, paiffans fur le penchant d'une coline ; les vaftes campagnes couvertes de jaunes epics, riches dons de la féconde Cerès ; enfin les montagnes ornées de pampres & de grapes d'un raifin déja coloré, qui promettoit aux Vendangeurs les doux prefens de Bacchus pour charmer les foucis des hommes.

MENTOR nous dit qu'il avoit été autrefois en Crete, & il nous expliqua ce qu'il en connoiffoit. Cette Ile, difoit-il, admirée de tous les étrangers, & fameufe par fes cent Villes, nourrit fans peine tous fes habitans, quoi-

qu'ils

qu'ils foient innombrables ; c'eft que la terre ne fe laffe jamais de répandre fes biens fur ceux qui la cultivent. Son fein fécond ne peut s'épuifer : plus il y a d'hommes dans un païs, pourvû qu'ils foient laborieux, plus ils jouiffent de l'abondance : ils n'ont jamais befoin d'être jaloux les uns des autres. La terre, cette bonne mere, multiplie fes dons felon le nombre de fes enfans, qui méritent fes fruits par leur travail. L'ambition & l'avarice des hommes font les feules fources de leur malheur. Les hommes veulent tout avoir, & ils fe rendent malheureux par le defir du fuperflu : s'ils vouloient vivre fimplement, & fe contenter de fatisfaire aux vrais befoins, on verroit par tout l'abondance, la joie, l'union & la paix.

C'est ce que Minos, le plus fage & le meilleur de tous les Rois, avoit compris. Tout ce que vous verrez de plus merveilleux dans cette Ile, eft le fruit de fes loix. L'éducation qu'il faifoit donner aux enfans, rend les corps fains & robuftes : on les accoûtume d'abord à une vie fimple, frugale & laborieufe ; on fuppofe que toute volupté amolit le corps & l'efprit ; on ne leur propofe jamais d'autre plaifir que celui d'être invincible par la vertu, & d'acquerir beaucoup de gloire. On ne met pas feulement le courage à méprifer la mort dans les dangers de la guerre, mais encore à fouler aux pieds les trop grandes richeffes & les plaifirs honteux. Ici on punit trois vices, qui font impunis chez les autres peuples, l'ingratitude, la diffimulation, & l'avarice.

Pour le fafte & la moleffe, on n'a jamais befoin de les réprimer ; car ils font inconnus en Crete : tout le monde y travaille, & perfonne ne fonge à s'y enrichir ; chacun fe croit affez payé de fon travail par une vie douce & reglée, où l'on jouit en paix & avec abondance de tout ce qui eft véritablement néceffaire à la vie On n'y fouffre ni meubles précieux, ni habits magnifiques, ni feftins délicieux, ni Palais dorez. Les habits font de laine fine & de belle couleur, mais tout unis & fans broderie. Les repas y font fobres ; on y boit peu de vin : le bon

pain

pain en fait la principale partie, avec les fruits que les arbres offrent comme d'eux-mêmes, & le lait des troupeaux. Tout au plus on y mange de grosses viandes sans ragoût ; encore même a-t-on soin de réserver ce qu'il y a de meilleur dans les grands troupeaux de bœufs, pour faire fleurir l'agriculture. Les maisons y sont propres, commodes, riantes, mais sans ornemens. La superbe Architecture n'y est pas ignorée : mais elle est réservée pour les Temples des Dieux ; & les hommes n'oseroient avoir des maisons semblables à celles des Immortels. Les grands biens des Crétois sont la santé, la force, le courage, la paix & l'union des familles, la liberté de tous les Citoiens, l'abondance des choses nécessaires, le mépris des superflues, l'habitude du travail & l'horreur de l'oisiveté, l'emulation pour la vertu, la soumission aux loix & la crainte des justes Dieux.

Je lui demandai, en quoi consistoit l'autorité du Roi ; & il me répondit. Il peut tout sur les peuples ; mais les loix peuvent tout sur lui (20). Il a une puissance absolue pour faire le bien, & les mains liées dès qu'il veut faire le mal. Les loix lui confient les peuples comme les plus precieux de tous les dépôts, à condition qu'il sera le pere de ses sujets. Elles veulent qu'un seul homme serve par sa sagesse & par sa modération à la félicité de tant d'hommes ; & non pas que tant d'hommes servent, par leur misere & par leur servitude lâche, à flater l'orgueil & la molesse d'un seul homme. Le Roi ne doit rien avoir au dessus des autres, excepté ce qui est nécessaire ou pour le soulager dans ses pénibles fonctions, ou pour imprimer aux peuples le respect de celui qui doit soutenir les loix.

(20) *Il peut tout sur les peuples, mais les loix peuvent tout sur lui.* L'on ne pouvoit guére marquer d'une maniere plus forte l'Autorité absolue de Louïs XIV. qui ne pouvoit tout sur ses peuples que par l'abus qu'il faisoit de son pouvoir ; & qui, bien loin d'obéir aux loix, les plioit à sa volonté, selon les tems & les circonstances. Il faut prendre de même le contrepié de tout ce qui est dit dans la suite.

D'ailleurs

D'ailleurs le Roi doit être plus sobre, plus ennemi de la molesse, plus exempt de faste & de hauteur qu'aucun autre. Il ne doit point avoir plus de richesses & de plaisirs; mais plus de sagesse, de vertu & de gloire que le reste des hommes. Il doit être au-dehors défenseur de la patrie, en commandant les armées ; & au-dedans le Juge des peuples pour les rendre bons, sages & heureux. Ce n'est point pour lui-même que les Dieux l'ont fait Roi (5) ; il ne l'est que pour être l'homme des peuples : c'est aux peuples qu'il doit tout son tems, tous ses soins, toute son affection ; & il n'est digne de la Royauté, qu'autant qu'il s'oublie lui-même pour se sacrifier au bien public. Minos n'a voulu que ces enfans régnassent après lui, qu'à condition qu'ils régneroient suivant ces maximes. Il aimoit encore plus son peuple que sa famille (6) : c'est par une telle sagesse qu'il a rendu la Créte si puissante & si heureuse. C'est par cette modération qu'il a effacé la gloire de tous les Conquerans, qui veulent faire servir les peuples à leur propre grandeur, c'est-a-dire, à leur vanité. Enfin c'est par sa justice qu'il a mérité d'être aux enfers le souverain Juge des morts.

Pendant que Mentor faisoit ce discours, nous abordâmes dans l'Ile. Nous vîmes le fameux Labyrinthe, ouvrage des mains de l'ingenieux Dedale (s), & qui étoit une imitation du grand Labyrinthe que nous avions vû

---

(5) Louïs XIV. raportoit tout à lui-même & à sa gloire : c'est le motif de toutes ses Déclarations de guerre, & particulierement de celle qu'il fit aux Hollandois en 1672.

(6) Le Roi aimoit beaucoup plus sa famille que son peuple, puisqu'il a toûjours sacrifié son peuple à l'agrandissement de sa Maison.

(s) *Dedale, fils de Micion & Pere d'Icare, étoit un Ouvrier très-fameux : il quitta le sejour d'Athenes & se vint mettre au service de Minos, par ordre duquel il fit ce fameux Labirinthe avec un tel artifice & tant de détours, que ceux qui y étoient entrés n'en pouvoient sortir. Il y fût lui-même retenu prisonnier, avec son fils Icare, pour avoir offensé le Roi ; mais il trouva moyen de se faire des ailes, pour s'envoler de là par le milieu des airs ; ou plûtôt, c'est ainsi que les Poëtes ont nommé les voiles d'un vaisseau, dont il inventa l'usage, lorsqu'il voulut se retirer de Créte.*

en Egypte.   Pendant que nous confiderions ce curieux édifice, nous vîmes le peuple qui couvroit le rivage, & qui accouroit en foule dans un lieu affez voifin du bord de la mer : nous demandâmes la caufe de leur empreffement ;   & voici ce qu'un Crétois nommé Nauficate nous raconta.

IDOMENE'E, fils de Deucalion & petit fils de Minos, dit-il, étoit allé, comme les autres Rois de la Grece, au fiege de Troye.   Après la ruine de cette Ville, il fit voile pour revenir en Créte ; mais la tempête fut fi violente, que le Pilote de fon vaiffeau & tous les autres, qui étoient experimentez dans la navigation, crurent que leur naufrage étoit inévitable.   Chacun avoit la mort devant les yeux : chacun voyoit les abîmes ouverts pour l'engloutir : chacun déploroit fon malheur, n'efperant pas même le trifte repos des ombres qui traverfent le Styx après avoir reçû la fepulture.   Idomenée, levant les yeux & les mains vers le Ciel, invoquoit Neptune : O puiffant Dieu ! s'écrioit-il, toi qui tiens l'empire des ondes, daigne écouter un malheureux : fi tu me fais revoir l'Ile de Créte malgré la fureur des vents, je t'immolerai la premiere tête, qui fe prefentera à mes yeux.

CEPENDANT fon fils, impatient de revoir fon pere, fe hâtoit d'aller au devant de lui pour l'embraffer ; malheureux ! qui ne favoit pas que c'étoit courir à fa perte. Le pere échapé à la tempête arrivoit dans le port defiré : il remercioit Neptune d'avoir écouté fes vœux : mais bientôt il fentit combien fes vœux lui étoient funeftes.   Un preffentiment de fon malheur lui donnoit un cuifant repentir de fon vœu indifcret ; il craignoit d'arriver parmi les fiens, & il apprehendoit de revoir ce qu'il avoit de plus cher au monde.   Mais la cruelle Nemefis (t), Déeffe impitoyable, qui veille pour punir les hommes, & fur tout les Rois orgueilleux, pouffoit d'une main fatale & invifible

____

(t) *Nemefis, fille de Jupiter &* *temple fameux à Rhamnus ville* *de la Neceffité, préfidoit à la pu-* *d'Attique.* *nition des crimes. Elle avoit un*

Idome-

Idomenée. Il arrive ; à peine ofe-t-il lever les yeux ; il voit fon fils : il recule, faifi d'horreur ; fes yeux cherchent, mais en vain, quelqu'autre tête moins chere, qui puiffe lui fervir de victime. Cependant le fils fe jette à fon cou, & eft tout étonné que fon pere répond fi mal à fa tendreffe ; il le voit fondant en larmes.

O mon pere ! dit-il, d'où vient cette trifteffe ? Après une fi longue abfence, étes-vous fâché de vous revoir dans vôtre Royaume, & de faire la joie de vôtre fils ? Qu'ai-je fait ? Vous détournez vos yeux de peur de me voir. Le pere, accablé de douleur, ne répondit rien. Enfin, après de profonds foûpirs, il dit : Ah ! Neptune, que t'ai-je promis ? A quel prix m'as-tu garanti du naufrage ? Rends-moi aux vagues & aux rochers, qui devoient en me brifant finir ma trifte vie ; laiffe vivre mon fils. O Dieu cruel ! tiens, voilà mon fang, épargne le fien. En parlant ainfi, il tira fon épée pour fe percer : mais tous ceux qui étoient auprès de lui arrêterent fa main. Le vieillard Sophronime, interprête des volontez des Dieux, lui affura qu'il pourroit contenter Neptune fans donner la mort à fon fils. Vôtre promeffe, difoit-il, a été imprudente : les Dieux ne veulent point être honorez par la cruauté ; gardez-vous bien d'ajouter à la faute de vôtre promeffe, celle de l'accomplir contre les loix de la nature ; offrez cent taureaux plus blancs que la neige à Neptune ; faites couler leur fang autour de fon Autel couronné de fleurs ; faites fumer un doux encens en l'honneur de ce Dieu.

Idomenée écoutoit ce difcours, la tête baiffée & fans répondre ; la fureur étoit allumée dans fes yeux ; fon vifage pâle & défiguré changeoit à tout moment de couleur ; on voyoit fes membres tremblans. Cependant fon fils lui difoit : Me voici, mon pere ; vôtre fils eft prêt à mourir, pour appaifer le Dieu de la mer : n'attirez pas fur vous fa colere : je meurs content, puifque ma mort vous aura garanti de la vôtre. Frapez, mon pere ; ne craignez point de trouver en moi un fils indigne de vous, qui craigne de mourir.

En ce moment Idomenée, tout hors de lui & comme déchiré par les Furies infernales, furprend tous ceux qui l'obfervoient de près ; il enfonce fon épée dans le cœur de cet enfant ; il la retire toute fumante & toute pleine de fang, pour la plonger dans fes propres entrailles : il eft encore une fois retenu par ceux qui l'environnent. L'enfant tombe dans fon fang ; fes yeux fe couvrent des ombres de la mort ; il les entrouvre à la lumiere, mais à peine l'a-t-il trouvée, qu'il ne peut plus la fupporter. Tel qu'un beau lys, au milieu des champs, coupé dans fa racine par le tranchant de la charrue, languit & ne fe foutient plus ; il n'a point encore perdu cette vive blancheur & cet éclat qui charme les yeux ; mais la terre ne le nourrit plus, & fa vie eft éteinte. Ainfi le fils d'Idomenée, comme une jeune & tendre fleur, eft cruellement moiffonné dès fon premier âge. Le pere dans l'excès de fa douleur devient infenfible ; il ne fçat où il eft, ni ce qu'il fair, ni ce qu'il doit faire ; il marche chancelant vers la ville, & demande fon fils.

Cependant le peuple, touché de compaffion pour l'enfant & d'horreur pour l'action barbare du pere, s'écrie que les Dieux juftes l'ont livré aux Furies : la fureur leur fournit des armes ; ils prennent des bâtons & des pierres ; la Difcorde foufle dans tous les cœurs un venin mortel. Les Crétois, les fages Crétois oublient la fageffe, qu'ils ont tant aimée ; ils ne reconnoiffent plus le petit fils du fage Minos. Les amis d'Idomenée ne trouvent plus de falut pour lui, qu'en le ramenant vers fes vaiffeaux : ils s'embarquent avec lui ; ils fuyent à la merci des ondes. Idomenée revenant à foi, les remercie de l'avoir arraché d'une terre, qu'il a arrofée du fang de fon fils, & qu'il ne fauroit plus habiter. Les vents les conduifent vers l'Hefperie, & ils vont fonder un nouveau Royaume dans le païs des Salentins (u).

(u) *Le païs des Salentins eft aujourd'hui la partie Meridionale de la terre d'Otrante fur la* *mer Ionienne dans le Royaume de Naples.*

Cepen-

LIVRE V. 85

CEPENDANT les Crétois n'ayant plus de Roi pour les gouverner, ont résolu d'en choisir un, qui conserve dans leur pureté les loix établies. Voici les mesures qu'ils ont prises pour faire ce choix. Tous les principaux Citoyens des cent Villes sont assemblez ici. On a déja commencé par des sacrifices ; on a assemblé tous les Sages les plus fameux des païs voisins, pour examiner la sagesse de ceux qui paroîtront dignes de commander : on a préparé des Jeux publics, où tous les prétendans combattent ; car on veut donner pour prix la Royauté à celui qu'on jugera vainqueur de tous les autres & pour l'esprit & pour le corps. On veut un Roi, dont le corps soit fort & adroit, & dont l'ame soit ornée de la sagesse & de la vertu. On appelle ici tous les Etrangers.

APRES nous avoir raconté toute cette histoire étonnante, Nausicrate nous dit : Hâtez-vous donc, ô Etrangers ! de venir dans nôtre assemblée : vous combattrez avec les autres ; & si les Dieux destinent la victoire à l'un de vous, il régnera en ce païs. Nous le suivîmes sans aucun desir de vaincre, mais par la seule curiosité de voir une chose si extraordinaire.

NOUS arrivâmes à une espece de Cirque très-vaste, environné d'une épaisse forêt : le milieu du Cirque étoit une aréne préparée pour les combatants ; elle étoit bordeé par un grand Amphitéatre d'un gazon frais, sur lequel étoit assis & rangé un peuple innombrable. Quand nous arrivâmes, on nous reçut avec honneur ; car les Crétois sont les peuples du monde qui exercent le plus noblement & avec le plus de religion l'hospitalité. On nous fit asseoir, & on nous invita à combattre. Mentor s'en excusa sur son âge, & Hazaël sur sa foible santé. Ma jeunesse & ma vigueur m'ôtoient toute excuse : je jettai néanmoins un coup d'œil sur Mentor pour découvrir sa pensée, & j'apperçûs qu'il souhaitoit que je combatisse. J'acceptai donc l'offre qu'on me faisoit ; je me dépouillai de mes habits ; on fit couler des flots d'huile douce & luisante sur tous les membres de mon corps, & je me mêlai

parmi

parmi les combatans. On dit de tous côtez, que c'étoit le fils d'Ulyſſe, qui étoit venu pour tâcher de remporter le prix ; & pluſieurs Crétois, qui avoient été à Ithaque pendant mon enfance, me reconnurent.

L E premier combat fut celui de la Lutte. Un Rhodien d'environ trente-cinq ans ſurmonta tous les autres, qui oſérent ſe preſenter à lui : il étoit encore dans toute la vigueur de la jeuneſſe ; ſes bras étoient nerveux & bien nourris : au moindre mouvement qu'il faiſoit, on voyoit tous ſes muſcles : il étoit également ſouple & fort. Je ne lui parus pas digne d'être vaincu ; & regardant avec pitié ma tendre jeuneſſe, il voulut ſe retirer : mais je me preſentai à lui. Alors nous nous ſaiſîmes l'un l'autre ; nous nous ſerrâmes à perdre la reſpiration. Nous étions épaule contre épaule, pied contre pied, tous les nerfs tendus & les bras entrelaſſez comme des ſerpens ; chacun s'efforçant d'enlever de terre ſon ennemi. Tantôt il eſſayoit de me ſurprendre en me pouſſant du côté droit, tantôt il s'efforçoit de me pencher du côté gauche. Pendant qu'il me tâtoit ainſi, je le pouſſai avec tant de violence, que ſes reins pliérent : il tomba ſur l'aréne, & m'entraîna ſur lui. En vain il tâcha de me mettre deſſous ; je le tins immobile ſous moi. Tout le peuple cria : Victoire au fils d'Ulyſſe ; & j'aidai a Rhodien confus à ſe relever.

L E combat du Ceſte (*x*) fut plus difficile. Le fils d'un riche Citoyen de Samos avoit acquis une haute réputation dans ce genre de combat. Tous les autres lui cedérent ; il n'y eut que moi qui eſperai la victoire. D'abord il me donna dans la tête, & puis dans l'eſtomach, des coups qui me firent vomir le ſang, & qui répandirent ſur mes yeux un épais nuage. Je chancelai ; il me preſſoit, & je ne pouvois plus reſpirer : mais je fus ranimé par la voix de Mentor, qui me crioit : O fils d'Ulyſſe, ſe-

---

(*x*) *C'étoit proprement l'eſcrime, qui ſe faiſoit à coups de poings : les Athletes s'armoient les mains de groſſes courreies de cuir de bœuf, & c'eſt ce qu'on nommoit le Ceſte.*

riez

riez-vous vaincu ? La colere me donna de nouvelles forces ; j'évitai plufieurs coups, dont j'aurois été accablé.
Auffi-tôt que le Samien m'avoit porté un faux coup, &
que fon bras s'alongeoit en vain, je le furprenois dans
cette pofture penchée : déja il reculoit, quand je hauffai
mon Cefte pour tomber fur lui avec plus de force : il
voulut efquiver ; & perdant l'équilibre, il me donna le
moyen de le renverfer. A peine fut-il étendu par terre,
que je lui tendis la main pour le relever : il fe redreffa
lui-même couvert de pouffiere & de fang ; fa honte fut
extrême, mais il n'ofa renouveller le combat.

Aussi-tôt on commença les courfes des chariots,
que l'on diftribua au fort. Le mien fe trouva le moindre
pour la legereté des roues, & pour la vigueur des chevaux.
Nous partons ; un nuage de pouffiere vole & couvre le
Ciel. Au commencement je laiffai les autres paffer devant moi. Un jeune Lacedemonien, nommé Crantor,
laiffoit d'abord tous les autres derriere lui. Un Crétois,
nommé Polyclete, le fuivit de près. Hippomaque, parent
d'Idomenée, qui afpiroit à lui fucceder, lâchant les rênes à
fes chevaux fumans de fueur, étoit tout penché fur leurs
crins flotans ; & le mouvement des roues de fon chariot
étoit fi rapide, qu'elles paroiffoient immobiles, comme les
aîles d'un aigle qui fend les airs. Mes chevaux s'animé-
rent & fe mirent peu à peu en haleine ; je laiffai loin derriere moi prefque tous ceux, qui étoient partis avec tant
d'ardeur. Hippomaque, parent d'Idomenée, preffant trop
fes chevaux, le plus vigoureux s'abatit, & ôta par fa chûte
à fon maître l'efpérance de régner.

Polyclete fe penchant trop fur fes chevaux, ne
put fe tenir ferme dans une fecouffe ; il tomba, les rênes
lui échapérent, & il fut trop heureux de pouvoir éviter la
mort. Crantor, voyant avec des yeux pleins d'indignation que j'étois tout auprès de lui, redoubla fon ardeur :
tantôt il invoquoit les Dieux & leur promettoit de riches
offrandes ; tantôt il parloit à fes chevaux pour les animer :
il craignoit que je ne paffaffe entre la borne & lui ; car

mes

mes chevaux, mieux ménagez que les siens, étoient en é-
tat de le devancer ; il ne lui restoit plus d'autre ressource,
que celle de me fermer le passage. Pour y réussir, il ha-
sarda de se briser contre la borne ; il y brisa effectivement
sa roue. Je ne songeai qu'à faire promptement le tour
pour n'être pas engagé dans son desordre ; & il me vit
un moment après au bout de la carriere. Le peuple s'é-
cria encore une fois : Victoire au fils d'Ulysse ; c'est lui
que les Dieux destinent à régner sur nous.

Cependant les plus illustres & les plus sages d'én-
tre les Crétois nous conduisirent dans un bois antique &
sacré, reculé de la vûe des hommes profanes, où les vieillards, que Minos avoit établis juges du peuple & gardes
des loix, nous assemblérent. Nous étions les mêmes qui
avions combattu dans les Jeux ; nul autre n'y fut admis.
Les Sages ouvrirent les livres où toutes les loix de Minos
sont recueillies. Je me sentis saisi de respect & de honte,
quand j'approchai de ces vieillards, que l'âge rendoit venerables, sans leur ôter la vigueur de l'esprit ; ils étoient
assis avec ordre, & immobiles dans leurs places : leurs cheveux étoient blancs ; plusieurs n'en avoient presque plus.
On voyoit reluire sur leurs visages graves une sagesse douce
& tranquile : ils ne se pressoient point de parler ; ils ne
disoient que ce qu'ils avoient résolu de dire. Quand ils
étoient d'avis differens, ils étoient si moderez à soutenir
ce qu'ils pensoient de part & d'autre, qu'on auroit cru
qu'ils étoient tous d'une même opinion. La longue experience des choses passées, & l'habitude du travail, leur
donnoit de grandes vûes sur toutes choses : mais ce qui
perfectionnoit de plus leurs raisons, étoit le calme de leurs
esprits, délivrez des folles passions & des caprices de la jeunesse ; la sagesse toute seule agissoit en eux, & le fruit de
leur longue vertu étoit d'avoir si bien dompté leurs hu-
meurs, qu'ils goûtoient sans peine le doux & noble plaisir
d'écouter la raison. En les admirant, je souhaitai que ma
vie pût s'accourcir pour arriver tout-à-coup à une si estimable vieillesse. Je trouvois la jeunesse malheureuse d'être

fi impetueuſe & ſi éloignée de cette vertu ſi éclairée & ſi tranquile.

Le premier d'entre ces vieillards ouvrit le livre des loix de Minos. C'étoit un grand livre, qu'on tenoit d'ordinaire renfermé dans une caſſete d'or avec des parfums. Tous ces vieillards le baiſérent avec reſpect ; car ils diſent qu'après les Dieux, de qui les bonnes loix viennent, rien ne doit être ſi ſacré aux hommes que les loix deſtinées à les rendre bons, ſages & heureux. Ceux qui ont dans leurs mains les loix pour gouverner les peuples, doivent toûjours ſe laiſſer gouverner eux-mêmes par les loix. C'eſt la loi & non pas l'homme qui doit régner. Tel étoit le diſcours de ces ſages. En ſuite celui qui préſidoit, propoſa trois queſtions, qui devoient être décidées par les maximes de Minos.

La premiere queſtion étoit de ſavoir quel eſt le plus libre de tous les hommes. Les uns répondirent, que c'étoit un Roy qui avoit ſur ſon peuple un empire abſolu, & qui étoit victorieux de tous ſes ennemis. D'autres ſoutinrent, que c'étoit un homme ſi riche qu'il pouvoit contenter tous ſes deſirs. D'autres dirent, que c'étoit un homme qui ne ſe marioit point, & qui voyageoit pendant toute ſa vie en divers païs, ſans être jamais aſſujeti aux loix d'aucune nation. D'autres s'imaginérent, que c'étoit un Barbare, qui vivant de ſa chaſſe au milieu des bois, étoit indépendant de toute police & de tout beſoin. D'autres crurent, que c'étoit un homme nouvellement affranchi, parce qu'en ſortant des rigueurs de la ſervitude, il jouiſſoit plus qu'aucun autre des douceurs de la liberté. D'autres enfin s'aviſérent de dire que c'étoit un homme mourant, parce que la mort le délivroit de tout, & que tous les hommes enſemble n'avoient plus aucun pouvoir ſur lui.

Quand mon rang fut venu, je n'eus pas de peine à répondre, parce que je n'avois pas oublié ce que Mentor m'avoit dit ſouvent. Le plus libre de tous les hommes, répondis-je, eſt celui qui peut être libre dans l'eſclavage même.

même. En quelque païs & en quelque condition qu'on soit, on eft très-libre, pourvu qu'on craigne les Dieux, & qu'on ne craigne qu'eux : en un mot, l'homme veritablement libre eft celui, qui dégagé de toute crainte & de tout defir n'eft foumis qu'aux Dieux & à la raifon. Les vieillards s'entreregardérent en fouriant, & furent furpris de voir que ma réponfe fût précifément celle de Minos.

Ensuite on propofa la feconde queftion en ces termes : Qui eft le plus malheureux de tous les hommes ? Chacun difoit ce qui lui venoit dans l'efprit. L'un difoit, C'eft un homme qui n'a ni biens, ni fanté, ni honneur. Un autre difoit, C'eft un homme qui n'a aucun ami. D'autres foutenoient que c'eft un homme qui a des enfans ingrats & indignes de lui. Il vint un Sage de l'Ile de Lesbos, qui dit : Le plus malheureux de tous les hommes eft celui qui croit l'être ; car le malheur dépend moins des chofes qu'on fouffre, que de l'impatience avec laquelle on augmente fon malheur. A ces mots toute l'affemblée fe récria : on applaudit, & chacun crut que ce fage Lefbien remporteroit le prix fur cette queftion. Mais on me demanda ma penfée, & je répondis, fuivant les maximes de Mentor : (7) Le plus malheureux de tous les hommes eft un Roi qui croit être heureux en rendant les autres hommes miferables : il eft doublement malheureux par fon aveuglement, ne connoiffant pas fon malheur ; il ne peut s'en guérir : il craint même de le connoître. La verité ne peut percer la foule des flateurs pour aller jufqu'à lui. Il eft tyrannifé par fes paffions ; il ne connoît point fes devoirs : il n'a jamais goûté le plaifir de faire le bien, ni fenti les charmes de la pure vertu : il eft malheureux & digne de l'être ; fon malheur augmente tous les jours (8) :

il

---

(7) *Le plus malheureux de tous les hommes, &c.* Ceci & tout ce qui fuit n'eft pas une contreverité ; c'eft une peinture naturelle du Regne de Louïs XIV. chaque mot porte,

fans qu'il ait befoin d'autre explication.

(8) *Son malheur augmente tous les jours, &c.* Le Roi, dans le tems de fa plus grande profperité, étoit malheureux,

par

il court à fa perte, & les Dieux fe préparent à le confondre par une punition eternelle. Toute l'affemblée
avoua que j'avois vaincu le fage Lesbien; & les Vieillards déclarérent que j'avois rencontré le vrai fens de Minos.

Pour la troifiéme queftion, on demanda, lequel des
deux eft preferable, d'un côté, un Roi conquerant & invincible dans la guerre; de l'autre, un Roi fans experience
de la guerre, mais propre à policer fagement les peuples
dans la paix. La plûpart répondirent que le Roi invincible dans la guerre étoit preferable. A quoi fert, difoient-ils, d'avoir un Roi qui fache bien gouverner en
paix, s'il ne fait pas défendre le païs quand la guerre
vient? Les ennemis le vaincront, & réduiront fon peuple
en fervitude. D'autres foutenoient au contraire, que le
Roi pacifique feroit meilleur, parce qu'il craindroit la
guerre, & l'éviteroit par fes foins. D'autres difoient qu'un
Roi conquerant travailleroit à la gloire de fon peuple auffi-
bien qu'à la fienne, & qu'il rendroit fes fujets maîtres des
autres nations, au lieu qu'un Roi pacifique les tiendroit
dans une honteufe lâcheté. On voulut favoir mon fentiment. Je répondis ainfi:

Un Roi qui ne fçait gouverner que dans la paix ou
dans la guerre, & qui n'eft pas capable de conduire fon
peuple dans ces deux états, n'eft qu'à demi Roi. Mais
fi vous comparez un Roi qui ne fçait que la guerre, à
un Roi fage, qui fans favoir la guerre eft capable de la
foutenir dans le befoin par fes Generaux, je le trouve
preferable à l'autre. (9) Un Roi entierement tourné à
la guerre, voudroit toûjours la faire pour étendre fa do-

---

par les craintes & les appré-
henfions que lui donnoit pour
l'autre vie le fouvenir de fa
jeuneffe & fon amour pour
les femmes. Son ignorance
le rendoit extrémement fuper-
ftitieux, & la fuperftition aug-
mentoit encore fes frayeurs.
On ne peut les calmer qu'en
attachant l'efpérance de fon
falut à la ruine des Prote-
ftants.

(9) *Un Roi entierement
tourné à la guerre &c.* Autre
portrait de Louïs XIV. qui eft
continué dans toute cette
page.

mination

mination & sa propre gloire ; il ruineroit son peuple. A quoi sert-il à un peuple, que son Roi subjugue d'autres nations, si on est malheureux sous son regne? D'ailleurs les longues guerres entraînent toûjours après elles beaucoup de desordres ; les victorieux mêmes se déreglent pendant ce tems de confusion. Voyez ce qu'il en coute à la Grece pour avoir triomphé de Troye ; elle a été privée de ses Rois pendant plus de dix ans. Lors que tout est en feu par la guerre, les loix, l'agriculture, les arts languissent. Les meilleurs Princes même, pendant qu'ils ont une guerre à soutenir, sont contraints de faire le plus grand des maux, qui est de tolerer la licence, & de se servir des méchans. Combien y a-t-il de scelerats qu'on puniroit pendant la paix, & dont on a besoin de récompenser l'audace dans les desordres de la guerre? Jamais aucun peuple n'a eu un Roi conquerant, sans avoir beaucoup à souffrir de son ambition. Un conquerant, enyvré de sa gloire, ruine presque autant sa nation victorieuse que les autres nations vaincues. Un Prince qui n'a point les qualitez nécessaires pour la paix, ne peut faire goûter à ses sujets les fruits d'une guerre heureusement finie : il est comme un homme, qui défendroit son champ contre son voisin, & qui usurperoit celui de son voisin même, mais qui ne sauroit ni labourer ni semer, pour recueillir aucune moisson : un tel homme semble né pour détruire, pour ravager, pour renverser le monde, & non pour rendre le peuple heureux par un sage gouvernement.

VENONS maintenant au Roi pacifique. Il est vrai qu'il n'est pas propre à de grandes conquêtes; c'est-à-dire, qu'il n'est pas né pour troubler le repos de son peuple, en voulant vaincre les autres peuples que la justice ne lui a pas soumis : mais s'il est veritablement propre à gouverner en paix, il a toutes les qualitez necessaires pour mettre son peuple en seureté contre ses ennemis. Voici comment: Il est juste, moderé, & commode à l'égard de ses voisins : il n'entreprend jamais contre eux rien
qui

qui puiſſe troubler la paix : il eſt fidele dans ſes alliances. Ses Alliez l'aiment, ne le craignent point, & ont une entiere confiance en lui. S'il a quelque voiſin inquiet, hautain & ambitieux, tous les autres Rois voiſins, qui craignent ce voiſin inquiet, & qui n'ont aucune jalouſie du Roi pacifique, ſe joignent à ce bon Roi pour l'empêcher d'être opprimé. Sa probité, ſa bonne foi, ſa moderation le rendent l'arbitre de tous les Etats qui environnent le ſien. (10) Pendant que le Roi entreprenant eſt odieux à tous les autres & ſans ceſſe expoſé à leurs ligues, celui-ci a la gloire d'être comme le pere & le tuteur de tous les autres Rois. Voilà les avantages qu'il a au-dehors. Ceux dont il jouit au-dedans ſont encore plus ſolides. Puiſqu'il eſt propre à gouverner en paix, je ſuppoſe qu'il gouverne par les plus ſages loix. Il retranche le faſte, la moleſſe, & tous les arts qui ne ſervent qu'à flater les vices : (11) il fait fleurir les autres arts qui ſont utiles aux veritables beſoins de la vie ; ſur tout il applique ſes ſujets à l'agriculture. Par-là il les met dans l'abondance des choſes neceſſaires. Ce peuple laborieux, ſimple dans ſes mœurs, accoutumé à vivre de peu, gagnant facilement ſa vie par la culture de ſes terres, ſe multiplie à l'infini. Voilà dans ce Royaume un peuple innombrable, mais un peuple ſain, vigoureux, robuſte, qui n'eſt point amoli par les voluptez, qui eſt exercé par la vertu, qui n'eſt point attaché aux douceurs d'une vie lâche & délicieuſe, qui ſçait mépriſer la mort, qui ai-

(10) *Pendant que le Roi entreprenant eſt odieux à tous les autres, & ſans ceſſe expoſé à leurs ligues &c.* Le Regne de Louïs XIV. eſt une preuve continuelle de cette vérité : toutes les Ligues des autres Princes de l'Europe n'ont eu pour but que de moderer ſa puiſſance.

(11) *Il fait fleurir les arts, ſur tout l'agriculture &c.* Les arts & l'agriculture ont été ſi négligés en France depuis que la guerre eut fait naître la néceſſité des impôts, & des enrôlemens forcés, que la campagne s'eſt trouvée deſerte ; & que dès l'année 1680 il a été verifié, que de trois Artiſans qui mouroient dans Paris, un finiſſoit ſa vie à l'Hôpital.

meroit

meroit mieux mourir que de perdre cette liberté qu'il goûte fous un fage Roi, appliqué à ne regner que pour faire regner la raifon. Qu'un conquerant voifin attaque ce peuple, il ne le trouvera peut-être pas affez accoûtumé a camper, à fe ranger en bataille, ou à dreffer des machines pour affieger une ville. Mais il le trouvera invincible par fa multitude, par fon courage, par fa patience dans les fatigues, par fon habitude de fouffrir la pauvreté, par fa vigueur dans les combats, & par une vertu que les mauvais fuccez même ne peuvent abatre. D'ailleurs fi ce Roi n'eft pas affez experimenté pour commander lui-même fes armées, il les fera commander par des gens qui en feront capables, & il faura s'en fervir fans perdre fon autorité. Cependant il tirera du fecours de fes Alliez. Ses fujets aimeront mieux mourir que de paffer fous la domination d'un autre Roi violent & injufte : les Dieux mêmes combattront pour lui. Voyez quelle reffource il aura au milieu des plus grands périls. Je conclus donc, que le Roi pacifique, qui ignore la guerre, eft un Roi très-imparfait, puifqu'il ne fçait pas remplir une de fes plus grandes fonctions, qui eft de vaincre fes ennemis : mais j'ajoûte qu'il eft neanmoins infiniment fuperieur au Roi conquerant, qui manque de qualitez neceffaires dans la paix, & qui n'eft propre qu'à la guerre.

J'apperçus dans l'affemblée beaucoup de gens, qui ne pouvoient goûter cet avis : car la plûpart des hommes, éblouis par les chofes éclatantes comme les victoires & les conquêtes (12), les préferent à ce qui eft fimple, tranquille & folide, comme la paix & la bonne police des peuples. Mais les Vieillards déclarérent que j'avois parlé comme Minos.

(12) *La plûpart des hommes éblouis par les victoires & les conquêtes &c.* C'eft ce qui a ébloui Louïs XIV. qui comptoit tout le refte pour rien, pourvu qu'il foutînt le furnom de *Grand* par l'éclat de fes victoires.

Le premier de ces Vieillards s'écria : Je vois l'accomplissement d'un Oracle d'Apollon connu dans toute nôtre Ile. Minos avoit consulté les Dieux pour sçavoir combien de tems sa race regneroit suivant les loix qu'il venoit d'établir. Le Dieu lui répondit : Les tiens cesseront de regner quand un étranger entrera dans ton Ile pour y faire regner tes loix. Nous avons craint que quelque étranger viendroit faire la conquête de l'Ile de Créte : mais le malheur d'Idomenée & la sagesse du fils d'Ulysse, qui entend mieux que nul autre mortel les loix de Minos, nous montre le sens de l'Oracle. Que tardons-nous à couronner celui que les destins nous donnent pour Roi ?

Fin du cinquiéme Livre.

LES
AVANTURES
DE
TELEMAQUE,
FILS D'ULYSSE.
LIVRE SIXIEME.

SOMMAIRE.

TELEMAQUE raconte, qu'il refusa la Royauté de Créte, pour retourner en Ithaque ; qu'il proposa d'élire Mentor, qui refusa aussi le diadême : qu'enfin l'assemblée pressant Mentor de choisir pour toute la nation, il leur avoit exposé ce qu'il venoit d'apprendre des vertus d'Aristodême, qui fut proclamé Roi au même moment ; qu'ensuite Mentor & lui s'étoient embarquez pour aller en Ithaque : mais que Neptune pour consoler Venus irritée, leur avoit fait faire le naufrage, après lequel la Déesse Calypso venoit de les recevoir dans son Ile.

AUSSI-

Les Cretois veulent choisir Telemaque pour Roi.

USSITÔT les Vieillards fortent de l'enceinte du bois facré, & le premier me prenant par la main, annonce au peuple, déja impatient dans l'attente d'une décifion, que j'avois remporté le prix. A peine acheva-t-il de parler, qu'on entendit un bruit confus de toute l'affemblée. Chacun pouffe des cris de joie. Tout le rivage & toutes les montagnes voifines retentirent de ce cri ; Que le fils d'Ulyffe femblable à Minos regne fur les Crétois.

J'ATTENDIS un moment, & je faifois figne de la main pour demander qu'on m'écoutât. Cependant Mentor me difoit à l'oreille : Renoncez-vous à vôtre patrie ? L'ambition de regner vous fera-t-elle oublier Penelope qui vous attend comme fa derniere efperance, & le grand Ulyffe que les Dieux avoient réfolu de vous rendre ? Ces paroles percerent mon cœur, & me foûtinrent contre le vain defir de regner. Cependant un profond filence de toute cette tumultueufe affemblée me donna le moyen de parler ainfi ; O illuftres Crétois ! je ne merite point de vous commander. L'Oracle qu'on vient d'apporter, marque bien que la race de Minos ceffera de regner quand un étranger entrera dans cette Ile, & y fera regner les loix de ce fage Roi : mais il n'eft pas dit que cet étranger regnera. Je veux croire que je fuis cet étranger, marqué par l'Oracle ; j'ai accompli la prédiction ; je fuis venu dans cette Ile ; j'ai découvert le vrai fens des loix, & je fouhaite que mon explication ferve à les faire regner avec l'homme que vous choifirez. Pour moi, je préfere ma patrie, la pauvre petite Ile d'Ithaque, aux cent villes de Créte, à la gloire & à l'opulence de ce beau Royaume. Souffrez que je fuive ce que les deftins ont marqué : fi j'ai combatu dans vos Jeux, ce n'étoit pas dans l'efperance de regner ici ; c'étoit pour mériter vôtre eftime & vôtre compaffion ; c'étoit afin que vous me donnaffiez les moyens de retourner promptement au lieu de ma naiſſance. J'aime mieux obéir à mon pere Ulyſſe, & conſoler ma mere Penelope, que de regner ſur tous les peuples de l'univers. O Crétois! vous voyez le fond de mon cœur; il faut que je vous quitte ; mais la mort ſeule pourra finir ma reconnoiſſance. Oui, juſqu'au dernier ſoupir Telemaque aimera les Crétois, & s'intereſſera à leur gloire comme à la ſienne propre.

A peine eûs-je parlé, qu'il s'éleva un bruit ſourd, ſemblable à celui des vagues de la mer, qui s'entrechoquent dans une tempête. Les uns diſoient : Eſt-ce quelque Divinité ſous une figure humaine? D'autres ſoutenoient qu'ils m'avoient vû en d'autres païs, & qu'ils me reconnoiſſoient. D'autres s'écrioient ; Il faut le contraindre de regner ici. Enfin je repris la parole, & chacun ſe hâta de ſe taire, ne ſachant ſi je n'allois point accepter ce que j'avois refuſé d'abord. Voici les paroles que je leur dis :

Souffrez, ô Crétois, que je vous diſe ce que je penſe. Vous étes le plus ſage de tous les peuples: mais la ſageſſe demande, ce me ſemble, une précaution qui vous échape. Vous devez choiſir non pas l'homme qui raiſonne le mieux ſur les loix, mais celui qui les pratique avec la plus conſtante vertu. Pour moi je ſuis jeune, par conſequent ſans experience, expoſé à la violence des paſſions, & plus en état de m'inſtruire en obéïſſant pour commander un jour, que de commander maintenant. Ne cherchez donc pas un homme qui ait vaincu les autres dans les jeux d'eſprit & de corps, mais qui ſe ſoit vaincu lui-même ; cherchez un homme qui ait vos loix écrites dans le fond de ſon cœur, & dont toute la vie ſoit la pratique de ces loix ; que ſes actions plûtôt que ſes paroles vous le faſſent choiſir.

Tous les Vieillards, charmez de ce diſcours, & voyant toujours croître les applaudiſſemens de l'aſſemblée, me dirent : Puiſque les Dieux nous ôtent l'eſperance de vous voir regner au milieu de nous, du moins aidez-nous à trouver un Roi, qui faſſe regner nos loix. Connoiſſez-vous quelqu'un, qui puiſſe commander avec cette moderation ?

moderation ? Je connois, leur dis-je d'abord, un homme
de qui je tiens tout ce que vous eſtimez en moi ; c'eſt
ſa ſageſſe, & non pas la mienne, qui vient de parler ; &
il m'a inſpiré toutes les réponſes que vous venez d'entendre.

E N même tems toute l'aſſemblée jetta les yeux ſur
Mentor, que je montrois le tenant par la main. Je ra-
contois les ſoins qu'il avoit eus de mon enfance ; les pe-
rils dont il m'avoit délivré ; les malheurs qui étoient
venus fondre ſur moi, dès que j'avois ceſſé de ſuivre ſes
conſeils. D'abord on ne l'avoit point regardé à cauſe de
ſes habits ſimples & négligez, de ſa contenance modeſte,
de ſon ſilence preſque continuel, de ſon air froid & re-
ſervé. Mais quand on s'appliqua à le regarder, on découvrit dans ſon viſage je ne ſçai quoi de ferme & d'é-
levé : on remarqua la vivacité de ſes yeux, & la vigueur
avec laquelle il faiſoit juſqu'aux moindres actions ; on le
queſtionna : il fut admiré ; on réſolut de le faire Roi. Il
s'en défendit ſans s'émouvoir : il dit qu'il préféroit les
douceurs d'une vie privée à l'éclat de la Royauté ; que
les meilleurs Rois étoient malheureux, en ce qu'ils ne
faiſoient preſque jamais les biens qu'ils vouloient faire, &
qu'ils faiſoient ſouvent, par la ſurpriſe des flateurs, (13)
les maux qu'ils ne vouloient pas. Il ajoûta que ſi la ſervitude eſt miſerable, la Royauté ne l'eſt pas moins, puiſqu'elle eſt une ſervitude déguiſée. Quand on eſt Roi,
diſoit-il, on dépend de tous ceux dont on a beſoin pour
ſe faire obéir. Heureux celui, qui n'eſt point obligé de
commander ! Nous ne devons qu'à nôtre ſeule patrie,
quand elle nous confie l'autorité, le ſacrifice de nôtre liberté pour travailler au bien public.

(13) Entre tous les maux
qui ont terni le régne du feu
Roi, il eſt certain qu'il y en
a pluſieurs qu'on peut impu-
ter à la ſurpriſe des flateurs :
il y fut plus expoſé qu'un
autre, étant monté ſi jeune
ſur le Trône, & aiant eu
une ſi mauvaiſe éducation ;
mais ces circonſtances mettent elles ſa conſcience en
ſureté ?

A L O R S

Alors les Crétois, ne pouvant revenir de leur surprise, lui demandérent, quel homme ils devoient choisir. Un homme, répondit-il, qui vous connoisse bien, puisqu'il faudra qu'il vous gouverne, & qui craigne de vous gouverner. Celui qui desire la Royauté, ne la connoît pas : & comment en remplira-t-il les devoirs, ne les connoissant point ? il la cherche pour lui ; & vous devez desirer un homme, qui ne l'accepte que pour l'amour de vous.

Tous les Crétois furent dans un étrange étonnement, de voir deux étrangers qui refusoient la Royauté, recherchée par tant d'autres ; ils voulurent savoir avec qui ils étoient venus. Nausicrate, qui les avoit conduits depuis le port jusqu'au Cirque où l'on celebroit les Jeux, leur montra Hazaël, avec lequel Mentor & moi étions venus dé l'Ile de Cypre. Mais leur étonnement fut encore bien plus grand, quand ils sçûrent que Mentor avoit été esclave d'Hazaël ; qu'Hazaël, touché de la sagesse & de la vertu de son esclave, en avoit fait son conseil & son meilleur ami ; que cet esclave mis en liberté étoit le même qui venoit de refuser d'être Roi, & qu'Hazaël étoit venu de Damas en Syrie pour s'instruire des loix de Minos, tant l'amour de la sagesse remplissoit son cœur.

Les Vieillards dirent à Hazaël : Nous n'osons vous prier de nous gouverner ; car nous jugeons que vous avez les mêmes pensées que Mentor. Vous méprisez trop les hommes pour vouloir vous charger de les conduire ; d'ailleurs vous êtes trop détaché des richesses & de l'éclat de la Royauté, pour vouloir acheter cet éclat par les peines attachées au gouvernement des peuples. Hazaël répondit : Ne croyez pas, ô Crétois, que je méprise les hommes. Non, non, je sçai combien il est grand de travailler à les rendre bons & heureux : mais ce travail est rempli de peines & de dangers. L'éclat qui y est attaché, est faux, & ne peut éblouir que des ames vaines. La vie est courte ; les grandeurs irritent plus les passions

qu'elles

qu'elles ne peuvent les contenter : c'eſt pour apprendre à me paſſer de ces faux biens, & non pas pour y parvenir, que je ſuis venu de ſi loin. Adieu. Je ne ſonge qu'à retourner dans une vie paiſible & retirée, où la ſageſſe nourriſſe mon cœur, & où les eſperances qu'on tire de la vertu pour une autre meilleure vie après la mort, me conſolent dans les chagrins de la vieilleſſe. Si j'avois quelque choſe à ſouhaiter, ce ne ſeroit pas d'être Roi, ce ſeroit de ne me ſéparer jamais de ces deux hommes que vous voyez.

ENFIN les Crétois s'écriérent, parlant à Mentor : Dites-nous, ô le plus ſage & le plus grand de tous les Mortels, dites-nous donc, qui eſt-ce que nous pouvons choiſir pour nôtre Roi? Nous ne vous laiſſerons point aller, que vous ne nous ayez appris le choix que nous devons faire. Il leur répondit : Pendant que j'étois dans la foule des ſpectateurs, j'ai remarqué un homme, qui ne témoignoit aucun empreſſement. (14) C'eſt un Vieil-lard aſſez vigoureux ; j'ai demandé quel homme c'étoit; on m'a répondu qu'il s'appelloit Ariſtodeme. Enſuite j'ai entendu qu'on lui diſoit, que ſes deux enfans étoient au nombre de ceux qui combattoient ; il a paru n'en avoir aucune joie; il a dit, que pour l'un il ne lui ſouhaitoit point les périls de la Royauté; & qu'il aimoit trop ſa patrie, pour conſentir que l'autre regnât jamais. Par là j'ai compris que ce pere aimoit d'un amour raiſonnable l'un de ſes enfans, qui a de la vertu, & qu'il ne flatoit point l'autre dans ſes déreglèmens. Ma curioſité augmen-

---

(14) Ce Portrait d'Ariſto-deme eſt celui du Duc de Na-vailles, dont l'humeur aſſez inflexible, comme il dit lui-méme dans ſes Mémoires, n'a jamais pu s'accommoder aux complaiſances qu'il faut avoir pour plaire aux perſon-nes à qui l'on eſt ſoumis ; ſa vertu ſincere & ennemie de la flaterie l'avoit rendu incommode au Roi dans ſes amours, qui ſuivirent de près ſon mariage ; & on lui or-donna à lui & à Madame de Navailles de ſe défaire de leurs charges & de s'éloigner de la Cour. Il ſe retira dans ſes terres de Poitu & d'An-goumois.

tant, j'ai demandé quelle a été la vie de ce Vieillard. Un de vos Citoyens m'a répondu: Il a long-tems porté les armes, & il eſt couvert de bleſſures: mais ſa vertu ſincere & ennemie de la flaterie, l'avoit rendu incommode à Idomenée; c'eſt ce qui empêcha ce Roi de s'en ſervir dans le ſiege de Troye. Il craignoit un homme qui lui donneroit de ſages conſeils, qu'il ne pouvoit ſe réſoudre à ſuivre: il fut même jaloux de la gloire que cet homme ne manqueroit pas d'acquerir bientôt; il oublia tous ſes ſervices; il le laiſſa ici pauvre, mépriſé des hommes groſſiers & lâches, qui n'eſtiment que les richeſſes: mais content dans ſa pauvreté, il vit gayement dans un endroit ecarté de l'Ile, où il cultive ſon champ de ſes propres mains. Un de ſes fils travaille avec lui: ils s'aiment tendrement; ils ſont heureux par leur frugalité & par leur travail; ils ſe ſont mis dans l'abondance des choſes neceſſaires à une vie ſimple. Le ſage vieillard donne aux pauvres malades de ſon voiſinage tout ce qui lui reſte au-delà de ſes beſoins & de ceux de ſon fils. Il fait travailler tous les jeunes gens; il les exhorte; il les inſtruit: il juge tous les differends de ſon voiſinage: il eſt le pere de toutes les familles. Le malheur de la ſienne eſt d'avoir un ſecond fils, qui n'a voulu ſuivre aucun de ſes conſeils. Le pere, après l'avoir longtems ſouffert pour tâcher de le corriger de ſes vices, l'a enfin chaſſé. Il s'eſt abandonné à une folle ambition & à tous les plaiſirs.

VOILA, ô Crétois, ce qu'on m'a raconté. Vous devez ſavoir ſi ce recit eſt veritable. Mais ſi cet homme eſt tel qu'on le dépeint, pourquoi faire des Jeux? Pourquoi aſſembler tant d'inconnus? Vous avez au milieu de vous un homme qui vous connoît & que vous connoiſſez, qui ſçait la guerre, qui a montré ſon courage, nonſeulement contre les fleches & contre les dards, mais contre l'affreuſe pauvreté; qui a mépriſé les richeſſes acquiſes par la flaterie, qui aime le travail, qui ſçait combien l'agriculture eſt utile à un peuple, qui déteſte le

ſaſte,

faſte, qui ne ſe laiſſe point amolir par un amour aveugle de ſes enfans, qui aime la vertu de l'un, & qui condamne le vice de l'autre ; en un mot, un homme qui eſt déja le pere du peuple. Voilà vôtre Roi, s'il eſt vrai que vous deſiriez de faire regner chez vous les loix du ſage Minos.

Tout le peuple s'écria : Il eſt vrai, Ariſtodeme eſt tel que vous le dites ; c'eſt lui qui eſt digne de regner. Les vieillards le firent appeller : on le chercha dans la foule, où il étoit confondu avec les derniers du peuple ; il parut tranquille : on lui déclara qu'on le faiſoit Roi. Il répondit : Je n'y puis conſentir qu'à trois conditions. La premiere, que je quitterai la Royauté dans deux ans, ſi je ne vous rends meilleurs que vous n'êtes, & ſi vous réſiſtez aux loix. La ſeconde, que je ſerai libre de continuer une vie ſimple & frugale. La troiſiéme, que mes enfans n'auront aucun rang, & qu'après ma mort on les traitera ſans diſtinction, ſelon leur merite, comme le reſte des Citoyens.

A ces paroles, il s'éleva dans l'air mille cris de joie. Le diadême (y) fut mis par le chef des vieillards, gardes des Loix, ſur la tête d'Ariſtodeme. On fit des ſacrifices à Jupiter, & aux autres grands Dieux. Ariſtodeme nous fit des preſens, non pas avec la magnificence ordinaire aux Rois, mais avec une noble ſimplicité. Il donna à Hazaël les Loix de Minos, écrites de la main de Minos même. Il lui donna auſſi un recueil de toute l'Hiſtoire de Créte, depuis Saturne & l'âge d'or : il fit mettre dans ſon vaiſſeau des fruits de toutes les eſpeces qui ſont bonnes en Créte, & inconnues dans la Syrie, & lui offrit tous les ſecours dont il pouvoit avoir beſoin.

Comme nous preſſions nôtre départ, il nous fit préparer un vaiſſeau avec un grand nombre de bons ra-

---

(y) Le Diadême étoit un bandeau, ou une eſpece de petit bonnet, qui ſe lioit ſur la tête avec un linge fort blanc, & que les Rois portoient pour marque de leur dignité.

rameurs & d'hommes armez; il y fit mettre des habits pour nous, & des provifions. A l'inftant même il s'éleva un vent favorable pour aller en Ithaque; ce vent, qui étoit contraire à Hazaël, le contraignit d'attendre. Il nous vit partir; il nous embraffa comme des amis qu'il ne devoit jamais revoir. Les Dieux font juftes, difoit-il, ils voyent une amitié, qui n'eft fondée que fur la vertu ; un jour ils nous réüniront; & ces Champs fortunez, où l'on dit que les Juftes jouiffent après la mort d'une paix éternelle, verront nos ames fe rejoindre pour ne fe féparer jamais. O fi mes cendres pouvoient ainfi être recueillies avec les vôtres! En prononçant ces mots, il verfoit des torrens de larmes, & les foûpirs étouffoient fa voix. Nous ne pleurions pas moins que lui ; & il nous conduifit au vaiffeau.

Pour Ariftodeme, il nous dit: C'eft vous qui venez de me faire Roi; fouvenez-vous des dangers où vous m'avez mis. Demandez aux Dieux qu'ils m'infpirent la vraye fageffe, & que je furpaffe autant en moderation les autres hommes, que je les furpaffe en autorité. Pour moi, je les prie de vous conduire heureufement dans vôtre patrie, d'y confondre l'infolence de vos ennemis, & de vous y faire voir en paix Ulyffe regnant avec fa chere Penelope. Telemaque, je vous donne un bon vaiffeau, plein de rameurs & d'hommes armez; ils pourront vous fervir contre ces hommes injuftes, qui perfecutent vôtre mere. O Mentor, vôtre fageffe, qui n'a befoin de rien, ne me laiffe rien à defirer pour vous. Allez tous deux; vivez heureux enfemble ;' fouvenez-vous d'Ariftodeme; & fi jamais les Ithaciens ont befoin des Crétois, comptez fur moi jufqu'au dernier foûpir de ma vie. Il nous embraffa; & nous ne pûmes en le remerciant retenir nos larmes.

Cependant le vent, qui enfloit nos voiles, nous promettoit une douce navigation. Déja le Mont Ida n'étoit plus à nos yeux que comme une colline: tous les

rivages

rivages difparoiſſoient. Les côtes du Peloponeſe (z)
ſembloient s'avancer dans la mer pour venir au-devant
de nous. Tout-à-coup une noire tempête envelopa le
Ciel, & irrita toutes les ondes de la mer. Le jour ſe
changea en nuit, & la mort ſe preſenta à nous. O
Neptune, c'eſt vous qui excitâtes par vôtre ſuperbe Tri-
dent toutes les eaux de vôtre Empire ! Venus, pour ſe
venger de ce que nous l'avions mépriſée juſques dans ſon
Temple de Cythere, alla trouver ce Dieu ; elle lui
parla avec douleur ; ſes beaux yeux étoient baignez de
larmes : du moins c'eſt ainſi que Mentor, inſtruit des
choſes divines, me l'a aſſuré. Souffrirez-vous, Neptune,
diſoit-elle, que ces impies ſe jouent impunément de ma
puiſſance ? Les Dieux mêmes la ſentent ; & ces teme-
raires Mortels ont oſé condamner tout ce qui ſe fait
dans mon Ile. Ils ſe picquent d'une ſageſſe à toute
épreuve ; & ils traitent l'amour de folie,. Avez-vous
oublié que je ſuis nee dans vôtre Empire ? Que tardez-
vous à enſevelir dans vos profonds abîmes ces deux
hommes, que je ne puis ſouffrir ?

A peine avoit elle parlé, que Neptune ſouleva des
flots juſqu'au Ciel ; & Venus rit, croyant nôtre naufrage
inévitable. Nôtre Pilote troublé s'écria, qu'il ne pouvoit
plus reſiſter aux vents, qui nous pouſſoient avec violence vers les rochers ; un coup de vent rompit nôtre
mât ; & un moment après nous entendîmes les point-
tes des rochers, qui entr'ouvroient le fond du navire.
L'eau entre de tous côtez ; le navire s'enfonce ; tous
nos rameurs pouſſent de lamentables cris vers le Ciel.
J'embraſſe Mentor, & je lui dis : Voici la mort ; il faut
la recevoir avec courage. Les Dieux ne nous ont délivrez de tant de périls, que pour nous faire périr

(z) Le Peloponeſe, aujour- | Grece Septentrionale par l'Iſthme
d'hui la Morée, eſt la partie | de Corinthe, & baignée ailleurs
Meridionale de la Grece. C'eſt | par le Golfe de Lepante, la
une Preſqu'ile attachée a la | mer de Grece & l'Archipel.

aujourd'hui

aujourd'hui. Mourons, Mentor, mourons, C'eſt une conſolation pour moi de mourir avec vous ; il ſeroit inutile de diſputer nôtre vie contre la tempête.

MENTOR me répondit : Le vrai courage trouve toûjours quelque reſſource. Ce n'eſt pas aſſez d'être prêt à recevoir tranquilement la mort ; il faut, ſans la craindre, faire tous ſes efforts pour la repouſſer. Prenons vous & moi un de ces grands bancs de rameurs. Tandis que cette multitude d'hommes timides & troublez regrettent la vie, ſans chercher le moyen de la conſerver, ne perdons pas un moment pour ſauver la nôtre. Auſſitôt il prend une hache, il acheve de couper le mât, qui étoit déja rompu, & qui, panchant dans la mer, avoit mis le vaiſſeau ſur le côté : il jette le mât hors du vaiſſeau, & s'élance deſſus au milieu des ondes furieuſes ; il m'appelle par mon nom, & m'encourage pour le ſuivre. Tel qu'un grand arbre que tous les vents conjurez attaquent, & qui demeure immobile ſur ces profondes racines, en ſorte que la tempête ne fait qu'agiter ſes feuilles ; de même Mentor non ſeulement ferme & courageux, mais doux & tranquile, ſembloit commander aux vents & à la mer. Je le ſuis. Et qui auroit pû ne le pas ſuivre encouragé par lui ? Nous nous conduiſions nous-mêmes ſur ce mât flottant. C'étoit un grand ſecours pour nous ; car nous pouvions nous aſſeoir deſſus : s'il eut falu nager ſans relâche, nos forces euſſent été bientôt épuiſées : mais ſouvent la tempête faiſoit tourner cette grande piece de bois, & nous nous trouvions enfoncez dans la mer ; alors nous bûvions l'onde amere, qui couloit de nôtre bouche, de nos narines, & de nos oreilles, & nous étions contraints de diſputer contre les flots, pour ratraper le deſſus de ce mât. Quelquefois auſſi une vague, haute comme une montagne, venoit paſſer ſur nous ; & nous nous tenions fermes, de peur que dans cette violente ſe-

couſſe

couſſe le mât, qui étoit nôtre unique eſperance, ne nous
échapât.

PENDANT que nous étions dans cet état affreux,
Mentor, auſſi paiſible qu'il eſt maintenant ſur ce ſiege de
gazon, me diſoit: Croyez-vous, Telemaque, que vôtre
vie ſoit abandonnée aux vents & aux flots? Croyez-
vous qu'ils puiſſent vous faire périr ſans l'ordre des
Dieux? Non, non, les Dieux décident de tout. C'eſt
donc les Dieux, & non pas la mer, qu'il faut craindre.
Fuſſiez-vous au fond des abîmes, la main de Jupiter
pourroit vous en tirer. Fuſſiez-vous dans l'Olympe,
voyant les Aſtres ſous vos pieds, Jupiter pourroit vous
plonger au fond de l'abîme, ou vous précipiter dans les
flames du noir Tartare. J'écoutois, & j'admirois ce
diſcours, qui me conſoloit un peu; mais je n'avois pas
l'eſprit aſſez libre pour lui répondre. Il ne me voyoit
point: je ne pouvois le voir. Nous paſsâmes toute la
nuit tremblans de froid & demi morts, ſans ſavoir où
la tempête nous jettoit. Enfin les vents commencerent à s'appaiſer; & la mer mugiſſant reſſembloit à une
perſonne, qui ayant été long tems irritée n'a plus qu'un
reſte de trouble & d'émotion, étant laſſe de ſe mettre
en fureur; elle grondoit ſourdement, & ſes flots n'étoient
preſque plus que comme les ſillons qu'on trouve dans un
champ labouré.

CEPENDANT l'Aurore vint ouvrir au Soleil les portes du Ciel, & nous annonça un beau jour. L'Orient
étoit tout en feu; & les étoiles, qui avoient été ſi long
tems cachées, reparurent & s'enfuirent à l'arrivée de
Phœbus. Nous apperçûmes de loin la terre; & le vent
nous en approchoit. Alors je ſentis l'eſperance renaître
dans mon cœur; mais nous n'apperçûmes aucun de nos
compagnons: ſelon les apparences ils perdirent courage,
& la tempête les ſubmergea tous avec le vaiſſeau. Quand
nous fûmes auprès de la terre, la mer nous pouſſoit contre des pointes de rochers, qui nous euſſent briſez; mais

nous

nous tâchions de leur presenter le bout de nôtre mât, & Mentor faisoit de ce mât ce qu'un sage Pilote fait du meilleur gouvernail. Ainsi nous évitâmes ces rochers affreux, & nous trouvâmes enfin une côte douce & unie; ou nageant sans peine, nous abordâmes sur le sable. C'est là que vous nous vîtes, ô grande Déesse! qui habitez cette Ile; c'est là que vous daignâtes nous recevoir.

Fin du sixiéme Livre.

Mentor se précipite avec Télémaque dans la mer.

LES
AVANTURES
DE
TELEMAQUE,
FILS D'ULYSSE.
LIVRE SEPTIEME.

SOMMAIRE.

*CALYPSO admire Telemaque dans ses avan-
tures, & n'oublie rien pour le retenir dans son
Ile, en l'engageant dans sa passion. Mentor
soûtient Telemaque par ses remontrances, contre
les artifices de cette Déesse, & contre Cupidon,
que Venus avoit amené à son secours. Nearmoins
Telemaque & la Nymphe Eucharis ressentent
bientôt une passion mutuelle, qui excite d'abord
la jalousie de Calypso, & ensuite sa colere contre
ces deux Amans. Elle jure par le Styx que Telemaque sortira de son Ile. Cupidon va la consoler, & oblige ses Nymphes à aller brûler un
vaisseau, fait par Mentor, dans le tems que
celui-*

celui-ci entraine Telemaque pour s'y embarquer. Telemaque sent une joie secrete de voir brûler ce vaisseau. Mentor, qui s'en apperçoit, le précipite dans la mer, & s'y jette lui-même, pour gagner en nageant un autre vaisseau, qu'il voyoit près de cette côte.

QUAND Telemaque eut achevé ce discours, toutes les Nymphes, qui avoient été immobiles, les yeux attachez sur lui, se regardoient les unes les autres. Elles se disoient avec étonnement : Quels sont donc ces hommes si cheris des Dieux ? A-t-on jamais oui parler d'avantures si merveilleuses ? Le fils d'Ulysse le surpasse déja en éloquence, en sagesse & en valeur. Quelle mine ! quelle beauté ! quelle douceur ! quelle modestie ! mais quelle noblesse & quelle grandeur ! Si nous ne sçavions qu'il est le fils d'un Mortel, on le prendroit aisément pour Bacchus (a), pour Mercure (b), ou même pour le grand Apollon (c). Mais quel est ce Mentor, qui paroît un homme simple, obscur, & d'une médiocre condition ? Quand on le regarde de près, on trouve en lui je ne sçai quoi au-dessus de l'homme.

CALYPSO écoutoit ce discours avec un trouble, qu'elle ne pouvoit cacher. Ses yeux errans alloient sans cesse de Mentor à Telemaque, & de Telemaque à Mentor. Quelquefois elle vouloit que Telemaque recommençât cette longue histoire de ses avantures ; puis tout-à-coup elle

---

(a) Bacchus, fils de Jupiter & de Semelé fille de Cadmus Roi de Thebes, inventa l'usage du vin, dont les Poëtes l'ont fait la Divinité. On lui immoloit des ânes ou des boucs, pour faire entendre que ceux qui sont trop adonnés au vin, en deviennent stupides & lascifs.

(b) Mercure, fils de Jupiter & de Maia fille d'Atlas, étoit l'interprète & le Messager des Dieux : il étoit le Dieu de l'Eloquence, du Commerce & des Larrons.

(c) Apollon, fils de Jupiter & de Latone, est apellé l'inventeur de la Medicine, du Lut, de la Poësie, & de l'art de deviner : il est aussi Prince des Muses.

s'inters'interrompoit elle-même. Enfin se levant brusquement, elle mena Telemaque seul dans un bois de myrthe, où elle n'oublia rien pour savoir de lui, si Mentor n'étoit point une Divinité cachée sous la forme d'un homme. Telemaque ne pouvoit le lui dire ; car Minerve en l'accompagnant sous la figure de Mentor, ne s'étoit point découverte à lui à cause de sa grande jeunesse. Elle ne se fioit pas encore assez à son secret pour lui confier ses desseins. D'ailleurs elle vouloit l'éprouver par les plus grands dangers ; & s'il eut sçu que Minerve étoit avec lui, un tel secours l'eût trop soutenu : il n'auroit eu aucune peine à mépriser les accidens les plus affreux. Il prenoit donc Minerve pour Mentor ; & tous les artifices de Calypso furent inutiles pour découvrir ce qu'elle desiroit sçavoir.

CEPENDANT toutes les Nymphes assemblées autour de Mentor, prenoient plaisir à le questionner. L'une lui demandoit les circonstances de son voyage d'Ethiopie ; l'autre vouloit savoir ce qu'il avoit vû à Damas ; une autre lui demandoit s'il avoit connu autrefois Ulysse, avant le siege de Troye. Il répondit à toutes avec douceur ; & ses paroles, quoique simples, étoient pleines de graces. Calypso ne les laissa pas long tems dans cette conversation : elle revint ; & pendant que les Nymphes se mirent à cueillir des fleurs en chantant pour amuser Telemaque, elle prit à l'écart Mentor pour le faire parler. La douce vapeur du sommeil ne coule pas plus doucement dans les yeux appesantis & dans tous les membres fatiguez d'un homme abbatu, que les paroles flateuses de le Déesse s'insinuoient pour enchanter le cœur de Mentor : mais elle sentoit toujours je ne sçai quoi, qui repoussoit tous ses efforts, & qui se jouoit de ses charmes. Semblable à un rocher escarpé, qui cache son front dans les nuës & qui se joüe de la rage des vents, Mentor, immobile dans ses sages desseins, se laissoit presser par Calypso. Quelquefois même il lui laissoit esperer, qu'elle l'embarasseroit par ses questions, & qu'elle tireroit la verité du fond de son cœur. Mais au moment où elle croyoit satisfaire sa curiosité, ses

esperances

esperances s'évanouissoient. Tout ce qu'elle s'imaginoit tenir, lui échapoit tout-à-coup ; & une réponse courte de Mentor la replongeoit dans ses incertitudes.

ELLE passoit ainsi les journées, tantôt flatant Telemaque, tantôt cherchant les moyens de le détacher de Mentor, qu'elle n'esperoit plus de faire parler. Elle employoit ses plus belles Nymphes à faire naître les feux de l'amour dans le cœur du jeune Telemaque ; & une Divinité plus puissante qu'elle, vint à son secours pour y réüssir.

VENUS, toujours pleine de ressentiment du mépris que Mentor & Telemaque avoient témoigné pour le culte qu'on lui rendoit dans l'Ile de Cypre, ne pouvoit se consoler de voir que ces deux témeraires Mortels eussent échappé aux vents & à la mer dans la tempête excitée par Neptune. Elle en fit des plaintes ameres à Jupiter ; mais le Pere des Dieux soûriant, sans vouloir lui découvrir que Minerve sous la figure de Mentor avoit sauvé le fils d'Ulysse, permit à Venus de chercher les moyens de se venger de ces deux hommes. Elle quitte l'Olympe ; elle oublie les doux parfums qu'on brûle sur ses Autels à Paphos, à Cythere, & à Idalie ; elle vole dans son char attelé de colombes ; elle appelle son fils, & la douleur se répandant sur son visage orné de nouvelles graces, elle lui parla ainsi :

VOIS-tu, mon Fils, ces deux hommes, qui méprisent ta puissance & la mienne ? Qui voudra desormais nous adorer ? Va ; perce de tes flêches ces deux cœurs insensibles : descends avec moi dans cette Ile ; je parlerai à Calypso. Elle dit, & fendant les airs dans un nuage tout doré, elle se presenta à Calypso, qui dans ce moment étoit seule au bord d'une fontaine assez loin de sa grote.

MALHEUREUSE Déesse, lui dit-elle, l'ingrat Ulysse vous a méprisée. Son fils, encore plus dur que lui, vous prépare un semblable mépris : mais l'Amour vient lui-même pour vous venger : je vous le laisse : il demeurera parmi vos Nymphes, comme autrefois l'enfant Bacchus,

qui

qui fut nourri par les Nymphes de l'Ile de Naxos (d).
Telemaque le verra comme un enfant ordinaire, il ne
pourra s'en défier, & il fentira bien-tôt fon pouvoir. Elle
dit, & remontant dans le nuage doré d'où elle étoit fortie,
elle laiffa après elle une odeur d'ambroifie, dont tous les
bois de Calypfo furent parfumez.

L'AMOUR demeura entre les bras de Calypfo. Quoique Déeffe, elle fentit la flame, qui couloit déja dans fon
fein. Pour fe foulager, elle le donna auffi-tôt à la Nymphe, qui étoit auprès d'elle, nommée Eucharis. Mais, helas ! dans la fuite combien de fois fe repentit-elle de l'avoir
fait ! D'abord rien ne paroiffoit plus innocent, plus doux,
plus aimable, plus ingenu & plus gracieux que cet Enfant. A le voir enjoué, flateur, toûjours riant, on auroit
crû qu'il ne pouvoit donner que du plaifir : Mais à peine
s'étoit-on fié à fes careffes, qu'on y fentoit je ne fai quoi
d'empoifonné. L'enfant malin & trompeur ne careffoit
que pour trahir, & il ne rioit jamais que des maux cruels
qu'il avoit faits, ou qu'il vouloit faire. Il n'ofoit approcher de Mentor, dont la feverité l'épouvantoit ; & il fentoit que cet inconnu étoit invulnerable, enforte qu'aucune
de fes fleches n'avoit pû le percer. Pour les Nymphes,
elles fentirent bientôt les feux, que cet Enfant trompeur al-
lume ; mais elles cachoient avec foin la playe profonde,
qui s'envenimoit dans leurs cœurs.

CEPENDANT Telemaque voyant cet Enfant, qui fe
jouoit avec les Nymphes, fut furpris de fa douceur & de
fa beauté. Il l'embraffe, il le prend tantôt fur fes genoux,
tantôt entre fes bras. Il fent en lui-même une inquietude,
dont il ne peut trouver la caufe. Plus il cherche à fe jouer
innocemment, plus il fe trouble & s'amolit. Voyez-vous
ces Nymphes ? difoit-il à Mentor ; combien font elles
differentes de ces femmes de l'Ile de Cypre, dont la beauté

(d) Ces Nimphes de l'Ile de
Naxos, dans la Mer Egée, une
des Ciclades, en recompenfe du
foin qu'elles avoient pris d'élever
Bacchus, furent tranfportés au
Ciel, & changées en étoiles, qu'on
appelle les Iliades.

étoit

étoit choquante à caufe de leur immodeftie ? Ces Beautez immortelles montrent une innocence, une modeftie, une fimplicité qui charme (15). Parlant ainfi, il rougiffoit fans fçavoir pourquoi. Il ne pouvoit s'empêcher de parler : mais à peine avoit-il commencé, qu'il ne pouvoit continuer ; fes paroles étoient entrecoupées, obfcures, & quelquefois elles n'avoient aucun fens.

MENTOR lui dit : O Telemaque ! les dangers de l'Ile de Cypre n'étoient rien, fi on les compare à ceux, dont vous ne vous défiez pas maintenant. Le vice groffier fait horreur ; l'impudence brutale donne de l'indignation : mais la beauté modefte eft bien plus dangereufe. En l'aimant on croit n'aimer que la vertu, & infenfiblement on fe laiffe aller aux appas trompeurs d'une paffion, qu'on n'apperçoit que quand il n'eft prefque plus tems de l'éteindre (16). Fuyez, ô mon cher Telemaque ! fuyez ces Nymphes, qui ne font fi difcretes que pour vous mieux tromper. Fuyez les dangers de vôtre jeuneffe. Mais fur tout fuyez cet Enfant, que vous ne connoiffez pas. C'eft l'Amour, que Venus fa mere eft venuë apporter dans cette Ile, pour fe venger du mépris que vous avez témoigné pour le culte qu'on lui rend à Cythere : il a bleffé le cœur de la Déeffe Calypfo ; elle eft paffionnée pour vous ; il a brûlé toutes les Nymphes, qui l'environnent : vous brûlez vous-même, ô malheureux jeune homme, prefque fans le fçavoir !

(15) C'eft ainfi à peu près que le Roi parloit pour juftifier fon amour pour Mademoifelle de la Valiere : il fut charmé de fa modeftie beaucoup plus que de fa beauté, & croyant d'abord n'aimer en elle que la vertu, il fe porta enfuite aux plus grandes extrémitez du vice.

(16) C'eft auffi à peu près de cette maniere que la Reine Mere parla à Louïs XIV, pour le guerir de fa paffion ; elle alla jufqu'à faire griller, par le confeil de Madame de Navailles, les avenues des chambres de fes filles d'honneur & de celles de Madame, pour empêcher le Roi de les aller voir : mais, comme dit Moliere :

—— *Les verrouils & les grilles*
Sont de foibles garants de la vertu des filles.

TELE.

TELEMAQUE interrompoit souvent Mentor, lui disant : Pourquoi ne demeurons-nous pas dans cette Ile ?
Ulysse ne vit plus : il doit être depuis long tems enseveli
dans les ondes. Penelope ne voyant revenir ni lui ni moi
n'aura pû résister à tant de Prétendans : son pere Icare
l'aura contrainte d'accepter un nouvel époux. Retourne-
rai-je à Ithaque pour la voir engagée dans de nouveaux
liens, & manquant à la foi qu'elle avoit donnée à mon
pere ? Les Ithaciens ont oublié Ulysse : nous ne pouvons
y retourner que pour chercher une mort assurée, puisque
les Amans de Penelope ont occupé toutes les avenues du
port, pour mieux assurer nôtre perte à nôtre retour.

MENTOR répondit : Voilà l'effet d'une aveugle passion. On cherche avec subtilité toutes les raisons qui la
favorisent, & on se détourne, de peur de voir toutes celles
qui la condamnent. On n'est plus ingenieux que pour se
tromper & pour étouffer ses remords. Avez-vous oublié
tout ce que les Dieux ont fait pour vous ramener dans
vôtre Patrie ? Comment étes-vous sorti de la Sicile ? Les
malheurs que vous avez éprouvez en Egypte, ne se font-
ils pas tournez tout-à-coup en prosperitez ? Quelle main
inconnue vous a enlevé à tous les dangers, qui menaçoient
vôtre tête dans la ville de Tyr ? Après tant de merveilles,
ignorez vous encore ce que les destinées vous ont préparé ? Mais que dis-je ? vous en êtes indigne. Pour moi,
je pars, & je saurai bien sortir de cette Ile. Lâche fils
d'un pere si sage & si genereux, menez ici une vie molle
& sans honneur au milieu des femmes ; faites, malgré les
Dieux, ce que vôtre pere crut indigne de lui.

CES paroles de mépris percérent Telemaque jusqu'au
fond du cœur. Il se sentoit attendri aux discours de Mentor : sa douleur étoit mêlée de honte ; il craignoit l'indignation & le départ de cet homme si sage, à qu'il devoit
tant. Mais une passion naissante, & qu'il ne connoissoit
pas lui-même, faisoit qu'il n'étoit plus le même homme.
Quoi donc, disoit-il à Mentor, les larmes aux yeux, vous
ne comptez pour rien l'immortalité, qui m'est offerte par

la Déeſſe ? Je compte pour rien, répondit Mentor, tout ce qui eſt contre la vertu & contre les ordres des Dieux. La vertu vous rappelle dans vôtre patrie, pour revoir Ulyſſe & Penelope. La vertu vous défend de vous abandonner à une folle paſſion. Les Dieux, qui vous ont délivré de tant de périls pour vous préparer une gloire égale à celle de vôtre pere, vous ordonnent de quitter cette Ile. L'Amour ſeul, ce honteux tyran, peut vous y retenir. Hé ! que feriez-vous d'une vie immortelle, ſans liberté, ſans vertu, ſans gloire ? Cette vie ſeroit encore plus malheureuſe en ce qu'elle ne pourroit finir.

TELEMAQUE ne répondoit à ce diſcours que par des ſoûpirs. Quelquefois il auroit ſouhaité que Mentor l'eut arraché malgré lui de l'Ile. Quelquefois il lui tardoit que Mentor fût parti, pour n'avoir plus devant ſes yeux cet ami ſevere, qui lui reprochoit ſa foibleſſe. Toutes ces penſées contraires agitoient tour à tour ſon cœur, & aucune n'y étoit conſtante ; ſon cœur étoit comme la mer, qui eſt le jouet de tous les vents contraires. Il demeuroit ſouvent étendu & immobile ſur le rivage de la mer ; ſouvent dans le fond de quelque bois ſombre, verſant des larmes ameres, & pouſſant des cris ſemblables aux mugiſſemens d'un Lion. Il étoit devenu maigre ; ſes yeux creux étoient pleins d'un feu devorant. A le voir pâle, abatu & défiguré, on auroit cru que ce n'étoit point Telemaque. Sa beauté, ſon enjouëment, ſa noble fierté, s'enfuyoient loin de lui. Il paroiſſoit tel qu'une fleur, qui étant épanoüie le matin, répand ſes doux parfums dans la campagne, & ſe flêtrit peu à peu vers le ſoir ; ſes vives couleurs s'effacent, elle languit, elle ſe deſſeche, & ſa belle tête ſe panche, ne pouvant plus ſe ſoutenir. Ainſi le fils d'Ulyſſe étoit aux portes de la mort.

MENTOR voyant que Telemaque ne pouvoit réſiſter à la violence de ſa paſſion, conçut un deſſein plein d'adreſſe pour le délivrer d'un ſi grand danger. Il avoit remarqué que Calypſo aimoit éperdûment Telemaque, & que Telemaque n'aimoit pas moins la jeune Nymphe Eucharis ;

car

car le cruel Amour pour tourmenter les Mortels fait qu'on n'aime guére la perſonne dont on eſt aimé. Mentor réſolut d'exciter la jalouſie de Calypſo. Eucharis devoit emmener Telemaque dans une chaſſe. Mentor dit à Calypſo : J'ai remarqué dans Telemaque une paſſion pour la chaſſe, que je n'avois jamais vûe en lui ; ce plaiſir commence à le dégoûter de tout autre : il n'aime plus que les forêts & les montagnes les plus ſauvages. Eſt-ce vous, ô Déeſſe ! qui lui inſpirez cette grande ardeur ?

CALYPSO ſentit un dépit cruel en écoutant ces paroles, & elle ne put ſe retenir. Ce Telemaque, répondit-elle, qui a mépriſé tous les plaiſirs de l'Ile de Cypre, ne peut réſiſter à la médiocre beauté d'une de mes Nymphes (17). Comment oſe-t-il ſe vanter d'avoir fait tant d'actions merveilleuſes, lui dont le cœur s'amolit lâchement par la volupté, & qui ne ſemble né que pour paſſer une vie obſcure au milieu des femmes ? Mentor remarquant avec plaiſir combien la jalouſie troubloit le cœur de Calypſo, n'en dit pas davantage, de peur de la mettre en défiance de lui. Il lui montroit ſeulement un viſage triſte & abatu. La Déeſſe lui découvroit ſes peines ſur toutes les choſes qu'elle voyoit (18), & elle faiſoit ſans ceſſe des plaintes nouvelles. Cette chaſſe dont Mentor l'avoit avertie, acheva de la mettre en fureur (19). Elle ſçut que Telemaque n'avoit cherché qu'à ſe dérober aux autres Nymphes pour parler à Eucharis. On propoſoit même déja

(17) Ainſi parloit la Ducheſſe d'Orleans (Henriette d'Angleterre) qui aimoit le Roi, lors-qu'elle vit qu'il s'atachoit à Mademoiſelle de la Valiere, une de ſes filles d'honneur, dont la beauté étoit mediocre. Elle s'en plaignit, à peu près dans les mêmes termes qui ſont raportés ici, au Comte de Guiche & à Mademoiſelle de Montalet qui étoient ſes confidens.

(18) *La Déeſſe lui découvroit ſes peines ſur toutes les choſes qu'elle voyoit.* C'eſt au Comte de Guiche, fils aîné du Marechal de Gramont, que Madame découvroit les ſiennes.

(19) Un préſent que le Roi fit à la Maîtreſſe d'un colier de perles & d'une paire de boucles de diamans d'un grand prix, a acheva de mettre Madame en fureur.

une feconde chaffe, où elle prévoyoit qu'il feroit comme dans la premiere. Pour rompre les mefures de Telemaque, elle déclara qu'elle en vouloit être. Puis tout à coup, ne pouvant plus moderer fon reffentiment, elle lui parla ainfi :

Est-ce donc ainfi, ô jeune Temeraire ! que tu es venu dans mon Ile, pour échaper au jufte naufrage que Neptune te préparoit, & à la vengeance des Dieux ? N'es-tu entré dans cette Ile, qui n'eft ouverte à aucun Mortel, que pour méprifer ma puiffance, & l'amour que je t'ai témoigné ? O Divinitez de l'Olympe & du Styx ! écoutez une malheureufe Déeffe. Hâtez-vous de confondre ce perfide, cet ingrat, cet impie. Puifque tu es encore plus dur & plus injufte que ton pere, puiffes-tu fouffrir des maux encore plus longs & plus cruel que les fiens. Non, non, que jamais tu ne revoyes ta patrie, cette pauvre & miferable Ithaque, que tu n'as point eu de honte de préferer à l'immortalité ; ou plûtôt que tu périffes, en la voyant de loin au milieu de la mer, & que ton corps devenu le jouet des flots, foit rejetté fans efperance de fepulture fur le fable de ce rivage. Que mes yeux le voyent mangé par les vautours. Celle que tu aimes le verra auffi : elle le verra ; elle en aura le cœur déchiré, & fon defefpoir fera mon bonheur.

En parlant ainfi, Calypfo avoit les yeux rouges & enflamez ; fes regards ne s'arrêtoient en aucun endroit : ils avoient je ne fçai quoi de fombre & de farouche. Ses joues tremblantes étoient couvertes de taches noires & livides. Elle changeoit à chaque moment de couleur. Souvent une pâleur mortelle fe répandoit fur tout fon vifage : fes larmes ne couloient plus comme autrefois avec abondance ; la rage & le defefpoir fembloient en avoir tari la fource ; & à peine en couloit-il quelques unes fur fes joues. Sa voix étoit rauque, tremblante & entrecoupée. Mentor obfervoit tous fes mouvemens, & ne parloit plus à Telemaque. Il le traitoit comme un malade defefperé

qu'on

qu'on abandonne ; il jettoit souvent sur lui des regards de compassion.

TELEMAQUE sentoit combien il étoit coupable & indigne de l'amitié de Mentor. Il n'osoit lever les yeux, de peur de rencontrer ceux de son ami, dont le silence même le condamnoit. Quelquefois il avoit envie d'aller se jetter à son cou, & de lui témoigner combien il étoit touché de sa faute : mais il étoit retenu, tantôt par une mauvaise honte, & tantôt par la crainte d'aller plus loin qu'il ne vouloit, pour se retirer du péril ; car le péril lui sembloit doux, & il ne pouvoit encore se résoudre à vaincre sa folle passion.

LES Dieux & les Déesses de l'Olympe, assemblez dans un profond silence, avoient les yeux attachez sur l'Ile de Calypso, pour voir qui seroit victorieux, ou de Minerve, ou de l'Amour. L'Amour en se jouant avec les Nymphes, avoit mis tout en feu dans l'Ile (20). Minerve, sous la figure de Mentor, se servoit de la jalousie inséparable de l'Amour contre l'Amour même. Jupiter avoit résolu d'être le spectateur de ce combat, & de demeurer neutre.

CEPENDANT Eucharis, qui craignoit que Telemaque ne lui échapât, usoit de mille artifices pour le retenir dans ses liens. Déja elle alloit partir avec lui pour la seconde chasse, & elle étoit vêtue comme Diane (21). Venus & Cupidon avoient répandu sur elle de nouveaux charmes, en sorte que ce jour-là sa beauté effaçoit celle de la Déesse Calypso même. Calypso la regardant de loin, se regarda en même tems dans la plus claire de ses fontaines ; & elle

---

(20) La Cour de France étoit alors toute en feu : les plus sages du Conseil du Roi étoient attentifs, pour voir qui seroit victorieux, ou de la passion de ce Monarque, ou des sages conseils de la Reine sa Mere ; mais ils gardoient tous le silence, car il n'étoit déja plus permis de parler.

(21) Le Roi aimoit extrêmement la chasse, il y menoit les Dames, & il prenoit plaisir à les voir vêtues en Amazones. Mademoiselle de la Valiere brilloit beaucoup en cet habit.

eut

eut honte de se voir. Alors elle se cacha au fond de sa grote, & parla ainsi toute seule :

Il ne me sert donc de rien d'avoir voulu troubler ces deux Amans, en déclarant que je veux être de cette chasse ? En serai-je ? Irai-je la faire triompher, & faire servir ma beauté à relever la sienne (22) ? Faudra-t-il que Telemaque en me voyant soit encore plus passionné pour son Eucharis ? O malheureuse ! qu'ai-je fait ? Non, je n'y irai pas ; ils n'y iront pas eux-mêmes ; je saurai bien les empêcher : Je vais trouver Mentor, je le prierai d'enlever Telemaque, il le remmenera à Ithaque. Mais que dis-je, & que deviendrai-je, quand Telemaque sera parti ? où suis-je ? Que reste-t-il à faire ? O cruelle Venus ! Venus ! vous m'avez trompée ; O perfide present que vous m'avez fait ! Pernicieux Enfant ! Amour empesté ! je ne t'avois ouvert mon cœur que dans l'espérance de vivre heureuse avec Telemaque, & tu n'as porté dans ce cœur que trouble & que desespoir. Mes Nymphes sont revoltées contre moi. Ma Divinité ne me sert plus qu'à rendre mon malheur éternel. O ! si j'étois libre de me donner la mort pour finir mes douleurs ! Telemaque, il faut que tu meures, puisque je ne puis mourir. Je me vengerai de tes ingratitudes ; ta Nymphe le verra ; je te percerai à ses yeux. Mais je m'égare. O malheureuse Calypso ! Que veux tu ? Faire périr un innocent que tu as jetté toi-même dans cet abîme de malheurs ? C'est moi, qui ai mis le flambeau dans le sein du chaste Telemaque. Quelle innocence ! quelle vertu ! quelle horreur du vice ! quel courage contre les honteux plaisirs ! Falloit-il empoisonner son cœur ? Il m'eut quittée. Hé bien ! ne faudra-t-il pas qu'il me quitte, ou que je le voye plein de mépris pour moi, ne vivant plus que pour ma rivale ? Non, non, je ne souffre que ce que j'ai bien merité. Pars, Telemaque, va-t-en au-delà des mers ; laisse Calypso sans consolation, ne pouvant sup-

(22) C'est à peu près ce que disoit Madame, lorsqu'elle s'aperçut que les visites que le Roi lui rendoit, n'étoient qu'un prétexte pour voir la Valiere.

porter

porter la vie, ni trouver la mort. Laiſſe-la inconſolable, couverte de honte, deſeſperée avec ton orgueilleuſe Eucharis.

ELLE parloit ainſi ſeule dans ſa grote : mais tout à coup elle ſort impetueuſement : Où étes-vous, ô Mentor, dit-elle ? Eſt-ce ainſi que vous ſoutenez Telemaque contre le vice, auquel il ſuccombe ? Vous dormez, tandis que l'Amour veille contre vous. Je ne puis ſouffrir plus long tems cette lâche indifference que vous témoignez. Verrez-vous tranquillement le fils d'Ulyſſe deshonorer ſon pere, & négliger ſa haute deſtinée ? Eſt-ce à vous ou à moi que ſes parens ont confié ſa conduite ? C'eſt moi qui cherche les moyens de guérir ſon cœur ; & vous, ne ferez-vous rien ? Il y a dans le lieu le plus reculé de cette forêt de grands peupliers propres à conſtruire un vaiſſeau ; c'eſt-là qu'Ulyſſe fit celui dans lequel il ſortit de cette Ile. Vous trouverez au même endroit une profonde caverne, où ſont tous les inſtrumens neceſſaires pour tailler & pour joindre toutes les pieces d'un vaiſſeau.

A peine eut-elle dit ces paroles, qu'elle s'en repentit. Mentor ne perdit pas un moment : il alla dans cette caverne, trouva les inſtrumens, abattit les Peupliers, & mit en un ſeul jour un vaiſſeau en état de voguer. C'eſt que la puiſſance & l'induſtrie de Minerve n'ont pas beſoin d'un grand tems, pour achever les plus grands ouvrages.

CALYPSO ſe trouva dans une horrible peine d'eſprit : d'un côté elle vouloit voir ſi le travail de Mentor s'avançoit ; de l'autre elle ne pouvoit ſe réſoudre à quitter la chaſſe, où Eucharis auroit été en pleine liberté avec Telemaque. La jalouſie ne lui permit jamais de perdre de vûe les deux Amans : mais elle tâchoit de détourner la chaſſe du côté où elle ſavoit que Mentor faiſoit le vaiſſeau. Elle entendoit les coups de hache & de marteau : elle prêtoit l'oreille ; chaque coup la faiſoit fremir. Mais dans le moment même elle craignoit que cette rêverie ne lui eut dérobé quelque ſigne, ou quelque coup d'œil de Telemaque à la jeune Nymphe.

CEPEN-

Cependant Eucharis difoit à Telemaque d'un ton moqueur : (23) Ne craignez-vous point que Mentor ne vous blâme d'être venu à la chaffe fans lui ? O que vous êtes à plaindre de vivre fous un fi rude maître ! Rien ne peut adoucir fon aufterité : il affecte d'être ennemi de tous les plaifirs ; il ne peut fouffrir que vous en goûtiez aucun : il vous fait un crime des chofes les plus innocentes. Vous pouviez dépendre de lui pendant que vous étiez hors d'état de vous conduire vous-même ; mais après avoir monré tant de fageffe, vous ne devez plus vous laiffer traiter en enfant.

Ces paroles artificieufes perçoient le cœur de Telemaque, & le rempliffoient de dépit contre Mentor, dont il vouloit fecouër le joug (24). Il craignoit de le revoir, & ne répondit rien à Eucharis, tant il étoit troublé. Enfin vers le foir, la chaffe s'étant paffée de part & d'autre dans une contrainte perpetuelle, on revint par un coin de la forêt affez voifin du lieu, où Mentor avoit travaillé tout le jour. Calypfo apperçut de loin le vaiffeau achevé : fes yeux fe couvrirent à l'inftant d'un épais nuage, femblable à celui de la mort. Ses genoux tremblans fe déroboient fous elle : une froide fueur courut par tous les membres de fon corps : elle fut contrainte de s'appuyer fur les Nymphes qui l'environnoient ; & Eucharis lui tendant la main pour la foutenir, elle la repouffa (25), en jettant fur elle un regard terrible.

___

(23) *Ne craignez-vous point, &c.* C'eft ainfi que Mademoifelle Mancini reprochoit au Roi la contrainte dans laquelle la Reine & le Cardinal le tenoient. *N'êtes-vous pas le Maître, Sire,* lui dit-elle, *pourquoi n'ufez-vous pas de vôtre autorité ?* Elle ne demandoit qu'à s'affranchir de la tutelle de fon Oncle, & elle auroit bien fouhaité que le Roi en eût fait autant.

(24) Peinture naturelle des difpofitions du Roi envers le Cardinal, pendant qu'il aimoit fa Niece ; on le faifoit obferver par tout jufques dans fes divertiffemens les plus innocens.

(25) *Elle la repouffa.* Madame en ufa de même envers la Valiere, à qui elle donna tant de dégoûts, que cette fille fut obligée de fe retirer au Couvent de Chaillot. Mais le Roi l'y alla chercher, & lui fit peu après fa Maifon.

TELE-

TELEMAQUE, qui vit ce vaiſſeau mais qui ne vit point Mentor parce qu’il s’étoit déja retiré ayant fini ſon travail, demanda à la Déeſſe, à qui étoit ce vaiſſeau, & à qui on le deſtinoit. D’abord elle ne put répondre : mais enfin elle dit : C’eſt pour renvoyer Mentor que je l’ai fait faire ; vous ne ſerez plus embaraſſé par cet ami ſevere, qui s’oppoſe à vôtre bonheur, & qui ſeroit jaloux, ſi vous deveniez immortel. Mentor m’abandonne, c’eſt fait de moi ! s’écria Telemaque. O Eucharis ! ſi Mentor me quitte, je n’ai plus que vous (26). Ces paroles lui échapérent dans le tranſport de ſa paſſion : il vit le tort qu’il avoit eu en les diſant : mais il n’avoit pas été libre de penſer au ſens de ces paroles. Toute la troupe étonnée demeura dans le ſilence. Eucharis rougiſſant & baiſſant les yeux demeuroit derriere, toute interdite, ſans oſer ſe montrer. Mais pendant que la honte étoit ſur ſon viſage, la joie é-toit au fond de ſon cœur. Telemaque ne ſe compre-noit plus lui-même, & ne pouvoit croire qu’il eut parlé ſi indiſcretement. Ce qu’il avoit fait lui paroiſſoit comme un ſonge, mais un ſonge dont il paroiſſoit confus & troublé.

CALYPSO, plus furieuſe qu’une Lionne à qui on a enlevé ſes petits, couroit au travers de la forêt ſans ſuivre aucun chemïn, & ne ſachant où elle alloit. Enfin elle ſe trouva à l’entrée de ſa grote, où Mentor l’attendoit. Sor-tez de mon Ile, dit-elle, ô Etrangers, qui êtes venus trou-bler mon repos : loin de moi ce jeune inſenſé ; & vous imprudent vieillard, vous ſentirez ce que peut le courroux d’une Déeſſe, ſi vous ne l’arrachez d’ici tout à l’heure. Je ne veux plus le voir ; je ne veux plus ſouffrir qu’aucune de mes Nymphes lui parle ni le regarde. J’en jure par les ondes du Styx, ſerment qui fait trembler les Dieux mêmes. Mais apprens, Telemaque, que tes maux ne

---

(26) Quand le Roi ſe vit prêt à perdre la Valiere lors de ſes premieres couches, il s’écria devant les Dames qui étoient préſentes : rendez la moi & prenez tout ce que j’ai.

ſont

font pas finis. Ingrat, tu ne fortiras de mon Ile, que pour être en proye à de nouveaux malheurs. Je ferai vengée ; tu regreteras Calypfo, mais en vain. Neptune, encore irrité contre ton pere, qu'il a offenfé en Sicile, & follicité par Venus, que tu as méprifée dans l'Ile de Cypre, te prépare d'autres tempêtes. Tu verras ton pere, qui n'eft pas mort ; mais tu le verras fans le connoître. Tu ne te réüniras avec lui en Ithaque, qu'après avoir été le jouët de la plus cruelle fortune. Va : je conjure les Puiffances celeftes de me venger. Puiffes-tu au milieu des mers, fufpendu aux pointes d'un rocher & frappé de la foudre, invoquer en vain Calypfo, que ton fupplice comblera de joie.

A Y A N T dit ces paroles, font efprit agité étoit déja prêt à prendre des refolutions contraires. L'amour rappella dans fon cœur le defir de retenir Telemaque. Qu'il vive, difoit-elle en elle-même, qu'il demeure ici : peut-être qu'il fentira enfin tout ce que j'ai fait pour lui. Eucharis ne fauroit comme moi lui donner l'immortalité. O trop aveugle Calypfo ! tu t'es trahie toi-même par ton ferment : te voilà engagée ; & les ondes du Styx, par lefquelles tu as juré, ne te permettent plus aucune efperance. Perfonne n'entendoit ces paroles : mais on voyoit fur fon vifage les Furies peintes ; & tout le venin empefté du noir Cocyte fembloit s'exhaler de fon cœur.

T E L E M A Q U E en fut faifi d'horreur. Elle le comprit ; (car qu'eft-ce que l'amour ne devine pas ?) & l'horreur de Telemaque redoubla les tranfports de la Déeffe. Semblable a une Bacchante, qui remplit l'air de fes hurlemens, & qui en fait retentir les hautes montagnes de Thrace, elle court au travers des bois avec un dard en main, appellant toutes les Nymphes, & menaçant de percer toutes celles qui ne la fuivront pas. Elles coururent en foule effrayées de cette menace. Eucharis même s'avance les larmes aux yeux, & regardant de loin Telemaque, à qui elle n'ofe plus parler. La Déeffe fremit en

la

la voyant auprès d'elle ; (27) & loin de s'appaifer par la foumiffion de cette Nymphe, elle reffent une nouvelle fureur, voyant que l'affliction augmente la beauté d'Eucharis (28).

CEPENDANT Telemaque étoit demeuré feul avec Mentor. Il embraffe fes genoux ; car il n'ofoit l'embraffer autrement, ni le regarder : il verfe un torrent de larmes : il veut parler ; la voix lui manque. Les paroles lui manquent encore davantage : il ne fçait ni ce qu'il doit faire, ni ce qu'il fait, ni ce qu'il veut. Enfin il s'écrie : O mon vrai Pere ! ô Mentor ! délivrez moi de tant de maux. Je ne puis ni vous abandonner, ni vous fuivre. Délivrez-moi de tant de maux : délivrez moi de moi-même, donnez-moi la mort.

MENTOR l'embraffe, le confole, l'encourage, lui apprend à fe fupporter lui-même fans flater fa paffion, & lui dit : Fils du fage Ulyffe, que les Dieux ont tant aimé, & qu'ils aiment encore : c'eft par un effet de leur amour que vous fouffrez des maux fi horribles. Celui qui n'a point fenti fa foibleffe & la violence de fes paffions, n'eft point encore fage ; car il ne fe connoît point encore, & ne fçait point fe défier de foi. Les Dieux vous ont conduit comme par la main jufqu'au bord de l'abîme, pour vous en montrer toute la profondeur fans vous y laiffer tomber. Comprenez maintenant ce que vous n'auriez jamais compris, fi vous ne l'aviez éprouvé. On vous auroit parlé en vain des trahifons de l'Amour, qui flate pour perdre, & qui fous une apparence de douceur cache les

---

(27) *Et loin de s'appaifer par la foumiffion de cette Nymphe, &c.* Plus la Valiere témoignoit de foumiffion à Madame, plus cette Princeffe avoit pour elle d'indignation & de mépris. Il falut que le Roi ufât de fon autorité pour la faire refter auprès d'elle jufqu'à ce qu'il lui donnât une Maifon & un Equipage.

(28) La Valiere avoit na-turellement un certain air de langueur que l'afliction rendoit encore plus touchant. Sans être belle, elle avoit les manieres toutes charmantes, & rien ne fit plus d'impreffion fur le cœur du Roi, qui étoit fort tendre, que de la voir un jour toute en pleurs fe plaindre à lui de la dureté avec laquelle Madame la traitoit.

 plus

plus affreuſes amertumes. Il eſt venu, cet Enfant plein de charmes, parmi les ris, les jeux & les graces. Vous l'avez vû : il a enlevé vôtre cœur, & vous avez pris plaiſir à le lui laiſſer enlever. Vous cherchiez des prétextes pour ignorer la playe de vôtre cœur. Vous cherchiez à me tromper, & à vous flater vous-même ; vous ne craigniez rien. Voyez le fruit de vôtre temerité : vous demandez maintenant la mort, & c'eſt l'unique eſperance qui vous reſte. La Déeſſe troublée reſſemble à une Furie infernale. Eucharis brûle d'un feu plus cruel que toutes les douleurs de la mort. Toutes ces Nymphes jalouſes ſont prêtes à s'entredéchirer : & voilà ce que fait le traître Amour, qui paroît ſi doux. Rappellez tout vôtre courage. A quel point les Dieux vous aiment-ils, puiſqu'ils vous ouvrent un ſi beau chemin pour fuir l'Amour & pour revoir vôtre chere patrie ? Calypſo elle-même eſt contrainte de vous chaſſer ; le vaiſſeau eſt tout prêt. Que tardons-nous à quitter cette Ile, où la vertu ne peut habiter ?

E n diſant ces paroles, Mentor le prit par la main, & l'entraînoit vers le rivage. Telemaque ſuivoit à peine, regardant toûjours derriere lui : il conſideroit Eucharis, qui s'éloignoit de lui (29). Ne pouvant voir ſon viſage, il regardoit ſes beaux cheveux nouez, ſes habits flotans, & ſa noble démarche. Il auroit voulu baiſer les traces de ſes pas. Lors même qu'il la perdit de vûe, il prêtoit encore l'oreille, s'imaginant entendre ſa voix ; quoiqu'abſente, il la voyoit. Elle étoit peinte & comme vivante devant ſes yeux ; il croyoit même parler à elle, ne ſachant plus où il étoit, & ne pouvant écouter Mentor.

E n f i n revenant à lui comme d'un profond ſommeil, il dit à Mentor : Je ſuis réſolu de vous ſuivre ; mais je n'ai pas encore dit adieu à Eucharis. J'aimerois mieux

____

(29) *Il conſideroit Eucharis qui s'éloignoit de lui, &c.* Lorſque la Mancini, mariée au Conneſtable Colonne, s'éloigna de la Cour, le Roi ne la vit partir qu'à regret. Cette Deſcription eſt une peinture naturelle de ce qui lui arriva en cette occaſion.

mourir

mourir que de l'abandonner ainſi avec ingratitude. Attendez que je la revoye encore une derniere fois pour lui faire un éternel adieu. Au moins ſouffrez que je lui diſe : O Nymphe, les Dieux cruels, les Dieux jaloux de mon bonheur me contraignent de partir ; mais ils m'empêcheront plûtôt de vivre que de me ſouvenir à jamais de vous. O mon pere ! ou laiſſez-moi cette derniere conſolation qui eſt ſi juſte, où arrachez-moi la vie dans ce moment. Non, je ne veux ni demeurer dans cette Ile, ni m'abandonner à l'amour. L'amour n'eſt point dans mon cœur, je ne ſens que de l'amitié & de la reconnoiſſance pour Eucharis. Il me ſuffit de lui dire encore une fois adieu ; & je pars avec vous ſans retardement.

Q UE j'ai pitié de vous ! répondit Mentor. Vôtre paſſion eſt ſi furieuſe, que vous ne la ſentez pas (30). Vous croyez être tranquile, & vous demandez la mort. Vous oſez dire que vous n'êtes point vaincu par l'amour, & vous ne pouvez vous arracher à la Nymphe que vous aimez. Vous ne voyez, vous n'entendez qu'elle : Vous êtes aveugle & ſourd à tout le reſte. Un homme que la fiévre rend frénetique, dit : Je ne ſuis point malade. O aveugle Telemaque ! vous étiez prêt à renoncer à Penelope qui vous attend, à Ulyſſe que vous verrez, à Ithaque où vous devez regner, à la gloire & à la haute deſtinée que les Dieux vous ont promiſe par tant de merveilles qu'ils ont faites en vôtre faveur. Vous renonciez à tous ces biens pour vivre deshonoré auprès d'Eucharis (31) ! Direz-vous encore que l'amour ne vous attache point à elle ? Qu'eſt-ce

---

(30) *Vôtre paſſion eſt ſi furieuſe que vous ne la ſentez pas, &c.* Les Lettres du Cardinal Mazarin au Roi ſont pleines de ſemblables reproches. Le Roi ne ſentoit point ſon état : il ſe déguiſoit à lui-même ſa paſſion ſous les couleurs de l'amitié la plus pure, & il n'en ſentit toute la force que quand il falut ſe ſeparer

de celle qui en étoit l'objet.

(31) *Vous renonciez à tous ces biens pour vivre deshonoré auprès d'Eucharis.* Le Cardinal parloit ainſi au Roi, le voyant prêt à renoncer à tous les avantages de ſon mariage avec l'Infante, & de ſacrifier ſa gloire & ſa Couronne à la Mancini.

done

donc qui vous trouble ? Pourquoi voulez-vous mourir ?
Pourquoi avez-vous parlé devant la Déeſſe avec tant de
tranſports ? Je ne vous accuſe point de mauvaiſe foi (32);
mais je déplore vôtre aveuglement. Fuyez, Telemaque,
fuyez. On ne peut vaincre l'amour qu'en fuyant. Contre un tel ennemi, le vrai courage conſiſte à craindre &
à fuir ; mais à fuir ſans déliberer, & ſans donner à ſoi-
mÊme le tems de regarder jamais derriere ſoi. (33) Vous
n'avez pas oublié les ſoins que vous m'avez coutez depuis
vôtre enfance, & les périls dont vous êtes ſorti par mes
conſeils : ou croyĕz-moi, ou ſouffrez que je vous abandonne. Si vous ſaviez combien il m'eſt douloureux de
vous voir courir à vôtre perte ; ſi vous ſaviez tout ce que
j'ai ſouffert pendant que je n'ai oſé vous parler ; la mere
qui vous mit au monde ſouffroit moins dans les douleurs de l'enfantement. Je me ſuis tû, j'ai devoré ma
peine. J'ai étouffé mes ſoupirs pour voir ſi vous revien-
driez à moi. O mon fils ! mon cher fils, ſoulagez mon
cœur, rendez-moi ce qui m'eſt plus cher que mes entrailles. Rendez-moi Telemaque que j'ai perdu ; rendez-
vous a vous-même. Si la ſageſſe en vous ſurmonte l'a-
mour, je vis, & je vis heureux. Mais ſi l'amour vous
entraîne malgré la ſageſſe, Mentor ne peut plus vivre.

Pendant que Mentor parloit ainſi, il continuoit ſon
chemin vers la mer ; & Telemaque, qui n'étoit pas encore aſſez fort pour le ſuivre de lui-même, l'étoit déja
aſſez pour ſe laiſſer mener ſans réſiſtance. Minerve toûjours cachée ſous la figure de Mentor, couvrant inviſible-
ment Telemaque de ſon Egide, & répandant autour de

---

(32) *Je ne vous accuſe point
de mauvaiſe foi.* C'eſt ce que
le Cardinal écrivit un jour au
Roi, qui étoit extremement
piqué d'une de ſes lettres, où
il ſembloit l'accuſer de mauvaiſe foi.

(33) *Vous n'avez pas oublié,
&c.* Il ſemble en liſant cela

& tout le reſte de cette page,
qu'on liſe les Lettres du Cardinal Mazarin au Roi ſur ſa
paſſion pour ſa niece, ſur tout
celle où il le menace de l'a-
bandonner & de ſe retirer en
Italie, s'il ne rompt ce commerce qui le deshonoroit.

lui un rayon divin, lui fit sentir un courage qu'il n'avoit
point encore éprouvé depuis qu'il étoit dans cette Ile. Enfin ils arrivérent dans un endroit de l'Ile où le rivage de
la mer étoit escarpé. C'étoit un rocher toûjours battu
par l'onde écumante. Ils regardérent de cette hauteur si
le vaisseau que Mentor avoit préparé, étoit encore dans la
même place : mais ils apperçurent un triste spectacle.

L'Amour étoit vivement piqué de voir que ce vieillard inconnu non seulement étoit insensible à ses traits,
mais encore qu'il lui enlevoit Telemaque. Il pleuroit
de dépit, & alla trouver Calypso errante dans les sombres forêts : elle ne put le voir sans gémir, & elle sentit
qu'il rouvroit toutes les playes de son cœur. L'Amour
lui dit : Vous êtes Déesse, & vous vous laissez vaincre
par un foible Mortel, qui est captif dans vôtre Ile. Pourquoi le laissez-vous sortir ? O malheureux Amour ! répondit-elle, je ne veux écouter tes pernicieux conseils :
c'est toi qui m'as tirée d'une douce & profonde paix pour
me précipiter dans un abîme de malheurs. C'en est fait,
j'ai juré par les ondes du Styx, que je laisserois partir Telemaque. Jupiter même le pere des Dieux avec toute sa
puissance n'oseroit contrevenir à ce redoutable serment.
Telemaque, sors de mon Ile : sors aussi, pernicieux Enfant ; tu m'as fait plus de mal que lui.

L'Amour essuyant ses larmes, fit un soûris moqueur
& malin. En verité, dit-il, voilà un grand embarras ;
laissez-moi faire, suivez vôtre serment, ne vous opposez
point au départ de Telemaque. Ni vos Nymphes ni moi
n'avons juré par les ondes du Styx de le laisser partir. Je
leur inspirerai le dessein de brûler ce vaisseau, que Mentor
a fait avec tant de précipitation. Sa diligence, qui vous
a surpris, sera inutile. Il sera surpris lui-même à son tour,
& il ne lui restera plus aucun moyen de vous arracher
Telemaque.

Ces paroles flateuses firent glisser l'esperance & la joie
jusqu'au fond des entrailles de Calypso. Ce qu'un Zephir
fait par sa fraîcheur sur le bord d'un ruisseau, pour délasser

les troupeaux languiſſans que l'ardeur de l'Eté conſume, ce diſcours le fit pour appaiſer le deſeſpoir de la Déeſſe. Son viſage devint ſerein, ſes yeux s'adoucirent, les noirs ſoucis qui rongeoient ſon cœur, s'enfuirent pour un moment loin d'elle. Elle s'arrêta, elle ſourit, elle flata le folâtre Amour, & en le flatant elle ſe prépara de nouvelles douleurs.

L'Amour content de l'avoir perſuadée, alla pour perſuader auſſi les Nymphes, qui étoient errantes & diſperſees ſur toutes les montagnes, comme un troupeau de moutons que la rage des loups affamez a mis en fuite loin du Berger. L'Amour les raſſemble, & leur dit : Telemaque eſt encore en vos mains ; hâtez-vous de brûler ce vaiſſeau que le temeraire Mentor a fait pour s'enfuir. Auſſitôt elles allument des flambeaux, elles accourent ſur le rivage, elles fremiſſent, elles pouſſent des hurlemens, elles ſecouent leurs cheveux épars comme des Bacchantes. Déja la flâme vole, elle devore le vaiſſeau, qui eſt d'un bois ſec & enduit de réſine ; des tourbillons de fumée & de flâme s'élevent dans les nuës.

Telemaque & Mentor apperçoivent ce feu de deſſus le rocher : & en entendant les cris de Nymphes, Telemaque fut tenté de s'en réjouir ; car ſon cœur n'étoit pas encore guéri, & Mentor remarquoit que ſa paſſion étoit comme un feu mal éteint, qui ſort de tems en tems de deſſous la cendre, & qui repouſſe de vives étincelles. Me voilà donc, dit Telemaque, engagé dans mes liens. Il ne nous reſte plus aucune eſperance de quitter cette Ile.

Mentor vit bien que Telemaque alloit retomber dans toutes ſes foibleſſes, & qu'il n'y avoit pas un ſeul moment à perdre. Il apperçut de loin au milieu des flots un vaiſſeau arrêté, qui n'oſoit approcher de l'Ile, parce que tous les Pilotes connoiſſoient que l'Ile de Calypſo étoit inacceſſible à tous les Mortels. Auſſi-tôt le ſage Mentor pouſſant Telemaque, qui étoit aſſis ſur le bord d'un rocher, le précipite dans la mer, & s'y jette avec lui. Telemaque ſurpris de cette violente chûte, but l'onde amere,

&

& devint le joüet des flots. Mais revenant à lui, & voyant Mentor, qui lui tendoit la main pour lui aider à nager, il ne fongea plus qu'à s'éloigner de l'Ile fatale.

LES Nymphes, qui avoient crû les tenir captifs, pouſſérent des cris pleins de fureur, ne pouvant plus empêcher leur fuite. Calypſo inconſolable rentra dans ſa grote, qu'elle remplit de ſes hurlemens. L'Amour, qui vit changer ſon triomphe en une honteuſe défait, s'éleva au milieu de l'air en ſecoüant ſes aîles, & s'envola dans le bocage d'Idalie, où ſa cruelle mere l'attendoit. L'Enfant encore plus cruel ne ſe conſola qu'en riant avec elle de tous les maux qu'il avoit faits.

A meſure que Telemaque s'éloignoit de l'Ile, il ſentoit avec plaiſir renaître ſon courage & ſon amour pour la vertu. J'éprouve, s'écrioit-il, parlant à Mentor, ce que vous me diſiez, & que je ne pouvois croire, faute d'experience. On ne ſurmonte le vice qu'en le fuyant. O mon pere, que les Dieux m'ont aimé en me donnant vôtre ſecours ! Je méritois d'en être privé, & d'être abandonné à moi-même. Je ne crains plus ni mer, ni vents, ni tempête ; je ne crains plus que mes paſſions. L'Amour eſt lui ſeul plus à craindre que tous les naufrages.

Fin du ſeptiéme Livre.

LES AVANTURES
DE
TELEMAQUE,
FILS D'ULYSSE.

LIVRE HUITIEME.

SOMMAIRE.

ADOAM frere de Narbal commande le vaisseau Tyrien, où Telemaque & Mentor sont reçûs favorablement. Ce Capitaine reconnoissant Telemaque lui raconte la mort tragique de Pygmalion & d'Astarbé, puis l'élévation de Baleazar, que le Tyran son Pere avoit disgracié à la persuasion de cette femme. Pendant un repas qu'il donne à Telemaque & à Mentor, Achitoas par la douceur de son chant assemble autour du vaisseau les Tritons, les Néreides, & les autres Divinitez de la mer. Mentor prenant une Lyre, en joüe beaucoup mieux qu'Achitoas. Adoam raconte ensuite les merveilles de la Bétique : il décrit la douce température de l'air, & les autres
beautez

Les Dieux Marins chantent autour du Vaisseau de Telemaque.

beautez de ce païs, dont les peuples menent une vie tranquille dans une grande simplicité de mœurs.

E vaiſſeau qui étoit arrêté, & vers lequel ils s'avançoient, étoit un vaiſſeau Phenicien, qui alloit dans l'Epire. Ces Pheniciens avoient vû Telemaque au voyage d'Egypte ; mais ils n'avoient garde de le reconnoître au milieu des flots. Quand Mentor fut aſſez près du vaiſſeau pour faire entendre ſa voix, il s'écria d'une voix forte, en élevant ſa tête au deſſus de l'eau : Pheniciens ſi ſecourables à toutes les nations, ne refuſez pas la vie à deux hommes, qui l'attendent de vôtre humanité. Si le reſpect des Dieux vous touche, recevez-nous dans vôtre vaiſſeau : nous irons par tout où vous irez. Celui qui commandoit, répondit : Nous vous recevrons avec joie ; nous n'ignorons pas ce qu'on doit faire pour des inconnus qui paroiſſent ſi malheureux. Auſſitôt on les reçoit dans le vaiſſeau.

A peine y furent-ils entrez, que ne pouvant plus reſpirer, ils demeurérent immobiles ; car ils avoient nagé longtems & avec effort pour réſiſter aux vagues. Peu à peu ils reprirent leurs forces ; on leur donna d'autres habits, parce que les leurs étoient appeſantis par l'eau, qui les avoit pénétrez, & qui couloit de toutes parts. Lors qu'ils furent en état de parler, tous ces Pheniciens empreſſez autour d'eux, vouloient ſavoir leurs avantures. Celui qui commandoit leur dit : Comment avez-vous pû entrer dans cette Ile, d'où vous ſortez ? Elle eſt, dit on, poſſedée par une Déeſſe cruelle, qui ne ſouffre jamais qu'on y borde. Elle eſt même bordée de rochers affreux, contre leſquels la mer va follement combattre, & on ne pourroit en approcher ſans faire naufrage.

Mentor répondit : Nous y avons été jettez ; nous ſommes Grecs ; nôtre patrie eſt l'Ile d'Ithaque, voiſine de l'Epire où vous allez. Quand même vous ne voudriez

pas

pas relâcher en Ithaque, qui eſt ſur vôtre route, il nous ſuffiroit que vous nous menaſſiez dans l'Epire: nous y trouverons des amis, qui auront ſoin de nous faire faire le court trajet qui nous reſtera; & nous vous devrons à jamais la joie de revoir ce que nous avons de plus cher au monde.

Ainsi c'étoit Mentor qui portoit la parole; & Telemaque gardant le ſilence, le laiſſoit parler; car les fautes qu'il avoit faites dans l'Ile de Calypſo, augmentérent beaucoup ſa ſageſſe. Il ſe défioit de lui-même; il ſentoit le beſoin de ſuivre toûjours les ſages conſeils de Mentor; & quand il ne pouvoit lui parler pour lui demander ſes avis, du moins il conſultoit ſes yeux, & tâchoit de deviner toutes ſes penſées.

Le Commandant Phenicien arrêtant ſes yeux ſur Telemaque, croyoit ſe ſouvenir de l'avoir vû; mais c'étoit un ſouvenir confus qu'il ne pouvoit démêler. Souffrez, lui dit-il, que je vous demande ſi vous vous ſouvenez de m'avoir vû autrefois, comme il me ſemble que je me ſouviens de vous avoir vû: vôtre viſage ne m'eſt point inconnu, il m'a d'abord frapé; mais je ne ſçai où je vous ai vû: vôtre memoire aidera peut-être à la mienne.

Telemaque lui répondit avec un étonnement mêlé de joye: Je ſuis en vous voyant, comme vous êtes à mon régard. Je vous ai vû, je vous reconnois: mais je ne puis me rappeller ſi c'eſt en Egypte ou à Tyr. Alors ce Phenicien, tel qu'un homme qui s'éveille le matin, & qui rappelle peu à peu de loin le ſonge fugitif qui a diſparu à ſon réveil, s'écria tout à coup: Vous êtes Telemaque, que Narbal prit en amitié lorſque nous revînmes d'Egypte. Je ſuis ſon frere, dont il vous aura ſans doute parlé ſouvent. Je vous laiſſai entre ſes mains après l'expedition d'Egypte. Il me falut aller au delà de toutes les mers dans la fameuſe (e) Betique, auprès des

---

(e) *La Betique étoit une partie de l'Eſpagne, qui comprenoit les Provinces nommées aujourd'hui l'Andalouſie & la Grenade: elle étoit au delà de toutes les* *mers pour les Anciens, qui n'en connoiſſoient point d'autres que la Mediterranée, & les parties de l'Océan qui baignent l'Europe.*

Co-

Colomnes d'Hercule. Ainſi je ne fis que vous voir, & il ne faut pas s'étonner ſi j'ai eu tant de peine à vous reconnoître d'abord.

Je vois bien, répondit Telemaque, que vous êtes Adoam. Je ne fis preſque alors que vous entrevoir; mais je vous ai connu par les entretiens de Narbal. O quelle joye de pouvoir apprendre par vous des nouvelles d'un homme, qui me ſera toûjours ſi cher! Eſt-il toûjours à Tyr? Ne ſouffre-t-il point quelque cruel traitement du ſoupçonneux & barbare Pygmalion? Adoam répondit en l'interrompant: Sachez, Telemaque, que la fortune vous confie à un homme qui prendra toutes ſortes de ſoins de vous. Je vous ramenerai dans l'Ile d'Ithaque avant que d'aller en Epire; & le frere de Narbal n'aura pas moins d'amitié pour vous, que Narbal même. Ayant parlé ainſi, il remarqua que le vent qu'il attendoit, commençoit à ſoufler, il fit lever les ancres, mettre les voiles, & fendre la mer à force de rames: auſſi-tôt il prit à part Telemaque & Mentor, pour les entretenir.

Je vais, dit-il, regardant Telemaque, ſatisfaire vôtre curioſité. Pygmalion n'eſt plus; les juſtes Dieux en ont délivré la terre. Comme il ne ſe fioit à perſonne, perſonne ne pouvoit ſe fier à lui. Les bons ſe contentoient de gémir & de fuir ſes cruautez, ſans pouvoir ſe réſoudre à lui faire aucun mal. Les méchans ne croyoient pouvoir aſſurer leurs vies qu'en finiſſant la ſienne. Il n'y avoit point de Tyrien, qui ne fût chaque jour en danger d'être l'objet de ſes défiances. Ses Gardes mêmes étoient plus expoſez que les autres. Comme ſa vie étoit entre leurs mains, il les craignoit plus que tout le reſte des hommes, & ſur le moindre ſoupçon il les ſacrifioit à ſa ſeureté. Ainſi à force de chercher ſa ſeureté, il ne pouvoit plus la trouver. Ceux qui étoient les dépoſitaires de ſa vie, étoient dans un peril continuel par ſa défiance, & ils ne pouvoient ſe tirer d'un

état

état fi horribile, qu'en prévenant par la mort du Tyran fes cruels foupçons.

L'Impie Aftarbé, dont vous avez ouï parler fi fouvent, fut la premiere à réfoudre la perte du Roi. Elle aima paffionnément un jeune Tyrien fort riche, nommé Joazar; elle efpera de le mettre fur le trône. Pour réüffir dans ce deffein, elle perfuada au Roi que l'aîné de fes deux fils, nommé Phadaël, impatient de fucceder à fon pere, avoit confpiré contre lui. Elle trouva des faux témoins pour prouver la confpiration. Le malheureux Roi fit mourir fon fils innocent. Le fecond, nommé Baleazar, fut envoyé à Samos, fous prétexte d'apprendre les mœurs & les fciences de la Grece; mais en effet parce qu'Aftarbé fit entendre au Roi qu'il faloit l'éloigner, de peur qu'il ne prît des liaifons avec les mécontens. A peine fût-il parti, que ceux qui conduifoient le vaiffeau, ayant été corrompus par cette femme cruelle, prirent leurs mefures pour faire naufrage pendant la nuit; ils fe fauvérent en nageant jufques à des barques étrangeres qui les attendoient, & ils jettérent le jeune Prince au fond de la mer.

Cependant les amours d'Aftarbé n'étoient ignorez que de Pygmalion, & il s'imaginoit qu'elle n'aimeroit jamais que lui feul. Ce Prince fi défiant étoit ainfi plein d'une aveugle confiance pour cette méchante femme: c'étoit l'amour, qui l'aveugloit jufques à cet excès. En même tems l'avarice lui fit chercher des prétextes pour faire mourir Joazar, dont Aftarbé étoit fi paffionnée; il ne fongeoit qu'à ravir les richeffes de ce jeune homme.

Mais pendant que Pygmalion étoit en proye à la défiance, à l'amour, & à l'avarice, Aftarbé fe hâta de lui ôter la vie. Elle crut qu'il avoit peut-être découvert quelque chofe de fes infames amours avec ce jeune homme. D'ailleurs elle favoit que l'avarice feule fuffiroit pour porter le Roi à une action cruelle contre Joazar; elle conclut qu'il n'y avoit pas un moment à perdre pour le prévenir.

Elle

Elle voyoit les principaux Officiers du Palais prêts à tremper leurs mains dans le sang du Roi; elle entendoit parler tous les jours de quelque nouvelle conjuration: mais elle craignoit de se confier à quelqu'un, par qui elle seroit trahie. Enfin il lui parut plus assuré d'empoisonner Pygmalion.

IL mangeoit le plus souvent tout seul avec elle, & apprêtoit lui-même tout ce qu'il devoit manger, ne pouvant se fier qu'à ses propres mains. Il se renfermoit dans le lieu le plus reculé de son Palais, pour mieux cacher sa défiance, & pour n'être jamais observé, quand il préparoit ses repas; (34) il n'osoit plus chercher aucun des plaisirs de la table. Il ne pouvoit se résoudre à manger d'aucune des choses qu'il ne savoit pas apprêter lui-même. Ainsi non seulement toutes les viandes cuites avec des ragoûts par des cuisiniers; mais encore le vin, le pain, le sel, l'huile, le lait, & tous les autres alimens ordinaires ne pouvoient être de son usage : il ne mangeoit que des fruits qu'il avoit cueillis lui-même dans son jardin, ou des légumes qu'il avoit semées & qu'il faisoit cuire. Au reste, il ne bûvoit jamais d'autre eau que de celle qu'il puisoit lui-même dans une fontaine, qui étoit renfermée dans un endroit de son Palais, dont il gardoit toûjours la clef. Quoiqu'il parût si rempli de confiance pour Astarbé, il ne laissoit pas de se précautionner contre elle; il la faisoit toûjours manger & boire avant lui de tout ce qui devoit servir à son repas, afin qu'il ne pût point être empoisonné sans elle, & qu'elle n'eut aucune esperance de vivre plus longtems que lui. Mais elle prit du contrepoison qu'une vieille femme encore plus méchante qu'elle, & qui étoit la confidente de ses amours, lui avoit fourni; après quoi elle ne craignit plus d'empoisonner le Roi.

(34) Le défiant Cromwel prenoit toutes les précautions possibles pour éviter le poison qu'il craignoit, & telle fut son adresse à cacher cette défiance, qu'il la fit passer pour frugalité.

VOICI

Voici comme elle y parvint. Dans le moment où ils alloient commencer leur repas, cette vieille, dont j'ai parlé, fit tout d'un coup du bruit à une porte. Le Roi, qui croyoit toûjours qu'on alloit le tuer, se trouble, & court à cette porte pour voir si elle étoit assez bien fermée. La vieille se retire; le Roi demeure interdit, & ne sachant ce qu'il doit croire de ce qu'il a entendu, il n'ose pourtant ouvrir la porte pour s'éclaircir. Astarbé le rassure, le flâte & le presse de manger; elle avoit déja jetté du poison dans sa coupe d'or pendant qu'il étoit allé à la porte. Pygmalion, selon sa coutume, la fit boire la premiere; elle but sans crainte, se fiant au contrepoison. Pygmalion but aussi, & peu de tems après il tomba dans une défaillance. Astarbé, qui le connoissoit capable de la tuer sur le moindre soupçon, commença à déchirer ses habits, à arracher ses cheveux, & à pousser des cris lamentables : elle embrassoit le Roi mourant, elle le tenoit serré entre ses bras ; elle l'arrosoit d'un torrent de larmes: car les larmes ne coûtoient rien à cette femme artificieuse. Enfin quand elle vit que les forces du Roi étoient épuisées, & qu'il étoit comme agonisant; dans la crainte qu'il ne revînt, & qu'il ne voulût la faire mourir avec lui, elle passa des caresses & des plus tendres marques d'amitié à la plus horrible fureur; elle se jetta sur lui, & l'étoufa. Ensuite elle arracha de son doigt l'Anneau Royal, lui ôta le Diadême, & fit entrer Joazar, à qui elle donna l'un & l'autre. Elle crut que tous ceux qui avoient été attachez à elle, ne manqueroient pas de suivre sa passion, & que son amant seroit proclamé Roi. Mais ceux qui avoient été les plus empressez à lui plaire, étoient des esprits bas & mercenaires, qui étoient incapables d'une sincere affection. D'ailleurs ils manquoient de courage, & craignoient les ennemis qu'Astarbé s'étoit attirez. Enfin ils craignoient encore plus la hauteur, la dissimulation & la cruauté de cette femme impie. Chacun pour sa propre sûreté desiroit qu'elle pérît.

Cepen-

CEPENDANT tout le Palais eſt plein d'un tumulte affreux; on entend par tout les cris de ceux qui diſent: Le Roi eſt mort. Les uns ſont effrayez, les autres courent aux armes. Tous paroiſſent en peine des ſuites ; mais ravis de cette nouvelle. La Renommée la fait voler de bouche en bouche dans toute la grande Ville de Tyr, & il ne ſe trouve pas un ſeul homme qui regrette le Roi : ſa mort eſt la délivrance & la conſolation de tout le peuple.

NARBAL, frappé d'un coup ſi terrible, déplora en homme de bien le malheur de Pygmalion, qui s'étoit trahi lui-même en ſe livrant à l'impie Aſtarbé, & qui avoit mieux aimé être un tyran monſtrueux, que d'être, ſelon le devoir d'un Roi, le pere de ſon peuple. Il ſongea au bien de l'Etat, & ſe hâta de rallier tous les gens de bien pour s'oppoſer à Aſtarbé, ſous laquelle on auroit vû un regne encore plus dur que celui qu'on voyoit finir.

NARBAL ſavoit que Baleazar ne fut point noyé, quand on le jetta dans la mer. Ceux qui aſſûrérent à Aſtarbé qu'il étoit mort, parlérent ainſi, croyant qu'il l'étoit : mais à la faveur de la nuit il s'étoit ſauvé en nageant ; & des Marchands de Créte touchez de compaſſion l'avoient reçu dans leur barque. Il n'avoit pas oſé retourner dans le Royaume de ſon pere, ſoupçonnant qu'on avoit voulu le faire périr, & craignant autant la cruelle jalouſie de Pygmalion, que les artifices d'Aſtarbé. (35) Il demeura longtems errant & traveſti ſur les bords de la mer en Syrie, où les Marchands Crétois l'avoient laiſſé. Il fut même obligé de garder un troupeau pour

____

(35) Baleazar eſt ici la figure de Charles II. Roi d'Angleterre, qui, après la mort de ſon pere, & après avoir perdu contre Cromwel la bataille de Worceſter, ſe refugia en France, non ſans avoir été longtems errant ſur les bords de la mer, où il n'évita d'être reconnu qu'à la faveur de pluſieurs déguiſemens.

gagner

gagner fa vie. Enfin il trouva moyen de faire favoir à Narbal l'état où il étoit; il crut pouvoir confier fon fecret & fa vie à un homme d'une vertu fi éprouvée. Narbal maltraité par le pere, ne laiffa pas d'aimer le fils, & de veiller pour fes interêts: mais il n'en prit foin que pour l'empêcher de manquer jamais a ce qu'il devoit à fon pere, & il l'engagea à fouffrir patiemment fa mauvaife fortune.

BALEAZAR avoit mandé à Narbal: Si vous jugez que je puiffe vous aller trouver, envoyez-moi un anneau d'or, & je comprendrai auffitôt qu'il fera tems de vous aller joindre. (36) Narbal ne jugea pas à propos pendant la vie de Pygmaliou de faire venir Baleazar: il auroit tout hazardé pour la vie du Prince & pour la fienne propre; tant il étoit difficile de fe garantir des recherches rigoureufes de Pygmalion. Mais auffitôt que ce malheureux Roi eut fait une fin digne de fes crimes, Narbal fe hâta d'envoyer l'anneau d'or à Baleazar. Baleazar partit auffitôt, & arriva aux portes de Tyr, dans le tems que toute la Ville étoit en trouble pour favoir qui fuccederoit à Pygmalion. Il fut aifément reconnu par les principaux Tyriens, & par tout le peuple. On l'aimoit, non pour l'amour du feu Roi fon pere, qui étoit haï univerfellement, mais à caufe de fa douceur & de fa moderation. Ses longs malheurs mêmes lui donnoient je ne fçai quel éclat, qui relevoit toutes fes bonnes qualitez, & qui attendriffoit tous les Tyriens en fa faveur.

(37) NARBAL affembla les Chefs du peuple, les Vieillards qui formoient le Confeil, & les Prétres de la

---

(36) Le General Monk attendit la mort de Cromwel pour exécuter ce qu'il meditoit depuis longtems en faveur de Charles II alors fe voyant la force en main, il envoya avertir ce Prince qui s'étoit rendu à Breda. Le refte du récit convient parfaitement à ce qui lui arriva à fon retour à Londres.

(37) Le rétabliffement de Charles II. fe fit de même par une deliberation libre du Parlement.

grande

grande Déeſſe de Phenicie. Ils ſaluérent Baleazar comme leur Roi, & le firent proclamer par les Herauts. Le peuple répondit par mille acclamations de joie. Aſtarbé les entendit du fond du Palais, où elle étoit renfermée avec ſon lâche & infame Joazar. Tous les méchans dont elle s'étoit ſervie pendant la vie de Pygmalion l'avoient abandonnée; car les méchans craignent les méchans, s'en défient, & ne ſouhaitent point de les voir en credit. Les hommes corrompus connoiſſent combien leurs ſemblables abuſeroient de l'autorité, & quelle ſeroit leur violence. Mais pour les bons, les méchans s'en accommodent mieux, parce qu'au moins ils eſperent trouver en eux de la modération, & de l'indulgence. Il ne reſtoit plus autour d'Aſtarbé que certains complices de ſes crimes les plus affreux, & qui ne pouvoient attendre que le ſupplice.

On força le Palais : ces Scelerats n'oſérent pas réſiſter long tems, & ne ſongérent qu'à s'enfuir. Aſtarbé deguiſée en eſclave voulut ſe ſauver; mais un ſoldat la reconnut : elle fut priſe, & on eut bien de la peine à empêcher qu'elle ne fût déchirée par le peuple en fureur. Déja on avoit commencé à la traîner dans la boue; mais Narbal la tira des mains de la populace. Alors elle demanda à parler à Baleazar, eſperant de l'éblouïr par ſes charmes, & de lui faire eſpérer qu'elle lui découvriroit des ſecrets importans. Baleazar ne put refuſer de l'écouter. D'abord elle montra avec ſa beauté une douceur & une modeſtie capable de toucher les cœurs les plus irritez. Elle flata Baleazar par les loüanges les plus délicates & les plus inſinuantes; elle lui repreſenta combien Pygmalion l'avoit aimée; elle le conjura par ſes cendres d'avoir pitié d'elle; elle invoqua les Dieux comme ſi elle les eut ſincerement adorez; elle verſa des torrens de larmes; elle ſe jetta aux genoux du nouveau Roi : mais enſuite elle n'oublia rien pour lui rendre ſuſpects & odieux tous ſes ſerviteurs les plus affectionnez. Elle accuſa Narbal d'être entré dans une conjuration contre Pygma-

I

lion, & d'avoir essayé de suborner les peuples pour se faire Roi au préjudice de Baleazar. Elle ajoûta qu'il vouloit empoisonner ce jeune Prince : elle inventa de semblables calomnies contre tous les autres Tyriens qui aiment la vertu : elle esperoit de trouver dans le cœur de Baleazar la même défiance & les mêmes soupçons, qu'elle avoit vûs dans celui du Roi son pere. Mais Baleazar ne pouvoit plus souffrir la noire malignité de cette femme, l'interrompit, & appella des gardes. On la mit en prison : les plus sages vieillards furent commis pour examiner toutes ses actions.

ON découvrit avec horreur qu'elle avoit empoisonné & étoufé Pygmalion. Toute la suite de sa vie parut un enchaînement continuel de crimes monstrueux. On alloit la condamner au supplice qui est destiné à punir les plus grands crimes dans la Phenicie, c'est d'être brûlé à petit feu. Mais quand elle comprit qu'il ne lui restoit plus aucune esperance, elle devint semblable à une Furie sortie de l'enfer ; elle avala du poison, qu'elle portoit toûjours sur elle pour se faire mourir en cas qu'on voulût lui faire souffrir de longs tourmens. Ceux qui la gardoient, apperçurent qu'elle souffroit une violente douleur ; ils voulurent la secourir ; mais elle ne voulut jamais leur répondre, & elle fit signe qu'elle ne vouloit aucun soulagement : on lui parla des justes Dieux qu'elle avoit irritez : au lieu de témoigner la confusion & le repentir que ses fautes méritoient, elle regarda le Ciel avec mépris & arrogance, comme pour insulter aux Dieux.

LA rage & l'impieté étoient peintes sur son visage mourant ; on ne voyoit plus aucun reste de cette beauté qui avoit fait le malheur de tant d'hommes ; toutes ses graces étoient effacées ; ses yeux éteints rouloient dans sa tête, & jettoient des regards farouches. Un mouvement convulsif agitoit ses lévres, & tenoit sa bouche ouverte d'une horrible grandeur. Tout son visage tiré & retreci faisoit des grimaces hideuses ; une pâleur livide, & une froideur mortelle avoit saisi tout son corps : quelquefois

fois elle sembloit se ranimer, mais ce n'étoit que pour pousser des hurlemens. Enfin elle expira, laissant remplis d'horreur & d'effroi tous ceux qui la virent. Ses Manes impies descendirent sans doute dans ces tristes lieux, où les cruelles Danaïdes (f) puisent éternellement de l'eau dans des vases percez ; où Ixion (g) tourne à jamais sa roüe ; où Tantale (h) brûlant de soif, ne peut avaler l'eau qui s'enfuit de ses lévres ; où Sisyphe (i) roule inutilement un rocher qui retombe sans cesse ; & où Titie (k) sentira éternellement, dans ses entrailles toûjours renaissantes, un vautour qui les ronge.

BALEAZAR delivré de ce monstre, rendit graces aux Dieux par inombrables sacrifices. (38) Il a commencé son regne par une conduite toute opposée à celle de Pygmalion. Il s'est appliqué à faire refleurir le commerce, qui

---

(f) *Les Danaïdes étoient cinquante filles de Danaüs, Roi d'Argos, mariées à autant de fils d'Egisthus leurs cousins, qui tuerent leurs maris en une nuit, excepté Hipermnestre qui sauva Lincée. Les Poëtes feignent que dans les Enfers elles travaillent sans cesse à remplir d'eau des tonneaux percés.*

(g) *Ixion, fils de Phlegias Roi de Thessalie, voulant jouir de Junon, embrassa une nuée que Jupiter avoit formée pour le tromper, d'où naquirent les Centaures. Il fut ensuite précipité dans les Enfers, où l'on feint qu'il tourne sans cesse une roüe.*

(h) *Tantale, fils de Jupiter & de la Nymphe Flore, aiant preparé un festin aux Dieux, voulut éprouver leur Divinité. Pour cela il leur fit servir un plat rempli des membres de son fils Pelops qu'il avoit coupé en piéces. Jupiter aiant reconnu ce*

crime, foudroïa Tantale & le précipita dans les Enfers, où l'on feint qu'il souffre une faim & une soif éternelle.

(i) *Sisyphe, fils d'Eole, faisoit le métier de voleur dans l'Attique, où il fut tué par Thesée. La Fable lui fait rouler, dans les Enfers, un gros caillou du pié d'une montagne jusqu'au haut, d'où il retombe sans cesse.*

(k) *Titie, fils de Jupiter & d'Elara, aiant voulu forcer Latone, fut tué par Apollon à coups de fléches, & précipité dans les Enfers, où un vautour lui ronge le cœur, qui renait sans cesse.*

(38) *Il a commencé son regne, &c.* Tout ce qui suit convient assez au Roi Charles II. qui, instruit par ses propres malheurs & par ceux de son pere, avoit apris à user de moderation.

languissoit

languiſſoit tous les jours de plus en plus; il a pris les conſeils de Narbal pour les principales affaires, & n'eſt pourtant pas gouverné par lui; car il veut tout voir par lui-même. Il écoute tous les differens avis qu'on veut lui donner, & décide enſuite ſur ce qui lui paroît le meilleur. Il eſt aimé des peuples. En poſſedant les cœurs, il poſſede plus de treſors que ſon pere n'en avoit amaſſé par ſon avarice cruelle; car il n'y a aucune famille, qui ne lui donnât tout ce qu'elle a de bien, s'il ſe trouvoit dans une preſſante néceſſité. Ainſi ce qu'il leur laiſſe eſt plus à lui que s'il le leur ôtoit. Il n'a pas beſoin de ce précautionner pour la ſûreté de ſa vie; car il a toûjours autour de lui la plus ſûre garde, qui eſt l'amour des peuples. Il n'y a aucun de ſes ſujets qui ne craigne de le perdre, & qui ne hazardât ſa propre vie pour conſerver celle d'un ſi bon Roi. Il vit heureux, & tout ſon peuple eſt heureux avec lui. Il craint de charger trop ſes peuples; ſes peuples craignent de ne lui offrir pas une aſſez grande partie de leurs biens. Il les laiſſe dans l'abondance, & cette abondance ne les rend ni indociles, ni inſolens; car ils ſont laborieux, adonnez au commerce, fermes à conſerver la pureté des anciennes loix. La Phenicie eſt remontée au plus haut point de ſa grandeur & de ſa gloire. C'eſt à ſon jeune Roi, qu'elle doit tant de proſperitez.

Narbal gouverne ſous lui. O Telemaque! s'il vous voyoit maintenant, avec quelle joye vous combleroit-il de preſens? Quel plaiſir ſeroit-ce pour lui de vous renvoyer magnifiquement dans vôtre patrie? Ne ſuis je pas heureux de faire ce qu'il voudroit pouvoir faire lui-même, & d'aller dans l'Ile d'Ithaque mettre ſur le trône le fils d'Ulyſſe, afin qu'il y regne auſſi ſagement que Baleazar regne à Tyr.

Apre's qu'Adoam eut ainſi parlé, Telemaque charmé de l'hiſtoire que ce Phenicien venoit de raconter, & plus encore des marques d'amitié qu'il en recevoit dans ſon malheur, l'embraſſa tendrement. Enſuite Adoam lui
demanda

demanda par quelle avanture il étoit entré dans l'Ile de Calypso. Telemaque lui fit à son tour l'histoire de son départ de Tyr; de son passage dans l'Ile de Cypre; de la maniere dont il avoit retrouvé Mentor; de leur voyage en Créte; des Jeux publics pour l'élection d'un Roi après la fuite Idomenée; de la colere de Venus; de leur naufrage; du plaisir avec lequel Calypso les avoit reçus; de la jalousie de cette Déesse contre une de ses Nymphes; & de l'action de Mentor, qui avoit jetté son ami dans la mer dès qu'il vit le vaisseau Phenicien.

APRE`S ces entretiens Adoam fit servir un magnifique repas; & pour témoigner une plus grande joie, il rassembla tous les plaisirs dont on pouvoit jouïr. Pendant le repas, qui fut servi par de jeunes Pheniciens vêtus de blanc & couronnez de fleurs, on brûla les plus exquis parfums de l'Orient. Tous les bancs des rameurs étoient pleins de joueurs de flutes. Achitoas les interrompoit de tems en tems par les doux accords de sa voix & de sa lyre, dignes d'être entenduës à la table des Dieux, & de ravir les oreilles d'Apollon même. Les Tritons, les Nereïdes, toutes les Divinitez qui obéïssent à Neptune, les monstres marins mêmes sortoient de leurs grottes humides & profondes, pour venir en foule autour du vaisseau, charmez par cette mélodie. Une troupe de jeunes Pheniciens d'une rare beauté, & vêtus de fin lin plus blanc que la neige, danférent longtems les danses de leur païs, puis celles d'Egypte, & enfin celles de la Grece. De tems en tems des trompettes faisoient retentir l'onde jusqu'aux rivages éloignez. Le silence de la nuit, le calme de la mer, la lumiere tremblante de la Lune répandue sur la face des ondes, le sombre azur du Ciel semé de brillantes étoiles, servoient à rendre ce spectacle encore plus beau.

TELEMAQUE d'un naturel vif & sensible goûtoit tous ces plaisirs; mais il n'osoit y livrer son cœur. Depuis qu'il avoit éprouvé avec tant de honte dans l'Ile de Calypso, combien la jeunesse est promte à s'enflamer,

tous

tous les plaifirs, même les plus innocens, lui faifoient peur ; tout lui étoit fufpect. Il regardoit Mentor ; il cherchoit fur fon vifage & dans fes yeux ce qu'il devoit penfer de tous ces plaifirs.

MENTOR étoit bien aife de le voir dans cet embarras, & ne faifoit pas femblant de le remarquer. Enfin, touché de la moderation de Telemaque, il lui dit en foûriant : Je comprens ce que vous craignez : vous êtes loüable de cette crainte ; mais il ne faut pas la pouffer trop loin. Perfonne ne fouhaitera jamais plus que moi que vous goûtiez des plaifirs, mais des plaifirs qui ne vous paffionnent, ni ne vous amoliffent point. Il vous faut des plaifirs qui vous délaffent ; & que vous goûtiez en vous poffedant ; mais non pas des plaifirs qui vous entraînent. Je vous fouhaite des plaifirs doux & moderez, qui ne vous rendent jamais femblable à une bête en fureur. Maintenant il eft à propos de vous délaffer de toutes vos peines. Goûtez, avec complaifance pour A-doam, les plaifirs qu'il vous offre. Réjouiffez-vous, Telemaque, réjouiffez-vous. La fageffe n'a rien d'auftere ni d'affecté : c'eft elle, qui donne les vrais plaifirs ; elle feule les fçait affaifonner pour les rendre purs & durables ; elle fçait mêler les jeux & les ris avec les occupations graves & férieufes ; elle prépare le plaifir par le travail, & elle délaffe du travail par le plaifir. La fageffe n'a point de honte de paroître enjouée quand il le faut.

EN difant ces paroles, Mentor prit une lyre, & en joua avec tant d'art, qu'Achitoas jaloux laiffa tomber la fienne de dépit ; fes yeux s'allumoient, fon vifage troublé changea de couleur : tout le monde eut apperçu fa peine & fa honte, fi la lyre de Mentor n'eut enlevé l'ame de tous les affiftans. A peine ofoit-on refpirer, de peur de troubler le filence, & de perdre quelque chofe de ce chant divin : on craignoit toûjours qu'il ne finît trop tôt. La voix de Mentor n'avoit aucune douceur

effeminée ;

effeminée ; mais elle étoit flexible, forte, & elle paſſionnoit juſqu'aux moindres choſes.

Il chanta d'abord les louanges de Jupiter, Pere & Roi des Dieux & des hommes, qui d'un ſigne de ſa tête ébranle l'Univers. Puis il repreſenta Minerve, qui ſort de ſa tête, c'eſt-a-dire, la ſageſſe que ce Dieu forme au dedans de lui-même, & qui ſort de lui pour inſtruire les hommes dociles. Mentor chanta ces veritez d'une voix ſi touchante, & avec tant de religion, que toute l'aſſemblée crut être tranſportée au plus haut de l'Olympe à la face de Jupiter, dont les regards ſont plus perçans que ſon tonnerre. Enſuite il chanta le malheur du jeune Narciſſe *(l)*, qui devenant folement amoureux de ſa propre beauté, qu'il regardoit ſans ceſſe au bord d'une fontaine, ſe conſuma lui-même de douleur, & fut changé en une fleur qui porte ſon nom. Enfin il chanta auſſi la funeſte mort du bel Adonis *(m)*, qu'un ſanglier dechira, & que Venus, paſſionnée pour lui, ne put ranimer en faiſant au ciel des plaintes ameres.

Tous ceux qui l'écoutérent, ne purent retenir leurs larmes, & chacun ſentoit je ne ſçai quel plaiſir en pleurant. Quand il eut ceſſé de chanter, les Pheniciens étonnez ſe regardoient les uns les autres. L'un diſoit, C'eſt Orphée ; c'eſt ainſi qu'avec une lyre il apprivoiſoit les bêtes farouches, & enlevoit les bois & les rochers ; c'eſt ainſi qu'il enchanta Cerbere *(n)*, qu'il ſuſpendit les tourmens d'Ixion & des Danaïdes, & qu'il toucha l'inexorable Pluton, pour tirer des enfers la belle Euridice. Un autre s'écrioit : Non, c'eſt Linus fils d'A-

(l) Narciſſe étoit un jeune homme fort beau, fils de Cephiſe & de Liriope, qui mépriſa Echo & les autres Nimphes qui l'aimoient. Le reſte de ſon avanture eſt décrit dans cette page.

(m) Adonis étoit fils de Cinira Roi de Cypre & de Mirrha. Il fut fort aimé de Venus, qui le changea en Anemone rouge après ſa mort.

(n) Cerbere, chien à trois têtes que les Poëtes mettent à l'entrée des Enfers.

pollon,

pollon. Un autre répondit : Vous vous trompez, c'eft Apollon lui-même. Telemaque n'étoit guere moins furpris que les autres; car il ignoroit que Mentor fçut avec tant de perfection chanter & joüer de la lyre. Achitoas, qui avoit eu le loifir de cacher fa jaloufie, commença à donner des louanges à Mentor : Mais il rougit en le loüant, & il ne put achever fon difcours. Mentor, qui voyoit fon trouble, prit la parole, comme s'il eut voulu l'interrompre, & tâcha de le confoler, en lui donnant toutes les louanges qu'il méritoit. Achitoas ne fut point confolé; car il fentoit que Mentor le furpaffoit encore plus par fa modeftie, que par les charmes de fa voix.

Cependant Telemaque dit à Adoam: Je me fouviens que vous m'avez parlé d'un voyage que vous fites dans la Betique depuis que nous fumes partis d'Egypte. La Betique eft un païs dont on raconte tant de merveilles, qu'à peine peut·on les croire. Daignez m'apprendre fi tout ce qu'on en dit eft vrai. Je ferai bien aife, dit Adoam, de vous dépeindre ce fameux païs, digne de vôtre curiofité, & qui furpaffe tout ce que la renommée en publie. Auffitôt il commença ainfi :

Le fleuve Betis coule dans un païs fertile & fous un ciel doux, qui eft toûjours ferein. Le païs a pris le nom de ce fleuve qui fe jette dans le grand Ocean, affez près des Colomnes d'Hercule, & de cet endroit où la mer furieufe rompant fes digues fépara autrefois la terre de Tarfis d'avec la grande Affrique. (39) Ce païs femble avoir confervé les délices (o) de l'âge d'or. Les hyvers y

(39) *Ce païs, &c.* Tout ceci s'entend à la lettre de l'Efpagne, dont on trouve de pareilles defcriptions dans les Auteurs anciens.

(o) *L'âge d'or étoit attribué au Regne de Saturne, parce que de fon tems Janus aporta au monde ce fiecle fortuné où la terre, fans être cultivée, produifoit toute forte de biens. Aftrée, c'eft-à-dire la Juftice, régnoit ici bas, & tous les hommes vivoient en commun dans une parfaite amitié. Ce tems ne convient qu'à celui que nos premiers Parens pafferent dans le Paradis terreftre.*

font

font tiedes, & les rigoureux Aquilons n'y fouflent jamais. L'ardeur de l'Eté y eft toûjours temperée par des zephirs refraîchiffans, qui viennent adoucir l'air vers le milieu du jour. Ainfi toute l'année n'eft qu'un heureux Hymen du Printems & de l'Automne, qui femblent fe donner la main. La terre dans les vallons & dans les campagnes unies y porte chaque année une double moiffon. Les chemins y font bordez de lauriers, de grenadiers, de jafmins, & d'autres arbres toûjours verds & toûjours fleuris. Les montagnes font couvertes de troupeaux, qui fourniffent des laines fines recherchées de toutes les nations connues. Il y a plufieurs mines d'or & d'argent dans ce beau païs. Mais les habitans fimples, & heureux dans leur fimplicité, ne daignent pas feulement compter l'or & l'argent parmi leurs richeffes ; ils n'eftiment que ce qui fert veritablement aux befoins de l'homme.

Quand nous avons commencé à faire nôtre commerce chez ces peuples, nous avons trouvé l'or & l'argent parmi eux employez aux mêmes ufages que le fer, par exemple, pour des focs de charuë. Comme ils ne faifoient aucun commerce au dehors, ils n'avòient befoin d'aucune monnoye. Ils font prefque tous Bergers où Laboureurs. On voit en ce païs peu d'artifans, car ils ne veulent fouffrir que les arts qui fervent aux veritables néceffitez des hommes; encore même la plûpart des hommes en ce païs étant adonnez à l'agriculture, ou à conduire des troupeaux, ne laiffent pas d'exercer les arts néceffaires à leur vie fimple & frugale.

Les femmes filent cette belle laine, & en font des étofes fines, & d'une merveilleufe blancheur ; elles font le pain, apprêtent à manger, & ce travail leur eft facile ; car on ne vit en ce païs que de fruits, ou de lait, & rarement de viande. Elles employent le cuir de leurs moutons à faire une legere chauffure pour elles, pour leurs maris, & pour leurs enfans: elles font des tentes, dont les unes font de peaux cirées, & les autres d'ecorces

I 5   d'arbres

d'arbres. Elles font & lavent tous les habits de la famille, & tiennent les maisons dans un ordre & une propreté admirable. Leurs habits sont aisez à faire ; car en ce doux climat, on ne porte qu'une piece d'étofe fine & legere, qui n'est point taillée, & que chacun met à longs plis autour de son corps pour la modestie, lui donnant la forme qu'il veut.

Les hommes n'ont d'autres arts à exercer, outre la culture des terres & la conduite des troupeaux, que l'art de mettre le bois & le fer en œuvre ; encore même ne se servent-ils guére du fer, excepté pour les instrumens nécessaires au labourage. Tous les arts qui regardent l'Architecture leur sont inutiles ; car ils ne bâtissent jamais de maison. C'est, disent-ils, s'attacher trop à la terre, que de s'y faire une demeure qui dure beaucoup plus que nous ; il suffit de se défendre des injures de l'air. Pour tous les autres arts estimez chez les Grecs, chez les Egyptiens, & chez tous les autres peuples bien policez, ils les détestent comme des inventions de la vanité & de la molesse.

Quand on leur parle des peuples, qui ont l'art de faire des bâtimens superbes, des meubles d'or & d'argent, des étofes ornées de broderies & de pierres précieuses, des parfums exquis, des mets délicieux, des instrumens dont l'harmonie charme ; ils répondent en ces termes : Ces peuples sont bien malheureux d'avoir employé tant de travail & d'industrie à se corrompre eux mêmes ; ce superflu amolit, enyvre, tourmente ceux qui le possedent ; il tente ceux qui en sont privez, de vouloir l'acquerir par l'injustice & par la violence. Peut-on nommer Bien, un superflu qui ne sert qu'a rendre les hommes mauvais ? Les hommes de ce païs sont-ils plus sains & plus robustes que nous ? Vivent-ils plus long-tems ? Sont ils plus unis entre eux ? Menent-ils une vie plus libre, plus tranquile, plus gaie ? Au contraire ils doivent être jaloux les uns des autres, rongez par une lâche & noire envie,

toûjours

toûjours agitez par l'ambition, par la crainte, par l'avarice ; incapables des plaifirs purs & fimples, puifqu'ils
font efclaves de tant de fauffes neceffitez, dont ils font
dépendre tout leur bonheur.

C'est ainfi, continuoit Adoam, que parlent ces
hommes fages, qui n'ont appris la fageffe qu'en étudiant
la fimple nature. Ils ont horreur de nôtre politeffe, &
il faut avouër que la leur eft grande dans leur aimable
fimplicité. Ils vivent tous enfemble fans partager les terres ; chaque famille eft gouvernée par fon chef, qui en
eft le veritable Roi. Le pere de famille eft en droit de
punir chacun de fes enfans, ou petits enfans, qui fait
une mauvaife action ; mais avant que de le punir, il
prend l'avis du refte de la famille. Ces punitions n'arrivent prefque jamais ; car l'innocence des mœurs, la
bonne foi, l'obéïffance & l'horreur du vice habitent dans
cette heureufe terre. Il femble qu'Aftrée *(p)*, qu'on dit
qui eft retirée dans le Ciel, eft encore ici-bas cachée parmi ces hommes. Il ne faut point de Juges parmi eux ;
car leur propre confcience les juge. Tous les biens font
communs ; les fruits des arbres, les légumes de la terre,
le lait des troupeaux, font des richeffes fi abondantes,
que des peuples fi fobres & fi moderez n'ont pas befoin
de les partager. Chaque famille errante dans ce beau
païs tranfporte fes tentes d'un lieu à autre, quand elle a
confumé les fruits, & épuifé les pâturages de l'endroit
où elle s'étoit mife. Ainfi ils n'ont point d'interêts à
foûtenir les uns contre les autres, & ils s'aiment tous
d'un amour fraternel que rien ne trouble. C'eft le re-
tranchement des vaines richeffes & des plaifirs trompeurs,
qui leur conferve cette paix, cette union & cette liberté.
Ils font tous libres, tous égaux.

(p) Aftrée étoit fille de Jupiter & de Themis. Après avoir habité fur la terre durant tout l'âge d'or, elle s'en re-tourna au Ciel dès que les hommes commencerent à fe cor-rompre.

On ne voit parmi eux aucune diſtinction, que celle qui vient de l'experience des ſages vieillards, ou de la ſageſſe extraordinaire de quelques jeunes hommes, qui égalent les vieillards conſommez en vertu. La fraude, la violence, le parjure, les procès, les guerres ne font jamais entendre leur voix cruelle & empeſtée dans ce païs cheri des Dieux. Jamais le ſang humain n'a rougi cette terre; à peine y voit-on couler celui des agneaux. Quand on parle à ces peuples des batailles ſanglantes, des rapides conquêtes, des renverſemens d'Etats qu'on voit dans les autres nations, ils ne peuvent aſſez s'étonner. Quoi, diſent-ils, les hommes ne ſont-ils pas aſſez mortels, ſans ſe donner encore les uns aux autres une mort précipitée? La vie eſt ſi courte, & il ſemble qu'elle leur paroiſſe trop longue! Sont-ils ſur la terre pour ſe déchirer les uns les autres, & pour ſe rendre mutuellement malheureux?

Au reſte, ces peuples de la Bétique ne peuvent comprendre qu'on admire tant les Conquerans, qui ſubjuguent les grands Empires. Quelle folie, diſent-ils, de mettre ſon bonheur à gouverner les autres hommes, dont le gouvernement donne tant de peine, ſi on veut les gouverner avec raiſon & ſuivant la juſtice! Mais (40) pourquoi prendre plaiſir à les gouverner malgré eux? C'eſt tout ce qu'un homme ſage peut faire que de s'aſſujetter à gouverner un peuple docile, dont les Dieux l'ont chargé, ou un peuple qui le prie d'être comme ſon pere & ſon paſteur. Mais gouverner les peuples contre leur volonté, c'eſt ſe rendre tres-miſerable pour avoir le faux honneur de les tenir dans l'eſclavage. Un Conquerant eſt un homme que les Dieux, irritez contre le genre humain, ont donné à la terre dans leur colere, pour ravager

---

(40) *Pourquoi prendre plaiſir à gouverner les peuples malgré eux? &c.* Ces paroles & tout ce qui ſuit, conviennent encore très bien à l'uſurpation de Cromwel, qui, ſous le titre de Protecteur, tint ſi longtems les Anglois dans l'eſclavage.

les Royaumes, pour répandre par tout l'effroi, la mifere, le defefpoir, & pour faire autant d'efclaves qu'il y a d'hommes libres. Un homme qui cherche la gloire, ne la trouve-t-il pas affez en conduifant avec fageffe ce que les Dieux ont mis dans fes mains? Croit-il ne pouvoir mériter des louanges qu'en devenant violent, injufte, hautain, ufurpateur & tyrannique fur tous fes voifins? Il ne faut jamais fonger à la guerre, que pour défendre fa liberté. Heureux celui, qui n'étant point efclave d'autrui, n'a point la folle ambition de faire d'autrui fon efclave! Ces grands Conquerans, qu'on nous dépeint avec tant de gloire, reffemblent à ces fleuves débordez, qui paroiffent majeftueux, mais qui ravagent toutes les fertiles campagnes, qu'ils dévroient feulement arrofer.

Apre's qu'Adoam eut fait cette peinture de la Bétique, Telemaque charmé lui fit diverfes queftions curieufes. Ces peuples, lui dit-il, boivent-ils du vin? (41) Ils n'ont garde d'en boire, reprit Adoam, car ils n'ont jamais voulu en faire. Ce n'eft pas qu'ils manquent de raifins; aucune terre n'en porte de plus délicieux: mais ils fe contentent de manger le raifin comme les autres fruits, & ils craignent le vin comme le corrupteur des hommes: C'eft une efpece de poifon, difent-ils, qui met en fureur. Il ne fait pas mourir l'homme, mais il le rend bête. Les hommes peuvent conferver leur fanté & leurs forces fans le vin, dont l'effet eft de perdre les bonnes mœurs.

Telemaque difoit enfuite: Je voudrois bien favoir quelles loix réglent les mariages dans cette Nation. Chaque homme, répondit Adoam, ne peut avoir qu'une femme; il faut qu'il la garde tant qu'elle vit. L'honneur des hommes en ce païs dépend autant de

---

(41) *Ils n'ont garde d'en boire.* Ceci & tout ce qui fuit, doit s'entendre des Anglois par contreverité. Il eft vrai qu'ils mangent le raifin comme les autres fruits, mais ils font bien éloignés de craindre le vin comme le corrupteur des hommes.

leur fidelité à l'égard de leurs femmes, que l'honneur des-femmes dépend chez les autres peuples de leur fidelité pour leurs maris. (42) Jamais peuple ne fut si honnête, ni si jaloux de la pureté. Les femmes y sont belles & agréables; mais simples, modestes & laborieuses. Les mariages y sont paisibles, féconds, sans tache. Le mari & la femme semblent n'être plus qu'une seule personne en deux corps différens. Le mari & la femme partagent ensemble tous les soins domestiques. Le mari régle toutes les affaires du dehors; la femme se renferme dans son ménage. Elle soulage son mari; elle paroît n'être faite que pour lui plaire. Elle gagne sa confiance, & le charme moins par sa beauté que par sa vertu. Le vrai charme de leur societé dure autant que leur vie. La sobrieté, la modération, & les mœurs pures de ce peuple lui donnent une vie longue & exempte de maladie. On y voit des vieillards de cent & de six-vingts ans, qui ont encore de la gayeté & de la vigueur.

Il me reste, ajoûtoit Telemaque, à savoir comment ils font pour éviter la guerre avec les autres peuples voisins. (43) La nature, dit Adoam, les a séparez des autres peuples, d'un côté par la mer, & de l'autre par des hautes montagnes vers le Nord. D'ailleurs les peuples voisins les respectent à cause de leur vertu. Souvent les autres Nations ne pouvant s'accorder ensemble, les ont pris pour juges de leurs differends, & leur ont confié les terres & les villes qu'ils disputoient entre eux. Comme cette sage Nation n'a jamais fait aucune violence, personne ne se défie d'elle. Ils rient, quand on

---

(42) *Jamais peuple ne fut si honnête ni si jaloux de la pureté.* Les Anglois sont si peu jaloux, qu'il n'y a peut être pas de peuples parmi lesquels les femmes soient plus libres. Les Angloises sont belles & agréables; mais elles savent parfaitement l'art de faire valoir leur beauté.

(43) *La nature les a separés, &c.* C'est-là précisément la situation l'Angleterre, dont les Rois ont été souvent les Arbitres des autres Princes de l'Europe, comme il paroit par l'Histoire.

leur

leur parle des Rois qui ne peuvent régler entre eux les frontieres de leurs Etats. Peut-on craindre, disent-ils, que la terre manque aux hommes? Il y en aura toûjours plus qu'ils n'en pourront cultiver. Tandis qu'il restera des terres libres & incultes, nous ne voudrions pas même défendre les nôtres contre des voisins, qui viendroient s'en saisir. On ne trouve dans tous les habitans de la Bétique, ni orgueil, ni hauteur, ni mauvaise foi, ni envie d'étendre leur domination. Ainsi leurs voisins n'ont jamais rien à craindre d'un tel peuple, & ils ne peuvent esperer de s'en faire craindre; c'est pourquoi ils les laissent en repos. (44) Ce peuple abandonneroit son païs, ou se livreroit à la mort, plûtôt que d'accepter la servitude. Ainsi il est autant difficile à subjuguer, qu'il est incapable de vouloir subjuguer les autres. C'est ce qui fait une paix profonde entre eux & leurs voisins.

ADOAM finit ce discours, en racontant de quelle maniere les Pheniciens faisoient leur commerce dans la Bétique. Ces peuples, disoit-il, furent étonnez quand ils virent venir au travers des ondes de la mer des hommes étrangers, qui venoient de si loin: ils nous laisserent fonder une ville dans l'Ile (q) de Gades. Ils nous reçûrent même chez eux avec bonté, & nous firent part de tout ce qu'ils avoient, sans vouloir de nous aucun payement. De plus ils nous offrirent de nous donner liberalement tout ce qui leur resteroit de leurs laines, après qu'ils en auroient fait leur provision pour leur usage. En effet, ils nous en envoyérent un riche présent. C'est un plaisir pour eux que de donner aux étrangers leur superflu.

POUR leurs mines, ils n'eurent aucune peine à nous

___

(44) *Ce peuple abandonneroit &c. plûtôt que d'accepter la servitude.* Les Anglois sacrifient tout à l'amour de la liberté: il n'y a qu'une si juste cause qui puisse excuser certaines violences.

(q) *C'est Cadix, comme on l'a déja remarqué.*

les abandonner ; elles leur étoient inutiles. Il leur paroiſſoit que les hommes n'étoient guére ſages d'aller chercher par tant de travaux, dans les entrailles de la terre, ce qui ne peut les rendre heureux, ni ſatisfaire à aucun vrai beſoin. Ne creuſez point, nous diſoient-ils, ſi avant dans la terre ; contentez-vous de la labourer, elle vous donnera de véritables biens, qui vous nourriront ; vous en tirerez des fruits, qui valent mieux que l'or & que l'argent, puiſque les hommes ne veulent de l'or & de l'argent que pour en acheter les alimens qui ſoûtiennent leur vie.

Nous avons ſouvent voulu leur apprendre la navigation, & mener les jeunes hommes de leur païs dans la Phenicie ; mais ils n'ont jamais voulu que leurs enfans appriſſent a vivre comme nous. Ils apprendroient, nous diſoient-ils, à avoir beſoin de toutes les choſes qui vous ſont devenues néceſſaires. Ils voudroient les avoir ; ils abandonneroient la vertu pour les obtenir par de mauvaiſes induſtries. Ils deviendroient comme un homme qui a de bonnes jambes, & qui perdant l'habitude de marcher, s'accoûtume enfin au beſoin d'être toûjours porté comme un malade. Pour la navigation, ils l'admirent à cauſe de l'induſtrie de cet art ; mais ils croyent que c'eſt un art pernicieux. Si ces gens-là, diſent-ils, ont ſuffiſamment en leur païs ce qui eſt néceſſaire à la vie, que vont-ils chercher en un autre ? Ce qui ſuffit au beſoin de la nature, ne leur ſuffit-il pas ? Ils mériteroient de faire naufrage, puiſqu'ils cherchent la mort au milieu des tempêtes pour aſſouvir l'avarice des marchands, & pour flater les paſſions des autres hommes.

Telemaque étoit ravi d'entendre ce diſcours d'Adoam, & ſe réjouïſſoit qu'il y eût encore au monde un peuple, qui ſuivant la droite nature fût ſi ſage & ſi heureux tout enſemble. O ! combien ces mœurs, diſoit-il, ſont-elles éloignées des mœurs vaines & ambi-

tieufes des peuples qu'on croit les plus fages! Nous fommes tellement gâtez, qu'à peine pouvons-nous croire que
cette fimplicité fi naturelle puiffe être veritable. Nous
regardons les mœurs de ce peuple comme une belle
fable, & il doit regarder les nôtres comme un fonge
monftrueux.

Fin du huitiéme Livre.

LES

LES AVANTURES
DE
TELEMAQUE,
FILS D'ULYSSE.
LIVRE NEUVIEME.

SOMMAIRE.

VENUS toûjours irritée contre Telemaque en demande la perte à Jupiter : mais les Deſtinées ne permettant pas qu'il périſſe, la Déeſſe va concerter avec Neptune les moyens de l'éloigner d'Ithaque, où Adoam le conduiſoit : ils employent une Divinité trompeuſe pour ſurprendre le Pilote Athamas, qui croyant arriver en Ithaque, entre à pleines voiles dans le port des Salentins. Leur Roi Idomenée reçoit Telemaque dans ſa nouvelle ville, où il préparoit actuellement un ſacrifice à Jupiter pour le ſuccès d'une guerre contre les Manduriens. Le Sacrificateur conſultant les entrailles des victimes, fait tout eſperer

à

Un Sacrificateur consulte les Entrailles des Victimes.

*à Idomenée, & lui fait entendre qu'il devra son
bonheur à ses deux nouveaux hôtes.*

PENDANT que Telemaque & Adoam s'en-
tretenoient de la sorte, oubliant le sommeil,
& n'appercevant pas que la nuit étoit déja
au milieu de sa course, une Divinité ennemie & trompeuse les éloignoit d'Ithaque,
que leur Pilote Athamas cherchoit en vain.
Neptune, quoique favorable aux Pheniciens, ne pouvoit
supporter plus long tems que Telemaque eut échapé à la
tempête, qui l'avoit jetté contre les rochers de l'Ile de Calypso. Venus étoit encore plus irritée de voir ce jeune
homme qui triomphoit aiant vaincu l'Amour & tous ses
charmes. Dans les transports de sa douleur, elle quitta
Cythere, Paphos, Idalie, & tous les honneurs qu'on lui
rend dans l'Ile de Cypre. Elle ne pouvoit plus demeurer
dans des lieux, où Telemaque avoit méprisé son Empire.
Elle mont vers l'éclatant Olympe, où les Dieux étoient af-
semblez auprès du trône de Jupiter. De ce lieu ils apperçoivent les astres qui roulent sous leurs pieds ; ils voyent le Globe de la Terre comme un petit amas de bouë.
Les mers immenses ne leur paroissent que comme des
goutes d'eau, dont ce morceau de bouë est un peu dé-
trempé. Les plus grands Royaumes ne sont à leurs yeux
qu'un peu de sable, qui couvre la surface de cette bouë.
Les peuples innombrables & les plus puissantes armées ne
sont que comme des fourmis, qui se disputent les unes aux
autres un brin d'herbe sur ce monceau de bouë. Les immortels rient des affaires les plus sérieuses qui agitent les
foibles humains, & elles leur paroissent des jeux d'enfans.
Ce que les hommes appellent grandeur, gloire, puissance,
profonde politique, ne paroît à ces suprêmes Divinitez,
que misere & foiblesse.
C'EST dans cette demeure si élevée au dessus de la
Terre, que Jupiter a posé son trône immobile ; ses yeux
percent jusques dans l'Abîme, & éclairent jusques dans les

derniers

derniers replis des cœurs : ſes regards doux & ſerains répandent le calme & la joie dans tout l'Univers. Au contraire quand il ſecoüe ſa chevelure, il ébranle le Ciel &
la Terre. Les Dieux mêmes, éblouïs des rayons de gloire
qui l'environnent, ne s'en approchent qu'avec tremblement.

Toutes les Divinitez celeſtes étoient dans ce moment auprès de lui. Venus ſe preſenta avec tous les
charmes, qui naiſſent dans ſon ſein : ſa robe flotante avoit
plus d'éclat que toutes les couleurs, dont Iris ſe pare au
milieu des ſombres nuages, quand elle vient promettre aux
mortels effrayez la fin des tempêtes, & leur annoncer le
retour du beau tems. Sa robe étoit nouée par cette fameuſe Ceinture, ſur laquelle paroiſſent les (r) Graces. Les
cheveux de la Déeſſe étoient attachez par derriére négligemment avec une treſſe d'or. Tous les Dieux furent
ſurpris de ſa beauté, comme s'ils ne l'euſſent jamais vuë,
& leurs yeux en furent éblouïs, comme ceux des mortels le ſont, quand Phœbus après une longue nuit vient
les éclairer par ſes rayons. Ils ſe regardoient les uns les
autres avec étonnement, & leurs yeux revenoient toûjours
ſur Venus. Mais ils apperçurent que les yeux de cette
Déeſſe étoient baignez de larmes, & qu'une douleur a-
mere étoit peinte ſur ſon viſage.

Cependant elle s'avançoit vers le trône de Jupiter
d'une démarche douce & legere, comme le vol rapide
d'un oiſeau qui fend l'eſpace immenſe des airs. Il la regarda avec complaiſance ; il lui fit un doux ſoûris, & ſe
levant il l'embraſſa. Ma chere fille, lui dit-il, quelle eſt
vôtre peine ? Je ne puis voir vos larmes ſans en être touché : ne craignez point de m'ouvrir vôtre cœur; vous
connoiſſez ma tendreſſe & ma complaiſance.

Venus lui répondit d'une voix douce, mais entrecoupée de profonds ſoupirs : O Pere des Dieux & des
hommes ! Vous qui voyez tout, pouvez-vous ignorer ce

(r) *Venus engendra les trois* | *nie : ce qui à fourni aux Poëtes*
Charités ou les Graces, qui lui | *l'idée de cette Ceinture miſterieuſe,*
tenoient ordinairement compag- | *dont il eſt parlé ici.*

qui

qui fait ma peine ? Minerve ne s'eft pas contentée d'avoir renverfé jufqu'aux fondemens la fuperbe ville de Troye, que je défendois, & de s'être vengéc de Paris *(s)*, qui avoit préferé ma beauté à la fienne ; elle conduit par toutes les terres & par toutes les mers le fils d'Ulyffe, ce cruel deftructeur de Troye. Telemaque eft accompagné par Minerve ; c'eft ce qui empêche qu'elle ne paroiffe ici en fon rang avec les autres Divinitez ; elle a conduit ce jeune téméraire dans l'Ile de Cypre pour m'outrager : il a méprifé ma puiffance ; il n'a pas daigné feulement brûler de l'encens fur mes autels ; il a témoigné avoir horreur des fêtes que l'on célebre en mon honneur; il a fermé fon cœur à tous mes plaifirs. En vain Neptune pour le punir, à ma priere, a irrité les vents & les flots contre lui. Telemaque, jetté par un naufrage horrible dans l'Ile de Calypfo, a triomphé de l'Amour même, que j'avois envoyé dans cette Ile pour attendrir le cœur de ce jeune Grec. Ni la jeuneffe, ni les charmes de Calypfo & de fes Nymphes, ni les traits enflamez de l'Amour n'ont pû furmonter les artifices de Minerve. Elle l'a arraché de cette Ile ; me voilà confonduë ; un enfant triomphe de moi.

Jupiter, pour confoler Venus, lui dit : Il eft vrai, ma fille, que Minerve défend le cœur de ce jeune Grec contre toutes les flêches de vôtre fils, & qu'elle lui prépare une gloire que jamais jeune homme n'a méritée. Je fuis fâché qu'il ait méprifé vos autels ; mais je ne puis le foûmettre à vôtre puiffance. Je confens, pour l'amour de vous, qu'il vive loin de fa patrie, expofé à toutes fortes de maux & de dangers : mais les deftins ne permettent ni qu'il périffe, ni que fa vertu fuccombe dans les plaifirs

---

(s) La Difcorde aiant jetté une pomme d'or au milieu de la Compagnie affemblée aux nôces de Pelée & de Thetis, & cette pomme, felon l'infcription qu'elle portoit, devant être adjugée à la plus belle ; Junon, Pallas & Venus fe la difputérent, & prirent Paris pour juge de leur differend ; celui-ci, feduit par les attraits de Venus, décida en fa faveur, ce qui lui attira la haine des deux autres Déeffes.

dont

dont vous flatez les hommes. Confolez-vous donc, ma fille; foyez contente de tenir dans vôtre Empire tant d'autres Heros, & tant d'Immortels. En difant ces paroles, il fit à Venus un fouris plein de grace & de majefté. Un éclat de lumiere, femblable aux plus perçans éclairs, fortit de fes yeux. En baifant Venus avec tendreffe, il répandit une odeur d'ambroifie, dont l'Olympe fut parfumé. La Déeffe ne pût s'empêcher d'être fenfible à cette careffe du plus grand des Dieux. Malgré fes larmes & fa douleur, on vit la joye fe répandre fur fon vifage ; elle baiffa fon voile pour cacher la rougeur de fes joües, & l'embarras où elle fe trouvoit. Toute l'affemblée des Dieux applaudit aux paroles de Jupiter; & Venus, fans perdre un moment, alla trouver Neptune, pour concerter avec lui les moyens de fe venger de Telemaque.

ELLE raconta à Neptune ce que Jupiter lui avoit dit. Je favois déja, répondit Neptune, l'ordre immuable des deftins ; mais fi nous ne pouvons abîmer Telemaque dans les flots de la mer, du moins n'oublions rien pour le rendre malheureux, & pour retarder fon retour à Ithaque. Je ne puis confentir à faire périr le vaiffeau Phenicien, dans lequel il eft embarqué. J'aime les Pheniciens ; c'eft mon peuple ; nulle autre nation ne cultive comme eux mon Empire. C'eft par eux que la mer eft devenuë le lien de la focieté de tous les peuples de la terre. Ils m'honorent par de continuels facrifices fur mes Autels ; ils font juftes, fages & laborieux dans le commerce ; ils répandent par tout la commodité & l'abondance. Non, Déeffe, je ne puis fouffrir qu'un de leurs vaiffeaux faffe naufrage ; mais je ferai que le Pilote perdra fa route, & qu'il s'éloignera d'Ithaque, où il veut aller. Venus contente de cette promeffe rit avec malignité, & retourna dans fon char volant fur les prez fleuris d'Idalie, où les Graces, les Jeux & les Ris témoignérent leur joye de la revoir, danfant autour d'elle fur les fleurs, qui parfument ce charmant fejour.

NEPTUNE

Neptune envoya auſſitôt une Divinité trompeuſe, ſemblable aux ſonges, excepté que les ſonges ne trompent que pendant le ſommeil ; au lieu que cette Divinité enchante le ſens de ceux qui veillent. Ce Dieu mal-faiſant, environné d'une foule innombrable de Menſonges aîlez, qui voltigent autour de lui, vint répandre une liqueur ſubtile & enchantée ſur les yeux du Pilote Athamas, qui conſideroit attentivement la clarté de la Lune, le cours des étoiles & le rivage d'Ithaque, dont il découvroit déja aſſez près de lui les rochers eſcarpez. Dans ce même moment les yeux du Pilote ne lui montrérent plus rien de véritable. Un faux Ciel & une terre feinte ſe preſentérent à lui. Les étoiles parurent comme ſi elles avoient changé leur cours, & qu'elles fuſſent revenuës ſur leurs pas. Tout l'Olympe ſembloit ſe mouvoir par des loix nouvelles ; la Terre même étoit changée. Une fauſſe Ithaque ſe preſentoit toûjours au Pilote pour l'amuſer, tandis qu'il s'éloignoit de la veritable. Plus il s'avançoit vers cette Image trompeuſe du rivage de l'Ile, plus cette Image reculoit ; elle fuyoit toûjours devant lui, & il ne ſavoit que croire de cette fuite. Quelquefois il s'imaginoit entendre déja le bruit qu'on fait dans un port. Déja il ſe préparoit, ſelon l'ordre qu'il en avoit reçu, à aller aborder ſecretement dans une petite Ile, qui eſt auprès de la grande, pour dérober aux amans de Penelope, conjurez contre Telemaque, le retour de celui-ci. Quelquefois il craignoit les écueils, dont cette côte de la mer eſt bordée, & il lui ſembloit entendre l'horrible mugiſſement des vagues, qui vont ſe briſer contre les écueils. Puis tout-à-coup il remarquoit que la terre paroiſſoit encore éloignée. Les montagnes n'étoient à ſes yeux dans cet éloignement que comme des petits nuages, qui obſcurciſſent quelquefois l'horizon, pendant que le ſoleil ſe couche. Ainſi Athamas étoit étonné, & l'impreſſion de la Divinité trompeuſe, qui charmoit ſes yeux, lui faiſoit éprouver un certain ſaiſiſſement, qui lui avoit été juſqu'alors inconnu. Il étoit même tenté de croire qu'il ne veilloit pas, & qu'il étoit dans

l'illuſion

l'illufion d'un fonge. Cependant Neptune commanda au vent d'Orient de foufler, pour jetter le navire fur les côtes de *(t)* l'Hefperie. Le vent obéit avec tant de violence, que le navire arriva bientôt fur le rivage que Neptune avoit marqué.

Deja l'Aurore annonçoit le jour : déja les étoiles, qui craignent les rayons du Soleil & qui en font jaloufes, alloient cacher dans l'Ocean leurs fombres feux, quand le Pilote s'écria : Enfin je n'en puis douter ; nous touchons prefque à l'Ile d'Ithaque : Telemaque, réjouiffez-vous ; dans une heure vous pourrez revoir Penelope, & peut-être trouver Ulyffe remonté fur fon trône. A ce cri Telemaque, qui étoit immobile dans les bras du fommeil, s'éveille, fe leve, monte au gouvernail, embraffe le Pilote, & de fes yeux à peine encore ouverts regarde fixement la côte voifine : il gémit, ne reconnoiffant pas les rivages de fa patrie. Helas ! ou fommes-nous ? dit-il. Ce n'eft point là ma chere Ithaque. Vous vous êtes trompé, Athamas ; vous connoiffez mal cette côte fi éloignée de nôtre païs. Non, non, répondit Athamas, je ne puis me tromper en confiderant les bords de cette Ile. Combien de fois fuis-je entré dans vôtre Port ? J'en connois jufqu'aux moindres rochers ; le rivage de Tyr n'eft guére mieux dans ma mémoire. Reconnoiffez cette montagne qui avance ; voyez ce rocher qui s'éleve comme une Tour ; n'entendez-vous pas la vague qui fe rompt contre ces autres rochers, lorfqu'ils femblent menacer la mer par leur chûte ? Mais ne remarquez-vous pas le temple de Minerve qui fend la nuë ? Voilà la for, tereffe & la maifon d'Ulyffe vôtre pere. Vous vous trompez, ô Athamas ! répondit Telemaque ; je vois au contraire une côte affez relevée, mais unie ; j'apperçois une ville, qui n'eft point Ithaque. O Dieux ! Eft-ce ainfi que vous vous jouëz des hommes.

Pendant qu'il difoit ces paroles, tout-à-coup les yeux d'Athamas furent changez ; le charme fe rompit, il

____

(t) *L'Hefperie eft ici l'Italie, ainfi appellée par les Grecs, parce* | *qu'elle étoit au couchant par rapport à eux.*

vit le rivage tel qu'il étoit veritablement, & reconnut son erreur. Je l'avouë, ô Telemaque ! s'écria-t-il, quelque Divinité ennemie avoit enchanté mes yeux ; je croyois voir Ithaque ; & son image toute entiere se presentoit à moi ; mais dans ce moment elle disparoît comme un songe. Je vois une autre ville, c'est sans doute Salente (*u*) qu'Idomenée fugitif de Créte vient de fonder dans l'Hesperie ; j'apperçois des murs qui s'élevent, & qui ne sont pas encore achevez : je vois un port qui n'est pas entierement fortifié.

PENDANT qu'Athamas remarquoit les divers ouvrages nouvellement faits dans cette ville naissante, & que Telemaque déploroit son malheur, le vent que Neptune faisoit soufler, les fit entrer à pleines voiles dans une rade où ils se trouvérent à l'abri, & tout auprès du port.

MENTOR, qui n'ignoroit ni la vengeance de Neptune ni le cruel artifice de Venus, n'avoit fait que soûrire de l'erreur d'Athamas. Quand ils furent dans cette rade, Mentor dit à Telemaque : Jupiter vous éprouve ; mais il ne veut pas vôtre perte. Au contraire, il ne vous éprouve, que pour vous ouvrir le chemin de la gloire. Souvenez-vous des travaux d'Hercule ; ayez toujours devant vos yeux ceux de vôtre pere. Quiconque ne sçait pas souffrir, n'a point un grand cœur. Il faut par vôtre patience & vôtre courage lasser la cruelle fortune, qui se plaît à vous persecuter. Je crains moins pour vous les plus affreuses disgraces de Neptune, que je craignois les caresses flateuses de la Déesse qui vous retenoit dans son Ile. Que tardons-nous ? Entrons dans ce port ; voici un peuple ami ; c'est chez les Grecs que nous arrivons : Idomenée maltraité par la fortune aura pitié des malheureux. Aussitôt ils entrérent dans le port de Salente, où le vaisseau Phenicien fut reçu sans peine, parce que les Pheniciens sont en paix & en commerce avec tous les peuples de l'Univers.

(*u*) *Salente, Capitale du Pais* | *Terre d'Otrante, dans la Pou-*
des Salentins, aujourd'hui la | *ille, au Royaume de Naples.*

TELEMAQUE regardoit avec admiration cette ville naiſſante : ſemblable à une jeune plante, qui ayant été nourrie par la douce roſée de la nuit, ſent dès le matin les rayons du Soleil qui viennent l'embellir ; elle croît, elle ouvre ſes tendres boutons, elle étend ſes feuilles vertes, elle épanoüit ſes fleurs odoriférantes avec mille couleurs nouvelles. A chaque moment qu'on la voit, on y trouve un nouvel éclat. Ainſi floriſſoit la nouvelle ville d'Idomenée ſur le rivage de la mer. Chaque jour, chaque heure elle croiſſoit avec magnificence, & elle montroit de loin aux étrangers qui étoient ſur la mer, de nouveaux ornemens d'architecture qui s'élevoient juſqu'au Ciel. Toute la côte retentiſſoit des cris des ouvriers, & des coups de marteaux : les pierres étoient ſuſpenduës en l'air par des gruës avec des cordes. Tous les Chefs animoient le peuple au travail dès que l'Aurore paroiſſoit ; & le Roi Idomenée donnant par tout les ordres lui-même, faiſoit avancer les ouvrages avec une incroyable diligence.

A peine le vaiſſeau Phenicien fut arrivé, que les Cretois donnérent à Telemaque & à Mentor toutes les marques d'amitié ſincere. On ſe hâta d'avertir Idomenée de l'arrivée du fils d'Ulyſſe. Le fils d'Ulyſſe, s'écria-t-il ; d'Ulyſſe ce cher ami, ce ſage Heros par qui nous avons enfin renverſé la ville de Troye ! qu'on l'amene ici, & que je lui montre combien j'ai aimé ſon pere. Auſſitôt on lui préſente Telemaque, qui lui demande l'hoſpitalité, en lui diſant ſon nom.

IDOMENEE lui répondit avec un viſage doux & riant: Quand même on ne m'auroit pas dit qui vous êtes, je crois que je vous aurois reconnu. Voilà Ulyſſe lui-même ; voilà ſes yeux pleins de feu, & dont le regard eſt ſi ferme ; Voilà ſon air, d'abord froid & réſervé, qui cachoit tant de vivacité & de graces. Je reconnois même ce ſoûris fin, cette action négligée, cette parole douce, ſimple & inſinuante, qui perſuadoit avant qu'on eût le tems de s'en défier. Oüi, vous êtes le fils d'Ulyſſe, mais vous ſerez auſſi le mien. O mon fils, mon cher fils!

Quelle

quelle avanture vous amene fur ce rivage ? Eft-ce pour chercher vôtre pere ? Helas ! je n'en ai aucune nouvelle : la fortune nous a perfécutez lui & moi ; il a eu le malheur de ne pouvoir retrouver fa patrie, & j'ai eu celui de retrouver la mienne pleine de la colere des Dieux contre moi. Pendant qu'Idomenée difoit ces paroles, il regardoit fixement Mentor, comme un homme dont le vifage ne lui étoit pas inconnu, mais dont il ne pouvoit trouver le nom.

CEPENDANT Telemaque lui répondit, les larmes aux yeux : O Roi ! pardonnez-moi la douleur que je ne faurois vous cacher dans un tems où je ne devrois vous marquer que de la joie & de la reconnoiffance pour vos bontez. Par le regret que vous me témoignez de la perte d'Ulyffe, vous m'apprenez vous-même à fentir le malheur de ne point retrouver mon pere. Il y a déja longtems que je le cherche dans toutes les mers. Les Dieux irritez ne me permettent pas de le revoir, ni de favoir s'il a fait naufrage, ni de pouvoir retourner à Ithaque où Penelope languit dans le defir d'être delivrée de fes Amans. J'avois crû vous trouver dans l'Ile de Créte ; j'y ai fçû vôtre cruelle deftinée; & je ne croyois pas devoir jamais approcher de l'Hefperie où vous avez fondé un nouveau Royaume. Mais la Fortune, qui fe jouë des hommes, & qui me tient errant dans tous les païs loin d'Ithaque, m'a enfin jetté fur vos côtes. Parmi tous les maux qu'elle m'a fait, c'eft celui que je fupporte le plus volontiers. Si elle m'éloigne de ma patrie, du moins elle me fait connoître le plus généreux de tous les Rois.

A ces mots Idomenée embraffe tendrement Telemaque, & le menant dans fon Palais, il lui dit : Quel eft donc ce prudent vieillard qui vous accompagne ? Il me femble que je l'ai vû autrefois. C'eft Mentor, repliqua Telemaque, Mentor ami d'Ulyffe, à qui il a confié mon enfance. Qui pourroit vous dire tout ce que je lui dois ?

AUSSITÔT Idomenée s'avance, tend la main à Mentor : Nous nous fommes vûs, dit-il, autrefois. Vous fouvenez-vous du voyage que vous fîtes en Créte, & des bons confeils que vous me donnâtes ? Mais alors l'ardeur de la jeuneffe, & le goût des vains plaifirs m'entraînoient. Il a falu que mes malheurs m'ayent inftruit pour m'apprendre ce que je ne voulois pas croire. Plût aux Dieux que je vous euffe crû, ô fage vieillard ! Mais je remarque avec étonnement que vous n'êtes prefque point changé depuis tant d'années ; c'eft la même fraîcheur de vifage, la même taille droite, la même vigueur ; vos cheveux feulement font un peu blanchis.

GRAND Roi, répondit Mentor, fi j'étois flateur, je vous dirois de même, que vous avez confervé cette fleur de jeuneffe qui éclatoit fur vôtre vifage avant le fiege de Troye. Mais j'aimerois mieux vous déplaire que de bleffer la verité. D'ailleurs je vois par vôtre fage difcours que vous n'aimez pas la flaterie, & qu'on ne hazarde rien en vous parlant avec fincérité. Vous êtes bien changé, & j'aurois eu de la peine à vous reconnoître. J'en connois clairement la caufe, c'eft que vous avez beaucoup fouffert dans vos malheurs ; mais vous avez bien gagné en fouffrant, puifque vous avez acquis la fageffe. On doit fe confoler aifément des rides qui viennent fur le vifage, pendant que le cœur s'exerce & fe fortifie dans la vertu. Au refte, fachez que les Rois s'ufent toujours plus que les autres hommes. Dans l'adverfité les peines de l'efprit & les travaux du corps les font vieillir avant le tems. Dans la profperité les délices d'une vie molle les ufent bien plus encore que tous les travaux de la guerre. Rien n'eft fi mal fain que les plaifirs où l'on ne peut fe moderer. De là vient que les Rois & en paix & en guerre ont toûjours des peines & des plaifirs, qui font venir la vieilleffe avant l'âge où elle doit venir naturellement. Une vie fobre & & modérée, fimple & exempte d'inquietude & de paffion, reglée & laborieufe, retient dans les membres d'un homme fage la vive jeuneffe, qui fans ces précautions eft toûjours prête à s'envoler fur les aîles du tems.

IDO-

IDOMENEE charmé du difcours de Mentor l'eût é-
couté longtems, fi on ne fût venir l'avertir pour un facrifice qu'il devoit faire à Jupiter. Telemaque & Mentor
le fuivirent environnez d'une grande foule de peuple, qui
confideroit avec empreffement & curiofité ces deux E-
trangers. Les Salentins fe difoient les uns aux autres :
Ces deux hommes font bien differens. Le jeune a je ne
fçai quoi de vif & d'aimable ; toutes les graces de la
beauté & de la jeuneffe font répandues fur fon vifage &
fur fon corps : mais cette beauté n'a rien de mou ni d'effeminé. Avec cette fleur fi tendre de la jeuneffe, il paroît vigoureux, robufte, endurci au travail. Cet autre,
quoique bien plus âgé, n'a encore rien perdu de fa force ;
fa mine paroît d'abord moins haute, & fon vifage moins
gracieux : mais quand on le regarde de près, on trouve
dans fa fimplicité des marques de fageffe & de vertu avec
une nobleffe qui étonne. Quand les Dieux font defcen-
dus fur la terre pour fe communiquer aux Mortels, fans
doute qu'ils ont pris de telles figures d'Etrangers & de
Voyageurs.

CEPENDANT on arrive dans le Temple de Jupiter,
qu'Idomenée, du fang de ce Dieu, avoit orné avec beaucoup de magnificence. Il étoit environné d'un double
rang de colonnes de marbre jafpé. Les chapiteaux é-
toient d'argent : le Temple étoit tout incrufté de marbre
avec des bas reliefs qui reprefentoient Jupiter changé en
Taureau ; le raviffement d'Europe (x), & fon paffage en
Créte au travers des flots. Ils fembloient refpecter Jupiter, quoiqu'il fût fous une forme étrangere. On voyoit
enfuite la naiffance & la jeuneffe de Minos ; enfin ce
fage Roi donnant dans un âge plus avancé des Loix à
toute fon Ile pour la rendre à jamais floriffante. Telemaque y remarqua auffi les principales avantures du fiege

---

(x) Europe étoit fille d'Age- | reau. C'eft elle, qui a donné fon
nor, Roi des Pheniciens, & Sœur | nom à la premiere des quatre
de Cadmus. Elle fut enlevée par | Parties du monde.
Jupiter fous la forme d'un Tau- |

de Troye, où Idomenée avoit acquis la gloire d'un grand Capitaine. Parmi ces repreſentations de combats, il chercha ſon pere ; il le reconnut prenant les chevaux de Rheſus que Diomede *(y)* venoit de tuer ; enſuite diſputant avec Ajax les armes d'Achille devant tous les Chefs de l'armée Gréque aſſemblez ; enfin ſortant du cheval fatal pour verſer le ſang de tant de Troyens.

TELEMAQUE le reconnut d'abord à ſes fameuſes actions, dont il avoit ſouvent ouï parler, & que Mentor même lui avoit racontées. Les larmes coulérent de ſes yeux : il changea de couleur, ſon viſage parut troublé. Idomenée l'apperçut, quoique Telemaque ſe détournât pour cacher ſon trouble. N'ayez point de honte, lui dit Idomenée, de nous laiſſer voir combien vous êtes touché de la gloire & des malheurs de vôtre pere.

CEPENDANT le peuple s'aſſembloit en foule ſous ces vaſtes portiques formez par le double rang de colonnes, qui environnoient le Temple. Il y avoit deux troupes de jeunes garçons & de jeunes filles, qui chantoient des vers à la louange du Dieu qui tient dans ſes mains la foudre. Ces enfans choiſis de la figure la plus agréable, avoient de longs cheveux flotans ſur leurs épaules. Leurs têtes étoient couronnées de roſes & parfumées : ils étoient tous vêtus de blanc. Idomenée faiſoit à Jupiter un ſacrifice de cent taureaux, pour ſe le rendre favorable dans une guerre qu'il avoit entrepriſe contre ſes voiſins. Le ſang des victimes fumoit de tous côtez : on le voyoit ruiſſeler dans les profondes coupes d'or & d'argent.

LE vieillard Theophane, ami des Dieux & Prêtre du Temple, tenoit pendant le ſacrifice ſa tête couverte d'un bout de ſa robe de pourpre. Enſuite il conſulta les entrailles des victimes, qui palpitoient encore. Puis s'étant mis ſur le Trepied ſacré : O Dieux ! s'écria-t-il, quels ſont donc ces deux Etrangers que le Ciel envoye en ces lieux ?

(y) Diomede, Roi de Thrace, nourriſſoit ſes chevaux de la chair des Etrangers, qui venoient dans ſes Etats ; Hercule l'aiant vaincu, l'expoſa à ces mêmes chevaux, qui le devorérent.

Sans

Sans eux la guerre entreprise nous seroit funeste, & Salente tomberoit en ruine avant que d'achever d'être élevée sur ses fondemens. Je vois un jeune Heros que la Sagesse mene par la main : il n'est pas parmis à une bouche mortelle d'en dire davantage.

En disant ces paroles, son regard étoit farouche, & ses yeux étincelans ; il sembloit voir d'autres objets que ceux qui paroissoient devant lui : son visage étoit enflammé : il étoit troublé & hors de lui-même ; ses cheveux étoient hérissez, sa bouche écumante, ses bras levez & immobiles. Sa voix émûë étoit plus forte qu'aucune voix humaine ; il étoit hors d'haleine, & ne pouvoit tenir renfermé au dedans de lui l'esprit divin qui l'agitoit.

O heureux Idomenée ! s'écria-t-il encore ; que vois-je ? Quels malheurs évitez ? Quelle douce paix au dedans, mais au dehors quels combats ! Quelles victoires ! O Telemaque ! tes travaux surpassent ceux de ton pere ; le fier ennemi gemit dans la poussiere sous ton glaive ; les portes d'airain, les inaccessibles remparts tombent à tes pieds. O grande Déesse ! que son pere..... O jeune homme ! tu reverras enfin..... A ces mots la parole meurt dans sa bouche, & il demeure comme malgré lui dans un silence plein d'étonnement.

Tout le peuple est glacé de crainte : Idomenée tremblant n'ose lui demander qu'il acheve. Telemaque même surpris comprend à peine ce qu'il vient d'entendre ; à peine peut-il croire qu'il ait entendu ces hautes prédictions. Mentor est le seul que l'esprit divin n'a point étonné. Vous éntendez, dit-il à Idomenée, le dessein des Dieux. Contre quelque Nation que vous ayez à combattre, la victoire sera dans vos mains, & vous devrez au jeune fils de vôtre ami le bonheur de vos armes. N'en soyez point jaloux, profitez seulement de ce que les Dieux vous donnent par lui.

Idomenée n'étant pas encore revenu de son étonnement, cherchoit en vain des paroles ; sa langue demeuroit immobile. Telemaque plus prompt dit à Mentor :

Tant

Tant de gloire promife ne me touche point ; mais que peuvent donc fignifier ces dernieres paroles : Tu reverras ? Eft-ce mon pere, ou feulement Ithaque ? Helas ! que n'a-t-il achevé ! il m'a laiffé plus en doute que je n'étois. O Ulyffe ! ô mon pere ! feroit-ce vous-même que je dois revoir ? Seroit-il vrai ? Mais je me flate ; cruel Oracle, tu prens plaifir à te joüer d'un malheureux ; encore une parole, & j'étois au comble du bonheur.

MENTOR lui dit : Refpectez ce que les Dieux découvrent, & n'entreprenez pas de découvrir ce qu'ils veulent cacher. Une curiofité téméraire mérite d'être confonduë. C'eft par une fageffe pleine de bonté que les Dieux cachent aux foibles hommes leurs deftinées dans une nuit impénétrable. Il eft utile de prévoir ce qui dépend de nous pour le bien faire ; mais il n'eft pas moins utile d'ignorer ce qui ne dépend pas de nos foins, & ce que les Dieux veulent faire de nous.

TELEMAQUE touché de ces paroles fe retint avec beaucoup de peine. Idomenée, qui étoit revenu de fon étonnement, commença de fon côté à loüer le grand Jupiter, qui lui avoit envoyé le jeune Telemaque & le fage Mentor pour le rendre victorieux de fes ennemis. Après qu'on eut fait un magnifique repas, qui fuivit le facrifice, il parla ainfi aux deux Etrangers :

J'AVOUE que je ne connoiffois point encore affez l'art de regner, quand je revins en Créte après le fiege de Troye: Vous favez, chers amis, (1) les malheurs qui m'ont privé de regner dans cette grande Ile, puifque vous m'affurez que vous y avez été depuis que j'en fuis parti. Encore trop heureux fi les coups les plus cruels de la fortune ont fervi à m'inftruire & à me rendre plus moderé. Je tra-

(1) Les malheurs, qui ont privé Jaques II du Trône d'Angleterre, font encore trop recens & trop connus pour avoir befoin d'être détaillez. Si jamais Roi fut un exemple terrible pour les autres Rois, c'eft fans doute celui-ci, qui, par l'abus qu'il fit de fon autorité, mérita d'en être dépouillé, pour aller chercher un azile dans des terres étrangeres.

verfa

verſai les mers, comme un fugitif, que la vengeance des Dieux & des hommes pourſuit. Toute ma grandeur paſſée ne ſervoit qu'à me rendre ma chûte plus honteuſe & plus inſupportable. Je vins refugier mes Dieux Penates (z) ſur cette côte deſerte, où je ne trouvai que des terres incultes, couvertes de ronces & d'épines, des forêts auſſi anciennes que la terre, des rochers preſque inacceſſibles, où ſe retiroient les bêtes farouches. Je fus réduit à me réjoüir de poſſeder avec un petit nombre de ſoldats & de compagnons, qui avoient bien voulu me ſuivre dans mes malheurs, cette terre ſauvage, & d'en faire ma patrie, ne pouvant plus eſperer de revoir jamais cette Ile fortunée, où les Dieux m'avoient fait naître pour y regner. Helas ! diſois-je en moi-même, quel changement ! Quel exemple terrible ne ſuis-je point pour les Rois ! Il faudroit me montrer à tous ceux qui regnent dans le monde, pour les inſtruire par mon exemple. Ils s'imaginent n'avoir rien à craindre, à cauſe de leur élevation au deſſus du reſte des hommes. Hé ! c'eſt leur élevation même, qui fait qu'ils ont tout à craindre. J'étois craint de mes ennemis, & aimé de mes ſujets. Je commandois à une nation puiſſante & belliqueuſe : la Renommée avoit porté mon nom dans les païs les plus éloignez. Je regnois dans une Ile fertile & délicieuſe : cent villes me donnoient chaque année un tribut de leurs richeſſes ; ces peuples me reconnoiſſoient pour être du ſang de Jupiter né dans leur païs. Ils m'aimoient comme le petit fils du ſage Minos, dont les Loix les rendent ſi puiſſans & ſi heureux. Que manquoit-il à mon bonheur, ſinon d'en ſavoir joüir avec moderation ? Mais (2) mon orgueil & la flaterie que j'ai é-

K 5 coutée,

(z) *Les Dieux Penates, auſſi nommés Dieux Lares ou Domeſtiques, n'étoient que de petits marmouſets atachez en divers lieux de la Maiſon : les Payens les honoroient comme leurs Protecteurs & leur offroient du vin & de l'encens en ſacrifice.*

(2) *Mon orgueil & la flaterie que j'ai écoutée ont renverſé mon Trône.* L'orgueil & la flaterie engagerent Jacques II. à renverſer les Loix d'Angleterre, pour y établir le pouvoir arbitraire que Loüis XIV exerçoit en France impunément.

coutée, ont renversé mon trône. Ainsi tomberont tous les Rois, qui se livreront à leurs desirs & aux conseils des esprits flateurs. Pendant le jour je tâchois de montrer un visage gai & plein d'esperance, pour soûtenir le courage de ceux qui m'avoient suivi. Faisons, leur disois-je, une nouvelle ville, qui nous console de tout ce que nous avons perdu. Nous sommes environnez de peuples qui nous ont donné un bel exemple pour cette entreprise. Nous voyons Tarente, qui s'éleve assez près de nous. C'est Phalante avec ses Lacedemoniens, qui a fondé ce nouveau Royaume. Philoctete donne le nom de Petilie à une grande ville, qu'il bâtit sur la même côte. Metaponte est encore une semblable Colonie. Ferons-nous moins que tous ces étrangers errans comme nous ? La fortune ne nous est pas plus rigoureuse.

PENDANT que je tâchois d'adoucir par ces paroles les peines de mes compagnons, je cachois au fond de mon cœur une douleur mortelle. C'étoit une consolation pour moi que la lumiere du jour me quittât, & que la nuit vînt m'envelopper de ses ombres pour déplorer en liberté ma miserable destinée. Deux torrens de larmes ameres couloient de mes yeux, & le doux sommeil m'étoit inconnu. Le lendemain je recommençois mes travaux avec une nouvelle ardeur. Voilà, Mentor, ce qui fait que vous m'avez trouvé si vieilli.

APRES qu'Idomenée eut achevé de raconter ses peines, il demanda à Telemaque & à Mentor leurs secours dans la guerre où il se trouvoit engagé. Je vous renvoyerai, leur disoit-il, à Ithaque dès que la guerre sera finie. Cependant je ferai partir des vaisseaux vers toutes les côtes les plus éloignées pour apprendre des nouvelles d'Ulysse. En quelque endroit des terres connues que la tempête ou la colere de quelque Divinité l'ait jetté, je saurai bien l'en retirer. Plaise aux Dieux qu'il soit encore vivant ! Pour vous, je

ment. Il trouva des opposi- | renverserent lui-même du Trô-
tions à ce dessein, & les efforts | ne, qu'il laissa vuide par sa
qu'il fit pour les détruire, le | fuite.

vous

vous renvoyerai avec les meilleurs vaiſſeaux qui ont jamais été conſtruits dans l'Ile de Créte ; ils ſont faits du
bois coupé dans le veritable mont Ida, où Jupiter nâquit.
Ce bois ſacré ne ſauroit périr dans les flots ; les vents &
les rochers le craignent & le reſpectent ; Neptune même
dans ſon plus grand courroux n'oſeroit ſoulever les vagues
contre lui. Aſſurez-vous donc que vous retournerez heureuſement à Ithaque ſans peine, & qu'aucune Divinité ennemie ne pourra plus vous faire errer ſur tant de mers : le
trajet eſt court & facile. Renvoyez le vaiſſeau Phenicien
qui vous a portez juſqu'ici, & ne ſongez qu'à acquerir la
gloire d'établir le nouveau Royaume d'Idomenée, pour réparer tous ſes malheurs. C'eſt à ce prix, ô fils d'Ulyſſe !
que vous ſerez jugé digne de vôtre pere. Quand même
les deſtinées rigoureuſes l'auroient déja fait deſcendre dans
le ſombre Royaume de Pluton, toute la Grece charmée
croira le revoir en vous.

A ces mots, Telemaque interrompit Idomenée : Ren-
voyons, dit-il, le vaiſſeau Phenicien. Que tardons-nous à
prendre les armes pour attaquer vos ennemis ? Ils ſont de-
venus les nôtres. Si nous avons été victorieux en com-
battant dans la Sicile pour Aceſte Troyen & ennemi de la
Grece, ne ſerons-nous pas encore plus ardens & plus fa-
voriſez des Dieux, quand nous combattrons pour un des
Heros Grecs, qui ont renverſé l'injuſte ville de Priam.
L'Oracle que nous venons d'entendre ne nous permet pas
d'en douter.

Fin du neuviéme Livre.

LES
AVANTURES
DE
TELEMAQUE,
FILS D'ULYSSE.
LIVRE DIXIEME.

SOMMAIRE.

IDOMENÉE informe Mentor du sujet de la guerre contre les Manduriens. Il lui raconte que ces peuples lui avoient cedé d'abord la côte de l'Hesperie où il a fondé sa Ville ; qu'ils s'étoient retirez sur les Montagnes voisines, où quelques-uns des leurs ayant été maltraitez par une troupe de ses gens, cette nation lui avoit député deux Vieillards, avec lesquels il avoit reglé des articles de paix ; qu'après une infraction de ce traité, faite par ceux des siens qui l'ignoroient, ces peuples se préparoient à lui faire la guerre. Pendant ce récit d'Idomenée, les Manduriens, qui s'étoient hâtez de prendre les armes, se presentent

aux

Les enemis d'Idomenée surprennent Salente.

aux portes de Salente. Neſtor, Philoctete & Phalante, qu'Idomenée croyoit neutres, ſont contre lui dans l'armée des Manduriens. Mentor ſort de Salente, & va ſeul propoſer aux ennemis des conditions de paix.

ENTOR régardant d'un œil doux & tranquile Telemaque, qui étoit déja plein d'une noble ardeur pour les combats, prit ainſi la parole : Je ſuis bien aiſe, fils d'Ulyſſe, de voir en vous une ſi belle paſſion pour la gloire ; mais ſouvenez-vous que vôtre pere n'en a acquis une ſi grande parmi les Grecs au ſiege de Troye, qu'en ſe montrant le plus ſage & le plus modéré d'entre eux. Achille, quoiqu'invincible & invulnerable, quoique ſûr de porter la terreur & la mort par tout où il combattoit, n'a pû prendre la ville de Troye. Il eſt tombé lui-même aux pieds des murs de cette ville, & elle a triomphé du vainqueur d'Hector. Mais Ulyſſe, en qui la prudence conduiſoit la valeur, a porté la flame & le fer au milieu des Troyens, & c'eſt à ſes mains qu'on doit la chûte de ces hautes & ſuperbes tours, qui menacérent pendant dix ans toute la Grece conjurée. Autant que Minerve eſt audeſſus de Mars, autant une valeur diſcrete & prévoyante ſurpaſſe-t-elle un courage bouillant & farouche. Commençons donc par nous inſtruire des circonſtances de cette guerre qu'il faut ſoûtenir. Je ne refuſe aucun péril ; mais je crois, ô Idomenée ! que vous devez nous expliquer premierement ſi vôtre guerre eſt juſte ; enſuite contre qui vous la faites, & enfin quelles ſont vos forces pour en eſperer un heureux ſuccès. (3)

---

(3) De ces trois circonſtances, la premiere fut toujours negligée de Louïs XIV, qui ſe mit moins en peine de la juſtice dans les guerres qu'il entreprit, que du deſir de ſatisfaire ſon ambition & d'élever ſa gloire,

IDOMENÉE lui répondit : Quand nous arrivâmes sur cette côte, nous y trouvâmes un peuple sauvage, qui erroit dans les forêts, vivant de sa chasse & des fruits que les arbres portent d'eux-mêmes. Ces peuples, qu'on nomme les Manduriens (*a*), furent épouvantez, voyant nos vaisseaux & nos armes; ils se retirérent dans les montagnes: mais comme nos soldats furent curieux de voir le païs, & voulurent poursuivre des cerfs, ils rencontrérent ces sauvages fugitifs. Alors les Chefs de ces Sauvages leur dirent : Nous avons abandonné les doux rivages de la mer pour vous les ceder; il ne nous reste que des montagnes presque inaccessibles; du moins est-il juste que vous nous y laissez en paix & en liberté : nous vous trouvons errans, dispersez & plus foibles que nous : il ne tiendroit qu'à nous de vous égorger, & d'ôter même à vos compagnons la connoissance de vôtre malheur; mais nous ne voulons point tremper nos mains dans le sang de ceux, qui sont hommes aussi bien que nous. Allez, souvenez-vous que vous devez la vie à nos sentimens d'humanité. N'oubliez jamais que c'est d'un peuple que vous nommez grossier & sauvage, que vous recevez cette leçon de moderation & de generosité. (4)

CEUX d'entre les nôtres qui furent ainsi renvoyez par ces barbares, revinrent dans le camp, & racontérent ce qui leur étoit arrivé. Nos soldats en furent émûs; ils eurent honte de voir que les Crétois dûssent la vie à cette troupe d'hommes fugitifs, qui leur paroissoit ressembler plûtôt à des ours qu'à des hommes; ils s'en allérent à la

---

(*a*) *Les Manduriens étoient des Peuples de la Pouille au Royaume de Naples, ainsi nommés du lac Andorio, dont parle Pline, & dont les eaux salées ne diminuent & n'augmentent jamais.*

(4) C'est assez l'ordinaire des François d'appeller grossiers & sauvages tous ceux qui ne sont pas de leur Nation; cependant ils ont souvent reçus de leurs voisins de semblables leçons de moderation & de generosité ; & ils n'ont pas laissé de leur faire la guerre par le seul desir de subjuguer des peuples, qui ne leur avoient jamais fait le mal.

chaſſe en plus grand nombre que les premiers, & avec
toutes ſortes d'armes. Bientôt ils rencontrérent les Sauvages, & les attaquérent; le combat fut cruel; les traits
voloient de part & d'autre, comme la grêle tombe dans
une campagne pendant un orage. Les Sauvages furent
contraints de ſe retirer dans leurs montagnes eſcarpées, où
les nôtres n'oſerent s'engager.

Peu de tems après, ces peuples envoyérent vers moi
deux de leurs plus ſages vieillards, qui venoient me demander la paix: ils m'apportérent des préſens; c'étoit des
peaux de bêtes farouches qu'ils avoient tuées, & des
fruits du païs. Après m'avoir donné leurs préſens, ils
parlérent ainſi.

(5) O Roi, nous tenons, comme tu vois, dans une
main l'épée, & dans l'autre une branche d'olivier. (En
effet, ils tenoient l'un & l'autre dans leurs mains.) Voilà
la paix, où la guerre; choiſis. Nous aimerions mieux la
paix; c'eſt pour l'amour d'elle que nous n'avons point
eu de honte de te ceder le doux rivage de la mer, où le
Soleil rend la terre fertile, & produit tant de fruits délicieux. La paix eſt plus douce que tous les fruits; c'eſt
pour elle que nous nous ſommes retirez dans ces hautes
montagnes toûjours couvertes de glace & de neige, où
l'on ne voit jamais, ni les fleurs du Printems, ni les riches fruits de l'Automne. Nous avons horreur de cette
brutalité, qui ſous de beaux noms d'ambition & de gloire
va follement ravager les Provinces, & répand le ſang des
hommes, qui ſont tous freres. Si cette fauſſe gloire te
touche, nous n'avons garde de te l'envier; nous te plai-
gnons, & nous prions les Dieux de nous préſerver d'une
fureur ſemblable. Si les ſciences que les Grecs appren-

---

(5) Cette Harangue con-
tient une vive peinture de
l'ambition de Louïs XIV. qui,
par le motif d'une fauſſe
gloire, n'a que trop ſouvent
entrepris des guerres injuſtes,
qui lui ont attiré les plus fâ-
cheux revers. Ni les Sciences,
dont il ſe diſoit le Protecteur,
ni la Politeſſe, dont on ſe
piquoit ſous ſon régne, n'ont
pu le préſerver de cette fureur, qui le portoit à ravager
les terres de ſes voiſins.

nent

nent avec tant de foin, & fi la politeffe dont ils fe picquent, ne leur infpire que cette déteftable injuftice, nous
nous croyons trop heureux de n'avoir point ces avantages.
Nous ferons gloire d'être toûjours ignorans & barbares,
mais juftes, humains, fideles, défintereffez, accoutumez
à nous contenter de peu, & à meprifer la vaine délicateffe qui fait qu'on a befoin d'avoir beaucoup. Ce que
nous eftimons, c'eft la fanté, la frugalité, la liberté,
la vigueur du corps & de l'efprit. C'eft l'amour
de la vertu, la crainte des Dieux, le bon naturel pour
nos proches, l'attachement à nos amis, la fidélité pour
tout le monde, la moderation dans la profperité, la fermeté dans les malheurs, le courage pour dire toûjours
hardiment la verité, l'horreur de la flaterie. Voilà quels
font les peuples que nous t'offrons pour voifins & pour
alliez. Si les Dieux irritez t'aveuglent jufqu'à te faire refufer la paix, tu apprendras, mais trop tard, que les gens
qui aiment par moderation la paix, font les plus redoutables dans la guerre.

Pendant que ces vieillards me parloient ainfi, je
ne pouvois me laffer de les regarder : ils avoient la barbe
longue & négligée, les cheveux plus courts, mais blancs :
les fourcils épais, les yeux vifs, un regard & une contenance ferme, une parole grave & pleine d'autorité, des
manieres fimples & ingenuës. Les fourrures qui leur
fervoient d'habit, étoient noüées fur l'épaule, & laiffoient
voir des bras plus nerveux, & des mufcles mieux nourris
que ceux de nos Athletes. Je répondis à ces deux Envoyez, que je defirois la paix. Nous reglâmes enfemble
de bonne foi plufieurs conditions; nous en prîmes tous
les Dieux à témoins; & je renvoyai ces hommes chez
eux avec des préfens. Mais les Dieux qui m'avoient
chaffé du Royaume de mes Ancêtres, n'étoient pas encore laffez de me perfecuter. Nos chaffeurs, qui ne pouvoient pas être fi tôt avertis de la paix que nous venions
de faire, rencontrérent le même jour une grande troupe
de ces barbares, qui accompagnoient leurs Envoyez

lorfqu'ils

lorſqu'ils revenoient de nôtre camp; ils les attaquérent avec fureur, en tuérent une partie, & pourſuivirent le reſte dans le bois. Voilà la guerre rallumée. Ces barbares croyent qu'ils ne peuvent plus ſe fier ni à nos promeſſes, ni à nos ſermens. (6)

PO U R être plus puiſſans contre nous, ils appellent à leurs ſecours les Locriens, les Apuliens, les Lucaniens, les Brutiens, les peuples de Crotone, de Nerite, & de Brindes. Les Lucaniens viennent avec des chariots armez de faux tranchantes. Parmi les Apuliens, chacun eſt couvert de quelque peau de bête farouche qu'il a tuée; ils portent des maſſues pleines de gros nœuds, & garnies de pointes de fer; ils ſont preſque de la taille des Geants, & leurs corps ſe rendent ſi robuſtes par les exercices penibles auſquels ils s'adonnent, que leur ſeule vûë épouvante. Les Locriens (b) venus de la Grece ſentent encore leur origine, & ſont plus humains que les autres: mais ils ont joint à l'exacte diſcipline des troupes Gréques, la vigueur des barbares, & l'habitude de mener une vie dure; ce qui les rend invincibles: Ils portent des boucliers legers qui ſont faits d'un tiſſu d'ozier, & couverts de peaux; leurs épées ſont longues. Les Brutiens (c) ſont legers à la courſe comme les cerfs & comme les daims: on croiroit que l'herbe même la plus tendre n'eſt point foulée ſous leurs pieds: à peine laiſſent-ils dans le ſable quelques traces de leurs pas. On les voit tout-à-coup fondre ſur leurs ennemis, & puis diſparoître

---

(6) Combien de fois les Alliez de la France n'ont-ils pas éprouvé qu'on ne pouvoit ſe fier ni à ſes promeſſes ni à ſes ſermens? ſouvent elle a violé les Traitez les plus ſolemnels, preſqu'auſſitôt qu'ils venoient d'être conclus.

(b) *Les Locriens étoient des peuples de la Phocide, qui habitoient des deux côtez du mont Parnaſſe.*

(c) *Les Brutiens étoient des Peuples d'Italie habitant une Preſqu'ile de la Calabre ulterieure, qui forme le Golfe appellé aujourd'hui de Gioia, à l'embouchure du fleuve Meiro ou Metauro.*

avec

avec une égale rapidité. Les peuples de Crotone (*d*) font adroits à tirer des flêches. Un homme ordinaire parmi les Grecs ne pourroit bander un arc tel qu'on en voit communément chez les Crotoniates; & fi jamais ils s'appliquent à nos Jeux, ils y remporteront les prix. Leurs flêches font trempées dans le fuc de certaines herbes venimeufes, qui viennent, dit-on, des bords de l'Averne, & dont le poifon eft mortel. Pour ceux de Nerite (*e*), de Brindes (*f*) & de Meffapie (*g*), ils n'ont en partage que la force du corps, & une valeur fans art. Les cris qu'ils pouffent jufqu'au Ciel à la vûë de leurs ennemis font affreux: ils fe fervent affez bien de la fronde, & ils obfcurciffent l'air par une grêle de pierres lancées, mais ils combattent fans ordre. Voilà, Mentor, ce que vous defirez de favoir: vous connoiffez maintenant l'origine de cette guerre, & quels font nos ennemis.

APRES cet éclairciffement, Telemaque impatient de combattre, croyoit n'avoir plus qu'à prendre les armes. Mentor le retint encore, & parla ainfi à Idomenée: D'où vient donc que les Locriens mêmes, peuples fortis de la Grece, s'uniffent aux barbares contre les Grecs? D'où vient que tant de Colonies fleuriffent fur cette côte de la mer, fans avoir les mêmes guerres à foûtenir que vous? O Idomenée! vous dites que les Dieux ne font pas encore las de vous perfecuter. Et moi je dis qu'ils n'ont pas encore achevé de vous inftruire. Tant de malheurs que vous avez foufferts ne vous ont pas encore appris ce qu'il faut faire pour prévenir la guerre. Ce que vous racontez vous-même de la bonne foi de ces barbares, fuffit pour montrer que vous auriez pû vivre en paix avec eux:

(*d*) *Crotone ou Cortone eft une ville de Tofcane fituée dans le Florentin entre le Lac de Perugio & la ville d'Arezzo.*

(*e*) *Nerite, aujourd'hui Nardo, eft une petite ville du Royaume de Naples dans la Terre d'Otrante, vers le couchant, à* une lieuë *du Golfe de Tarente.*

(*f*) *Brindes eft auffi dans la Terre d'Otrante, & a le meilleur Port de toute l'Italie.*

(*g*) *Meffapie eft une partie de la Pouille, à laquelle répond aujourd'hui la Terre d'Otrante.*

mais

mais la hauteur & la fierté attirent les guerres les plus dangereuſes. (7) Vous auriez pû leur donner des ôtages & en prendre d'eux. Il eût été facile d'envoyer avec leurs Ambaſſadeurs quelques uns de vos Chefs pour les reconduire avec ſûreté. Depuis cette guerre renouvellée, vous auriez dû encore les appaiſer, en leur repreſentant qu'on les avoit attaquez, faute de ſavoir l'alliance qui venoit d'être jurée. Il faloit leur offrir toutes les ſûretez qu'ils auroient demandées, & établir de rigoureuſes peines contre ceux de vos ſujets, qui auroient manqué à l'alliance. Mais qu'eſt-il arrivé depuis ce commencement de guerre ?

Je crûs, répondit Idomenée, que nous n'aurions pû ſans baſſeſſe rechercher ces barbares, qui aſſemblérent à la hâte tous leurs hommes en âge de combattre, & qui implorérent le ſecours de tous les peuples voiſins, auſquels ils nous rendirent ſuſpects & odieux. Il me parut que le parti le plus aſſuré étoit de s'emparer promptement de certains paſſages dans les montagnes, qui étoient mal gardez. Nous les prîmes ſans peine, & par là nous nous ſommes mis en état de déſoler ces barbares. J'y ai fait élever des tours, (8) d'où nos troupes peuvent accabler de traits tous les ennemis, qui viendroient des montagnes dans nôtre païs. Nous pouvons entrer dans le leur, & ravager, quand il nous plaira, leurs principales habitations. Par ce moyen nous ſommes en état de réſiſter, avec des forces inégales, à cette multitude innombrable d'ennemis qui nous environnent. Au reſte la paix entre eux & nous eſt devenue très-difficile. Nous ne ſaurions leur

---

(7) La hauteur & la fierté de Louïs XIV eſt ce qui lui a attiré de dangereuſes guerres. Il a voulu dominer ſur tous, & tous ſe ſont lingués contre lui.

(8) Les fortereſſes que Louïs XIV, a élevées ſur les Frontieres de ſes voiſins, ſont précifément ce qui a excité leur jalouſie. Il a voulu les brider & ſe mettre en état d'entrer dans leur pais pour les oprimer; & il les a excités par là à faire ſouvent de fâcheuſes irruptions dans ſes propres terres.

aban-

abandonner ces tours sans nous exposer à leurs incursions, & ils les regardent comme des Citadelles, dont nous voulons nous servir pour les réduire en servitude.

Mentor répondit ainsi à Idomenée : (9) Vous êtes un sage Roi, & vous voulez qu'on vous découvre la verité sans aucun adoucissement. Vous n'êtes point comme ces hommes foibles qui craignent de la voir, & qui manquant de courage pour se corriger, n'emploient leur autorité qu'à soûtenir les fautes qu'ils ont faites. Sachez donc que ce peuple barbare vous a donné une merveilleuse leçon, quand il est venu vous demander la paix. Etoit-ce par foiblesse qu'il la demandoit ? manquoit-il de courage, ou de ressources contre vous ? Vous voyez que non, puisqu'il est si aguerri & soûtenu par tant de voisins redoutables. Que n'imitez-vous sa moderation ? Mais une mauvaise honte & une fausse gloire vous ont jetté dans ce malheur. Vous avez craint de rendre l'ennemi trop fier, & vous n'avez pas craint de le rendre trop puissant, en réünissant tant de peuples contre vous par une conduite hautaine & injuste. A quoi servent ces tours que vous vantez tant, sinon à mettre tous vos voisins dans la nécessité de périr, ou de vous faire périr vous-même pour se préserver d'une servitude prochaine. Vous n'avez élevé ces tours que pour vôtre sûreté, & c'est par ces tours que vous êtes dans un si grand péril. Le rempart le plus sûr d'un Etat, est la justice, la moderation, la bonne foi, & l'assurance où sont vos voisins que vous êtes incapable d'usurper leurs terres. Les plus fortes murailles peuvent tomber par divers accidens imprévus. La fortune est capricieuse & inconstante dans la guerre ; mais l'amour & la confiance de vos voisins, quand ils ont senti vôtre moderation, font que vôtre

(9) *Vous êtes un sage Roi, &c.* Voici une contrevérité très-forte, dont il est aisé de faire l'application à Louïs XIV. Il ne faut que lire la plûpart de ses Déclarations de guerre, pour y voir tous les motifs que Mentor reproche ici à Idomenée.

Etat.

Etat ne peut être vaincu, & n'eſt preſque jamais attaqué. Quand même un voiſin injuſte l'attaqueroit, tous les autres intereſſez à ſa conſervation prennent auſſitôt les armes pour le défendre. Cet appui de tant de peuples, qui trouvent leurs veritables interêts à ſoûtenir les vôtres, vous auroit rendu bien plus puiſſant que ces tours, qui rendent vos maux irremediables. Si vous aviez ſongé d'abord à éviter la jalouſie de tous vos voiſins, vôtre Ville naiſſante fleuriroit dans une heureuſe paix, & vous ſeriez l'arbitre de toutes les Nations de l'Heſperie. Retranchons-nous maintenant à examiner comment on peut réparer le paſſé par l'avenir. Vous avez commencé à me dire qu'il y a ſur cette côte diverſes Colonies Greques. Ces peuples doivent être diſpoſez à vous ſecourir. Ils n'ont oublié, ni le grand nom de Minos, fils de Jupiter, ni vos travaux au ſiege de Troye, où vous vous êtes ſignalé tant de fois entre les Princes Grecs, pour la querelle commune de toute la Grece. Pourquoi ne ſongez-vous pas à mettre ces Colonies dans vôtre parti ?

Elles ſont toutes, répondit Idomenée, réſolues à demeurer neutres. Ce n'eſt pas qu'elles n'euſſent quelque inclination à me ſecourir ; mais le trop grand éclat que cette Ville a eu dès ſa naiſſance, les a épouvantez. Ces Grecs auſſi bien que les autres peuples ont craint que nous n'euſſions des deſſeins ſur leur liberté. Ils ont penſé qu'après avoir ſubjugué les barbares des montagnes, nous pouſſerions plus loin nôtre ambition. En un mot, (10) tout eſt contre nous. Ceux mêmes, qui ne nous font pas une guerre ouverte, deſirent nôtre abaiſſement, & la jalouſie ne nous laiſſe aucun allié.

Etrange extrémité ! réprit Mentor : Pour vouloir paroître trop puiſſant, vous ruinez vôtre puiſſance ; &

---

(10) *Tout eſt contre nous, &c.* Voilà l'état où s'eſt trouvé pluſieurs fois Louïs XIV, par la défiance où il a jeté tous ſes voiſins. Ceux mêmes qui ne lui ont pas fait une guerre ouverte ont deſiré ſon abaiſſement, parce que ſa puiſſance leur étoit devenuë formidable.

pendant

pendant que vous êtes au dehors l'objet de la crainte & de la haine de vos voisins, vous vous épuisez au dedans par les efforts necessaires pour soutenir une telle guerre. O malheureux, & doublement malheureux Idomenée, que ce malheur même n'a pû instruire qu'à demi! Aurez-vous encore besoin d'une seconde chûte pour apprendre à prévoir les maux, qui menacent les plus grands Rois? Laissez-moi faire, & racontez-moi seulement en détail quelles sont donc ces Villes Gréques.

La principale, lui répondit Idomenée, est la ville de (*h*) Tarente; Phalante l'a fondée depuis trois ans. Il ramassa en Laconie (*i*) un grand nombre de jeunes hommes, nez des femmes qui avoient oublié leurs maris absens, pendant la guerre de Troye. Quand les maris revinrent, les femmes ne songerent qu'à les appaiser, & qu'à desavouër leurs fautes. Cette jeunesse nombreuse, qui étoit née hors du mariage, ne connoissant plus ni pere ni mere, vécut avec une licence sans bornes. La severité des loix réprima leurs desordres; ils se réünirent sous Phalante, chef hardi, intrépide, ambitieux, & qui sçut gagner les cœurs par ces artifices; il est venu sur ce rivage avec ces jeunes Laconiens: ils ont fait de Tarente une seconde Lacedemone. D'un autre côté Philoctete, (*k*) qui a eu une si grande gloire au siege de Troye, en y portant les flêches d'Hercule, a élevé dans ce voisinage les murs de Petilie (*l*), moins puissante à la verité, mais plus sagement gouvernée que Tarente. Enfin nous avons ici près la ville de Metaponte (*m*), que le sage Nestor a fondée avec ses Pyliens.

(*h*) *Tarente, ville des Salentins dans la Province Messapie, aujourd'hui ville Archiépiscopale de la Terre d'Otrante sur la côte Méridionale dans le Royaume de Naples.*

(*i*) *La Laconie étoit une Province du Peloponese; c'est aujourd'hui Traconia dans la Morée.*

(*k*) *Philoctete, ami & compagnon d'Hercule, à qui il fit jurer de ne découvrir à personne le lieu de sa sepulture, & à qui il fit présent de ses flêches teintes dans le sang de l'Hidre.*

(*l*) *Petilie, aujourd'hui Petigliano dans la Toscane.*

(*m*) *Metaponte dans le Golfe de Tarente.*

Quoi,

QUOI, reprit Mentor, vous avez Neſtor dans l'Heſperie, & vous n'avez pas ſçu l'engager dans vos interêts! Neſtor, qui vous a vû tant de fois combattre contre les Troyens, & dont vous aviez l'amitie ! Je l'ai perdue, repliqua Idomenée, par l'artifice de ces peuples, qui n'ont rien de barbare que le nom ; ils ont eu l'adreſſe de lui perſuader que je voulois me rendre le Tyran de l'Heſperie. Nous le détromperons, dit Mentor : Telemaque le vit à Pylos, avant qu'il fût venu fonder ſa Colonie, & avant que nous euſſions entrepris nos grands voyages pour chercher Ulyſſe. Il n'aura pas encore oublié ce Heros, ni les marques de tendreſſe qu'il donna à ſon fils Telemaque : mais le principal eſt de guérir ſa defiance. (11) C'eſt par les ombrages donnez à tous vos voiſins, que cette guerre s'eſt allumée, & c'eſt en diſſipant ces vains ombrages que cette guerre peut s'éteindre. Encore un coup laiſſez-moi faire.

A ces mots Idomenée embraſſant Mentor, s'attendriſſoit, & ne pouvoit parler. Enfin il prononça à peine ces paroles : O ſage vieillard envoyé par les Dieux pour réparer toutes mes fautes ! j'avouë que je me ſerois irrité contre tout autre, qui m'auroit parlé auſſi librement que vous : j'avouë qu'il n'y a que vous ſeul, qui puiſſiez m'obliger à rechercher la paix. J'avois réſolu de périr, ou de vaincre tous mes ennemis ; mais il eſt juſte de croire vos ſages conſeils plûtôt que ma paſſion. O heureux Telemaque ! vous ne pourrez jamais vous égarer comme moi, puiſque vous avez un tel guide. Mentor, vous êtes le maître : toute la ſageſſe des Dieux eſt en vous. Minerve méme ne pourroit donner de plus ſalutaires conſeils. Allez, promettez, concluez, donnez tout ce qui eſt à

---

(11) *C'eſt par les ombrages donnez à tous vos voiſins que cette guerre s'eſt allumée, &c.* Ceci & tout ce qui precede, doit s'entendre de la guerre des Pays-Bas en 1667, & de celle de Hollande en 1672. les Flamans & les Hollandois ſont ces peuples que les François appellent groſſiers & ſauvages, mais qui n'ont rien de barbare que le nom.

moi ;

moi; Idomenée approuvera tout ce que vous jugerez à propos de faire.

Pendant qu'ils raifonnoient ainfi, on entendit tout-à-coup un bruit confus de chariots, de chevaux henniffans, d'hommes qui pouffoient des hurlemens épouvantables, & de trompettes qui rempliffoient l'air d'un fon belliqueux. On s'écrie, Voilà les ennemis, qui ont fait un grand détour pour éviter les paffages gardez. Les voilà, qui viennent affieger Salente. Les vieillards & les femmes paroiffent confternez. Helas! difoient-ils, faloit-il quitter nôtre chere patrie, la fertile Créte, & fuivre un Roi malheureux au travers de tant de mers, pour fonder une Ville, qui fera mife en cendres comme Troye? On voyoit de deffus les murailles nouvellement bâties, dans la vafte campagne briller au Soleil les cafques, les cuiraffes, & les boucliers des ennemis; les yeux en étoient ébloüis. On voyoit auffi les piques heriffées, qui couvroient la terre, comme elle eft couverte par une abondante moiffon, que Cerès prépare dans les campagnes d'Enna en Sicile pendant les chaleurs de l'Eté, pour récompenfer le Laboureur de toutes fes peines. Déja on remarquoit les chariots armez de faux tranchantes; on diftinguoit facilement chaque peuple venu à cette guerre.

Mentor monta fur une haute tour pour les mieux découvrir. Idomenée & Telemaque le fuivirent de près. A peine y fut-il arrivé qu'il apperçut d'un côté Philoctete, & de l'autre Neftor (n) avec Pififtrate fon fils. Neftor étoit facile à reconnoître à fa vieilleffe venerable. Quoi donc! s'écria Mentor, vous avez crû, ô Idomenée, que Philoctete & Neftor fe contentoient de ne vous point fecourir! Les voilà, qui ont pris les armes contre vous; & fi je ne me trompe, ces autres troupes, qui marchent en fi bon ordre avec tant de lenteur,

______

(n) *Neftor, fils de Neleus, Rei de Pile dans la Morée, fort selebre pour fa prudence, fon éloquence, & fa longue vie, que l'on dit avoir duré trois cens ans.*

font

font des troupes Lacedemoniennes commandées par Phalante ; tout eſt contre vous. Il n'y a aucun voiſin de cette côte, dont vous n'ayez fait un ennemi ſans vouloir le faire.

En diſant ces paroles, Mentor deſcend à la hâte de cette tour ; il marche vers une porte de la ville du côté par où les ennemis s'avançoient : il la fait ouvrir ; & Idomenée, ſurpris de la majeſté avec laquelle il fait ces choſes, n'oſe pas même lui demander quel eſt ſon deſſein. Mentor fait ſigne de la main, afin que perſonne ne ſonge à le ſuivre. Il va au devant des ennemis, étonnez de voir un ſeul homme qui ſe preſente à eux. Il leur montra de loin une branche d'olivier en ſigne de paix ; & quand il fut à portée de ſe faire entendre, il leur demanda d'aſſembler tous les Chefs. Auſſitôt tous les Chefs s'aſſemblérent, & il leur parla ainſi :

O hommes genereux, aſſemblez de tant de Nations qui fleuriſſent dans la riche Heſperie, je ſçai que vous n'êtes venus ici que pour l'interêt commun de la liberté. Je loü vôtre zele ; mais ſouffrez que je vous repreſente un moyen facile de conſerver la liberté & la gloire de tous vos peuples, ſans répandre le ſang humain.

O Neſtor ! ſage Neſtor ! que j'apperçois dans cette aſſemblée, vous n'ignorez pas combien la guerre eſt funeſte à ceux mêmes qui l'entreprennent avec juſtice, ſous la protection des Dieux. La guerre eſt le plus grand des maux, dont les Dieux affligent les hommes. Vous n'oublierez jamais ce que les Grecs ont ſouffert pendant dix ans devant la malheureuſe Troye. Quelles diviſions entre les Chefs ! quels caprices de la fortune ! quels carnages des Grecs par la main d'Heſtor ! quels malheurs dans toutes les villes les plus puiſſantes, cauſez par la guerre, pendant la longue abſence de leurs Rois ! Au retour les uns one fait naufrage au Promontoire de Capharée (o) ; les autres ont trouvé une mort funeſte

(o) Capharée eſt le Cap le plus Occidental de l'Ile de Ne-grepont, aujourd'hui Capo-figera ou del Oro.

dans

dans le sein même de leurs épouses. O Dieux! c'est
donc dans vôtre colere que vous armâtes les Grecs
pour cette éclatante expedition. O peuples Hesperiens!
je prie les Dieux de ne vous donner jamais une victoire si funeste. Troye est en cendres, il est vrai:
mais il vaudroit mieux pour les Grecs qu'elle fût encore
dans toute sa gloire, & que le lâche Paris jouît de ses
infames amours avec Helene. Philoctete si longtems
malheureux, & abandonné dans l'Ile de Lemnos (*p*), ne
craignez vous point de retrouver de semblables malheurs
dans une semblable guerre? Je sçai que les peuples de la
Laconie ont senti aussi les troubles causez par la longue
absence des Princes, des Capitaines & des Soldats qui
allérent contre les Troyens. O Grecs, qui avez passé
dans l'Hesperie, vous n'y avez tous passé que par une
suite des malheurs, qui ont été les suites de la guerre de
Troye.

A p r e's avoir ainsi parlé, Mentor s'avança vers les
Pyliens; & Nestor, qui l'avoit reconnu, s'avança aussi
pour le saluer. O Mentor! lui dit-il, c'est avec plaisir
que je vous revois. Il y a bien des années que je vous
vis pour la premiere fois dans la Phocide (*q*); vous
n'aviez que quinze ans, & je prévis deslors que vous
seriez aussi sage que vous l'avez été dans la suite.
Mais par quelle avanture avez-vous été conduit en ces
lieux? Quels sont donc les moyens que vous avez
pour finir cette guerre? Idomenée nous a contraint de
l'attaquer. Nous ne demandons que la paix; chacun de
nous avoit un interêt pressant de la desirer: mais nous ne
pouvions plus trouver de sûreté avec lui. (12) Il a violé

<table>
<tr><td>

(*p*) *Lemnos, Ile de la Mer
Egée, aujourd'hui Stalimene.*

(*q*) *La Phocide étoit un
pais de l'Achaie en Grece;
c'est aujourd'hui une partie de
la Livadie & Stramulipa, ou
de l'Achaie moderne, dependante
de la Turquie en Europe.*

</td><td>

(12) *Il a violé, &c.* C'est
le reproche que les voisins de
la France ont toûjours fait au
Roi: il n'a souvent conclu
la paix que pour se mettre en
état de mieux recommencer
la guerre.

</td></tr>
</table>

toutes

toutes ſes promeſſes à l'égard de ſes plus proches voiſins. La paix avec lui ne feroit pas une paix: elle lui
ſerviroit ſeulement à diſſiper nôtre ligue, qui eſt nôtre
unique reſſource. Il a montré à tous les autres peuples ſon deſſein ambitieux de les mettre dans l'eſclavage,
& il ne nous a laiſſé aucun moyen de défendre nôtre
liberté, qu'en tâchant de renverſer ſon nouveau Royaume. Par ſa mauvaiſe foi nous ſommes réduits à le faire
périr, ou à recevoir de lui le joug de la ſervitude. Si
vous trouvez quelque expedient, pour faire en ſorte qu'on
puiſſe ſe confier en lui, & s'aſſurer d'une bonne paix,
tous les peuples que vous voyez ici, quitteront volontiers
les armes, & nous avouërons avec joie que vous nous
ſurpaſſez en ſageſſe.

MENTOR lui répondit: Sage Neſtor, vous ſavez
qu'Ulyſſe m'avoit confié ſon fils Telemaque. Ce jeune
homme, impatient de découvrir la deſtinée de ſon pere,
paſſa chez vous à Pylos, & vous le reçûtes avec tous
les ſoins qu'il pouvoit attendre d'un fidele ami de ſon
pere. Vous lui donnâtes même vôtre fils pour le conduire: il entreprit enſuite de longs voyages ſur la mer;
il a vû la Sicile, l'Egypte, l'Iſe de Cypre, celle de Crete.
Les vents, ou plûtôt les Dieux, l'ont jetté ſur cette côte
comme il vouloit retourner à Ithaque. Nous ſommes
arrivez ici tout à propos, pour vous épargner l'horreur
d'une cruelle guerre. Ce n'eſt plus Idomenée; c'eſt le
fils du ſage Ulyſſe, c'eſt moi qui vous réponds de toutes
les choſes qui ſeront promiſes.

PENDANT que Mentor parloit ainſi avec Neſtor
au milieu des Troupes confederées, Idomenée & Telemaque avec tous les Crétois armez, le regardoient du
haut des murs de Salente; ils étoient attentifs pour
remarquer comment les diſcours de Mentor ſeroient
reçus, & ils auroient voulu pouvoir entendre les ſages
entretiens de ces deux Vieillards. Neſtor avoit toûjours
paſſé pour le plus experimenté & le plus éloquent de

L 2

tous

tous les Rois de la Grece. C'étoit lui qui modéroit, pendant le siege de Troye, le bouillant courroux d'Achille, l'orgueil d'Agamemnon (*r*), la fierté d'Ajax (*s*), & le courage impetueux de Diomede. La douce Persuasion couloit de ses lévres comme un ruisseau de miel; sa voix seule se faisoit entendre à tous ces Heros; tous se taisoient dès qu'il ouvroit la bouche; & il n'y avoit que lui qui pouvoit appaiser dans le camp la farouche discorde. Il commençoit à sentir les injures de la froide vieillesse : mais ses paroles étoient encore pleins de force & de douceur. Il racontoit les choses passées pour instruire la jeunesse par ses experiences; mais il les racontoit avec grace, quoiqu'avec un peu de lenteur.

Ce Vieillard, admiré de toute la Grece, sembla avoir perdu toute son éloquence & toute sa majesté, dès que Mentor parut avec lui. Sa vieillesse paroissoit flêtrie & abatue auprès de celle de Mentor, en qui les ans sembloient avoir respecté la force & la vigueur du temperament. Les paroles de Mentor, quoique graves & simples, avoient une vivacité & une autorité qui commençoient à manquer à l'autre. Tout ce qu'il disoit étoit court, précis & nerveux. Jamais il ne faisoit aucune redite; jamais il ne racontoit que le fait necessaire pour l'affaire qu'il faloit decider. S'il étoit obligé de parler plusieurs fois d'une même chose, pour l'inculquer, ou pour parvenir à la persuasion, c'étoit toûjours par des tours nouveaux & des comparaisons sensibles. Il avoit même je ne sçai quoi de complaisant & d'enjoué, quand il vouloit se proportionner aux besoins des autres, & leur insinuer quelque verité. Ces deux hommes si venerables

(*r*) *Agamemnon, Roi de Micene, fut élu General de l'Armée des Grecs au Siége de Troie.*
(*s*) *Ajax, fils d'Oïlée Roi des Locriens, viola Cassandre dans le temple de Pallas après la prise de Troie; mais il en fut puni par un coup de foudre.*

furent

furent un spectacle touchant à tant de peuples assemblez.
Pendant que tous les Alliez ennemis de Salente, se jettoient les uns sur les autres pour les voir de plus près, &
pour tâcher d'entendre leurs sages discours, Idomenée &
tous les siens s'efforçoient de découvrir par leurs regards
avides & empressez ce que signifioient leurs gestes & l'air
de leur visage.

Fin du dixiéme Livre.

 LES

LES
AVANTURES
DE
TELEMAQUE,
FILS D'ULYSSE.
LIVRE ONZIEME.

SOMMAIRE.

TELEMAQUE voyant Mentor au milieu des Alliez, veut sçavoir ce qui se passe entre eux. Il se fait ouvrir les portes de Salente, va joindre Mentor, & sa presence contribue auprès des Alliez à leur faire accepter les conditions de paix, que celui-ci leur proposoit de la part d'Idomenée. Les Rois entrent comme amis dans Salente. Idomenée accepte tout ce qui a été arrêté. On se donne reciproquement des ôtages, & on fait un sacrifice commun entre la ville & le camp, pour la confirmation de cette alliance.

CEPEN-

Telemaque et Mentor proposent la paix.

EPENDANT Telemaque impatient se dérobe à la multitude qui l'environne ; il court à la porte, par où Mentor étoit sorti ; il se la fit ouvrir avec autorité. Bientôt Idomenée, qui le croyoit à ses côtez s'étonne de le voir qui court au milieu de la campagne, & qui est déja auprès de Nestor. Nestor le reconnoît, & se hâte, mais d'un pas pesant & tardif, de l'aller recevoir. Telemaque saute à son cou, & le tient serré entre ses bras sans parler. Enfin il s'écrie : O mon Pere ! (je ne crains pas de vous nommer ainsi.) Le malheur de ne retrouver point mon veritable pere, & les bontez que vous m'avez fait sentir, me donnent droit de me servir d'un nom si tendre. Mon pere, mon cher pere, je vous revoi ! ainsi puissai-je revoir Ulysse. Si quelque chose pouvoit me consoler d'en être privé, ce seroit de trouver en vous un autre lui-même.

NESTOR ne put à ces paroles retenir ses larmes, & il fut touché d'une secrete joie, voyant celles qui couloient avec une merveilleuse grace sur les jouës de Telemaque. La beauté, la douceur & la noble assurance de ce jeune inconnu, qui traversoit sans précaution tant des troupes ennemis, étonna tous les Alliez. N'est-ce pas, disoient-ils, le fils de ce Vieillard qui est venu parler à Nestor ? Sans doute ; c'est la même sagesse dans les deux âges les plus opposez de la vie. Dans l'un elle ne fait encore que fleurir ; dans l'autre elle porte avec abondance les fruits les plus mûrs.

MENTOR, qui avoit pris plaisir à voir la tendresse avec laquelle Nestor venoit de recevoir Telemaque, profita de cette heureuse disposition. Voilà, lui dit-il, le fils d'Ulysse si cher à toute la Grece, & si cher à vous-même, ô sage Nestor ! le voilà, je vous le livre comme un ôtage & comme le gage le plus précieux qu'on puisse vous donner de la fidelité des promesses d'Idomenée. Vous jugez bien que je ne voudrois pas que la perte du fils suivît celle du

L 4

pere,

pere, & que la malheureuse Penelope pût reprocher à Mentor qu'il a sacrifié son fils à l'ambition du nouveau Roi de Salente. Avec ce gage qui est venu de lui-même s'offrir, & que les Dieux amateurs de la paix vous envoyent, je commence, ô peuples assemblez de tant de Nations, à vous faire des propositions pour établir à jamais une solide paix.

A ce nom de paix, on entend un bruit confus de rang en rang. Toutes ces differentes Nations fremissoient de courroux, croyant perdre tout le tems, où l'on retardoit le combat ; ils s'imaginoient qu'on ne faisoit tous ces discours, que pour ralentir leur fureur & pour faire échaper leur proye. Sur tout les Manduriens souffroient impatiemment qu'Idomenée esperât de les tromper encore une fois. Souvent ils entreprirent d'interrompre Mentor ; car ils craignoient que ses discours pleins de sagesse ne détachassent leurs Alliez. Ils commençoient à se défier de tous les Grecs, qui étoient dans l'assemblée. Mentor, qui l'apperçut, se hâta d'augmenter cette défiance pour jetter la division dans l'esprit de tous ces peuples.

J'avoue, disoit-il, que les Manduriens ont sujet de se plaindre & de demander quelque reparation des torts qu'ils ont soufferts ; mais il n'est pas juste aussi, que les Grecs qui font sur cette côte des Colonies, soient suspects & odieux aux anciens peuples du païs. Au contraire, les Grecs doivent être unis entr'eux & se faire bien traiter par les autres ; il faut seulement qu'ils soient moderez, & qu'ils n'entrepennent jamais d'usurpes les terres de leurs voisins. Je sçai qu'Idomenée a eu le malheur de vous donner des ombrages ; mais il est aisé de guerir toutes vos défiances. Telemaque & moi nous nous offrcn, à être des ôtages, qui vous répondent de la bonne foi d'Idomenée. Nous demeurerons entre vos mains jusqu'à ce que les choses qu'on vous promettra, soient fidelement accomplies. Ce qui vous irrite, ô Manduriens ! s'écria-t-il, c'est que les troupes des Crétois ont saisi les passages de vos montagnes par surprise, & que par là ils sont en état d'entrer

malgré

malgré vous auffi fouvent qu'il leur plaira dans le païs où vous vous êtes retirez pour leur laiffer le païs uni qui eft fur les rivages de la mer. Ces paffages que les Crétois ont fortifiez par de hautes tours pleines de gens armez, font donc le veritable fujet de la guerre. Répondez moi, y en a-t-il encore quelqu'autre ?

ALORS le Chef des Manduriens s'avança & parla ainfi : Que n'avons nous pas fait pour éviter cette guerre ? Les Dieux nous font témoins que nous n'avons renoncé à la paix que quand la paix nous eft échapée fans reffource, (1) par l'ambition inquiete des Crétois, & par l'impoffibilité où ils nous ont mis de nous fier à leurs fermens. Nation infenfée ! qui nous a réduits malgré nous à l'affreufe neceffité de prendre un parti de defefpoir contr'elle, & de ne pouvoir plus chercher nôtre fûreté que dans fa perte. Tandis qu'ils conferveront ces paffages, nous croirons toûjours qu'ils veulent ufurper nos terres & nous mettre en fervitude. S'il étoit vrai qu'ils ne fongeaffent qu'à vivre en paix avec leurs voifins, ils fe contenteroient de ce que nous leur avons cedé fans peine, & ils ne s'attacheroient pas à conferver des entrées dans un païs, contre la liberté duquel ils ne formeroient aucun deffein ambitieux. Mais vous ne les connoiffez pas, ô fage Vieillard ! C'eft par un grand malheur que nous avons appris à les connoître. Ceffez, ô homme aimé des Dieux ! de retarder une guerre jufte & neceffaire, fans laquelle l'Hefperie ne pourroit jamais efperer une paix conftante. O Nation ingrate, trompeufe & cruelle, que les Dieux irritez ont envoyé auprès de nous pour troubler nôtre paix, & pour nous punir de nos fautes ! Mais après nous avoir punis, ô Dieux ! vous nous vengerez. Vous ne ferez pas moins juftes contre nos ennemis que contre nous.

(1) Tel a été de tout tems le langage des Hollandois à l'égard des François ; ils ont bien voulu les avoir pour amis, mais non pas pour voifins. L'ambition inquiéte de Louïs XIV leur a fait redouter fon voifinage, & ils n'ont trouvé leur fureté que dans une forte Barriere établie entre lui & eux.

A ces paroles toute l'affemblée parut émue : il fembloit que Mars & Bellone alloient de rang en rang rallumant dans les cœurs la fureur des combats que Mentor tâchoit d'éteindre.   Il reprit ainfi la parole :

Si je n'avois que des promeffes à vous faire, vous pourriez refufer de vous y fier : mais je vous offre des chofes certaines & prefentes.   Si vous n'êtes pas content d'avoir pour ôtages Telemaque & moi, je vous ferai donner douze des plus notables & des plus vaillans Crétois. Mais il eft jufte que vous donniez auffi de vôtre côté des ôtages ; car Idomenée, qui defire fincerement la paix, la defire fans crainte & fans baffeffe ; il defire la paix, comme vous dites vous-même que vous l'avez defirée, par fageffe & par moderation, mais non par l'amour d'une vie molle ou par foibleffe à la vûe des dangers dont la guerre menace les hommes.   Il eft prêt à périr ou à vaincre ; mais il aime mieux la paix que la victoire la plus éclatante : il auroit honte de craindre d'être vaincu ;   mais il craint d'être injufte, & il n'a point de honte de vouloir réparer fes fautes.   Les armes à la main, il offre la paix, (2) il ne veut point en impofer les conditions avec hauteur ; car il ne fait aucun cas d'une paix forcée : il veut une paix dont tous les Partis foient contens, qui finiffe toutes les jaloufies, qui appaife tous les reffentimens, & qui gueriffe toutes les défiances. En un mot, Idomenée eft dans les fentimens où je fuis fûr que vous voudriez qu'il fût.   Il n'eft queftion que de vous en perfuader : la perfuafion ne fera pas difficile, fi vous voulez m'écouter avec un efprit dégagé & tranquile.

Ecoutez donc ô peuples remplis de valeur ! & vous, ô Chefs fi fages & fi unis ! écoutez ce que je vous offre de la part d'Idomenée. Il n'eft pas jufte qu'il puiffe en-

---

(2) *Il ne veut point en im-* *pofer les conditions avec hauteur.* Louïs XIV fit tout le contraire à la paix de Nimegue ; auffi n'éteignit-elle point les jaloufies & les reffentimens des parties contractantes, qui fe reveillerent dans la fuite avec plus de force & de fuccès qu'auparavant.

trer dans les terres de ſes voiſins : il n'eſt pas juſte auſſi que ſes voiſins puiſſent entrer dans les ſiennes. Il conſent que les paſſages que l'on a fortifiez par de hautes tours, ſoient gardez par des troupes neutres. Vous, Neſtor, & vous, Philoctete, vous êtes Grecs d'origine ; mais en cette occaſion vous vous êtes déclarez contre Idomenée. Ainſi vous ne pouvez être ſuſpects d'être trop favorables à ſes interêts. Ce qui vous touche, c'eſt l'interêt commun de la paix & de la liberté de l'Heſperie : ſoyez vous-mêmes les dépoſitaires & les gardiens de ces paſſages, qui cauſent la guerre. Vous n'avez pas moins d'interêt à empêcher que les anciens peuples de l'Heſperie ne détruiſent Salente, nouvelle Colonie des Grecs, ſemblable à celle que vous avez fondée, qu'a empêcher qu'Idomenée n'uſurpe les terres de ſes voiſins, Tenez l'équilibre entre les uns & les autres. Au lieu de porter le fer & le feu chez un peuple que vous devez aimer, (3) reſervez-vous la gloire d'être les juges & les mediateurs. Vous me direz que ces conditions vous paroîtroient merveilleuſes, ſi vous pouviez vous aſſurer qu'Idomenée les accompliroit de bonne foi ; mais je vais vous ſatisfaire.

Il y aura pour ſûreté réciproque les ôtages dont je vous ai parlé, juſqu'à ce que tous les paſſages ſoient mis en dépôt dans vos mains. Quand le ſalut de l'Heſperie entiere, quand celui de Salente même & d'Idomenée ſera à vôtre diſcretion, ferez-vous contens ? De qui pourrez vous deſormais vous défier ? Sera-ce de vous-mêmes ? Vous n'oſez vous fier à Idomenée ; & Idomenée eſt ſi incapable de vous tromper, qu'il veut ſe fier à vous. Oui, il veut vous confier le repos, la vie, la liberté de tout ſon peuple & de lui-même. S'il eſt vrai que vous ne deſiriez qu'une bonne paix, la voilà qui ſe preſente à vous, & qui

---

(3) *Reſervez-vous la gloire d'être les juges & les mediateurs.* C'eſt ainſi que le Roi d'Angleterre & les Etats Generaux des Provinces Unies furent les Mediateurs de la Paix d'Aix-la-Chapelle, que le Roi fit en 1668, comme par néceſſité : mais la jalouſie de la mediation tourna bientôt au préjudice de ces derniers Mediateurs,

vous ôte tout prétexte de reculer. Encore une fois ne vous imaginez pas (4) que la crainte réduise Idomenée à vous faire ces offres. C'est la sagesse & la justice, qui l'engagent à prendre ce parti, sans se mettre en peine si vous imputerez à foiblesse ce qu'il fait par vertu. Dans les commencemens il a fait des fautes, & il met sa gloire à les reconnoître par les offres dont il vous prévient. C'est foiblesse, c'est vanité, c'est ignorance grossiere de son propre interêt, que d'esperer de pouvoir cacher ses fautes en affectant de les soûtenir avec fierté & avec hauteur. Celui qui avouë ses fautes à son ennemi, & qui offre de les réparer, montre par-là qu'il est devenu incapable d'en commettre, & que l'ennemi a tout à craindre d'une conduite si sage & si ferme, à moins qu'il ne fasse la paix. Gardez-vous bien de souffrir qu'il vous mette à son tour dans le tort. Si vous refusez la paix & la justice qui viennent à vous, la paix & la justice seront vengées. Idomenée, qui devoit craindre de trouver les Dieux irritez contre lui, les trouvera pour lui contre vous. Telemaque & moi nous combattrons pour la bonne cause. Je prens tous les Dieux du Ciel & des Enfers à témoins des justes propositions que je viens de vous faire.

En achevant ces mots, Mentor leva son bras pour montrer à tant de peuples le rameau d'olivier, qui étoit dans sa main, le signe pacifique. Les Chefs, qui le regardérent de près, furent étonnez & ébloüis du feu divin qui éclatoit dans ses yeux : il parut avec une majesté & une autorité, qui est au-dessus de tout ce qu'on voit dans les plus grands d'entre les Mortels. Le charme de ses paroles douces & fortes enlevoit les cœurs ; elles étoient semblables à ces paroles enchantées, qui tout-à-coup dans le profond silence de la nuit arrêtent la Lune & les Etoiles, calment

---

(4) *Ne vous imaginez pas, &c.* Voilà comme parloit Louïs XIV. il coloroit toûjours des plus beaux prétextes de moderation & de justice la necessité où il étoit de faire la paix.

la mer irritée, font taire les vents & les flots, & fuspendent le cours des fleuves rapides.

MENTOR étoit au milieu de ces peuples furieux, comme Bacchus lorfqu'il étoit environné de Tygres, qui oubliant leur cruauté venoient par la puiffance de fa douce voix lécher fes pieds & fe foûmettre par leurs careffes. D'abord il fe fit un profond filence dans toute l'armée. Les Chefs fe regardoient les uns les autres, ne pouvant réfifter à cet homme, ni comprendre qui il étoit. Toutes les troupes immobiles avoient les yeux attachez fur lui. On n'ofoit parler, de peur qu'il n'eût encore quelque chofe à dire, & qu'on ne l'empêchât d'être entendu. Quoiqu'on ne trouvât rien à ajoûter aux chofes qu'il avoit dites, on auroit fouhaité qu'il eut parlé plus longtems. Tout ce qu'il avoit dit, demeuroit comme gravé dans tous les cœurs. En parlant il fe faifoit aimer, il fe faifoit croire ; chacun étoit avide & comme fufpendu pour recueillir jufqu'aux moindres paroles qui fortoient de fa bouche.

ENFIN, après un affez long filence, on entendit un bruit fourd, qui fe répandoit peu à peu ; ce n'étoit plus ce bruit confus des peuples, qui frémiffoient dans leur indignation ; c'étoit au contraire un murmure doux & favorable ; on découvroit déja fur les vifages je ne fçai quoi de ferain & de radouci. Les Manduriens fi irritez fentoient que leurs armes leur tomboient des mains. Le farouche Phalante avec les Lacedemoniens furent furpris de trouver leurs entrailles fi attendries. Les autres commencérent à foupirer après cette heureufe paix, qu'on venoit leur montrer. Philoctete, plus fenfible qu'un autre par l'experience de fes malheurs, ne put retenir fes larmes. Neftor ne pouvant parler dans le tranfport où le difcours de Mentor venoit de le mettre, l'embraffa tendrement ; & tous les peuples à la fois, comme fi ç'eût été un fignal, s'écriérent auffitôt : O fage Vieillard, vous nous defarmez! La paix, la paix !

NESTOR

NESTOR un moment après voulut commencer un discours ; mais toutes les troupes impatientes craignirent qu'il ne voulût reprefenter quelque difficulté. La paix, la paix ! s'écriérent-elles encore une fois. On ne put leur impofer filence qu'en faifant crier avec eux par tous les Chefs de l'armée : La paix, la paix !

NESTOR voyant bien qu'il n'étoit pas libre de faire un difcours fuivi, fe contenta de dire : Vous voyez, ô Mentor ! ce que peut la parole d'un homme de bien. Quand la fageffe & la vertu parlent, elles calment toutes les paffions ; nos juftes reffentimens fe changent en amitié & en defirs d'une paix durable. Nous l'acceptons telle que vous nous l'offrez. En même tems tous les Chefs tendirent les mains, en figne de confentement.

MENTOR courut vers la porte de Salente pour la faire ouvrir, & pour mander à Idomenée de fortir de la Ville fans précaution. Cependant Neftor embraffoit Telemaque, difant : Aimable fils du plus fage de tous les Grecs, puiffiez-vous être auffi fage & plus heureux que lui : n'avez-vous rien découvert fur fa deftinée ? Le fouvenir de vôtre pere, à qui vous refemblez, a fervi à étouffer nôtre indignation. Phalante, quoique dur & farouche, quoiqu'il n'eut jamais vû Ulyffe, ne laiffa pas d'être touché de fes malheurs & de ceux de fon fils. Déja on preffoit Telemaque de raconter fes avantures, lorfque Mentor revint avec Idomenée & toute la jeuneffe Cretoife, qui le fuivoit.

(5) A la vûe d'Idomenée, les Alliez fentirent que leur courroux fe rallumoit : mais les paroles de Mentor éteig-

---

(5) *A la vûe d'Idomenée, &c.* Lorfque Louïs XIV paroiffoit dans quelqu'une des villes frontieres, ou qu'il prenoit poffeffion de quelque nouvelle conquête, les peuples ne pouvoient le voir fans frémir ; mais ce que les François atribuoient à l'admiration, étoit plûtôt l'éfet de l'indignation des Etrangers.

nirent ce feu prêt à éclater. Que tardons-nous, dit-il, à conclure cette fainte alliance, dont les Dieux feront les témoins & les défenfeurs? Qu'ils la vengent, fi jamais quelque impie ofe la violer, & que tous les maux horribles de la guerre, loin d'accabler les peuples fideles & innocens, retombent fur la tête parjure & execrable de l'Ambitieux, qui foulera aux pieds les droits facrez de cette alliance. Qu'il foit détefté des Dieux & des hommes ; Qu'il ne jouiffe jamais du fruit de fa perfidie ; Que les Furies infernales fous les figures les plus hideufes viennent exciter fa rage & fon defefpoir ; Qu'il tombe mort fans aucune efperance de fepulture ; Que fon corps foit la proye des chiens & des vautours, & qu'il foit aux Enfers dans le profond abîme du Tartare tourmenté à jamais plus rigoureufement que Tantale, Ixion, & les Danaïdes. Mais plûtôt que cette paix foit inébranlable comme le rocher d'Atlas *(t)*, qui foutient le Ciel ; Que tous ces peuples la réverent & goûtent fes fruits de generation en generation ; Que les noms de ceux qui l'auront jurée, foient avec amour & veneration dans la bouche de nos derniers neveux ; Que cette paix fondée fur la juftice & fur la bonne foi, foit le modele de toutes les paix qui fe feront à l'avenir chez toutes les Nations de la terre, & que tous les peuples, qui voudront fe rendre heureux en fe réüniffant, fongent à imiter les peuples de l'Hefperie.

A ces paroles Idomenée & les autres Rois jurérent la paix aux conditions marquées. On donna de part & d'autre douze ôtages. Telemaque veut être du nombre des ôtages donnez par Idomenée ; mais on ne peut confentir que Mentor en foit, parce que les Alliez veulent qu'il demeure auprès d'Idomenée pour répondre de fa conduite & de celle de fes Confeillers jufqu'à l'entiere execution des chofes promifes. On immola entre la ville & l'armée

---

(t) *Atlas, Roi de Maurita-nie, grand Aftrologue, que la Fable a changé en un rocher é-* | *levé jufqu'au Ciel ; d'où l'on a feint, qu'il portoit les cieux fur fes épaules.*

cent genisses blanches comme la neige & autant de taureaux de même couleur, dont les cornes étoient dorées & ornées de festons. On entendoit retentir jusques dans les montagnes voisines les mugissemens affreux des victimes qui tomboient sous le coûteau sacré. Le sang fumant ruisseloit de toutes parts. On faisoit couler avec abondance un vin exquis pour les Libations (*u*). Les Haruspices (*x*) consultoient les entrailles, qui palpitoient encore. Les Sacrificateurs brûloient sur l'Autel un encens, qui formoit un épais nuage, & dont la bonne odeur parfumoit toute la campagne.

Cependant les Soldats des deux partis, cessant de se regarder d'un œil ennemi, commençoient à s'entretenir sur leurs avantures : ils se délassoient déja de leurs travaux, & goûtoient par avance les douceurs de la paix. Plusieurs de ceux qui avoient suivi Idoménée au siege de Troye, reconnurent ceux de Nestor qui avoient combatu dans la même guerre. Ils s'embrassoient avec tendresse, & se racontoient mutuellement tout ce qui leur étoit arrivé, depuis qu'ils avoient ruiné la superbe ville, qui étoit l'ornement de toute l'Asie. Déja ils se couchoient sur l'herbe, se couronnoient de fleurs, & bûvoient ensemble le vin qu'on apportoit de la Ville dans de grands vases, pour celebrer une si heureuse journée.

Tout-à-coup Mentor dit : O Rois ! O Capitaines assemblez ! desormais sous divers noms & divers Chefs vous ne serez plus qu'un seul peuple. C'est ainsi que les justes Dieux, amateurs des hommes qu'ils ont formez, veulent être le lien éternel de leur parfaite concorde. Tout le genre humain n'est qu'une famille, dispersée sur la face de toute la terre. Tous les peuples sont freres, & doivent

---

(*u*) *Les Libations étoient des effusions de vin, ou de quelque autre liqueur, faites en l'honneur des fausses Divinités.*

(*x*) *Les Haruspices étoient des Devins, qui interpretoient les prodiges, & qui prédisoient l'avenir, en considerant les entrailles des victimes égorgées.*

s'aimer

s'aimer comme tels. Malheur à ces impies, qui cherchent une gloire cruelle dans le sang de leurs freres, qui est leur propre sang. La guerre est quelquefois necessaire, il est vrai : mais c'est la honte du genre humain, qu'elle soit inévitable en certaines occasions. O Rois ! ne dites point qu'on doit la desirer pour acquerir de la gloire. La vraye gloire ne se trouve point hors de l'humanité. (6) Quiconque préfere sa propre gloire aux sentimens de l'humanité, est un monstre d'orgueil, & non pas un homme : il ne parviendra même qu'à une fausse gloire ; car la vraye gloire ne se trouve que dans la moderation & dans la bonté. On pourra le flater pour contenter sa vanité folle ; mais on dira toûjours de lui en secret, quand on voudra parler sincerement : Il a d'autant moins merité la gloire, qu'il l'a desirée avec une passion injuste. Les hommes ne doivent point l'estimer, puisqu'il a si peu estimé les hommes, & qu'il a prodigué leur sang par une brutale vanité. Heureux le Roi, qui aime son peuple, qui en est aimé, qui se confie en ses voisins, & qui a leur confiance ; qui loin de leur faire la guerre, les empêche de l'avoir entre eux, & qui fait envier a toutes les Nations étrangeres le bonheur qu'ont ses sujets de l'avoir pour Roi. Songez donc a vous rassembler de tems en tems, ô vous qui gouvernez les plus puissantes villes de l'Hesperie ! Faites de trois ans en trois ans une assemblée generale, où tous les Rois, qui sont ici presens, se trouvent, pour renouveller l'alliance par un nouveau serment, pour affermir l'amitié promise, & pour déliberer sur tous les interêts communs. Tandis que vous serez unis, vous aurez au-dedans de ce beau païs la paix, la gloire, & l'abondance ; au-dehors vous serez toûjours invincibles. Il n'y

---

(6) *Quiconque préfere sa propre gloire, &c.* Quelle instruction pour le petit fils d'un Roi que son orgueil avoit rendu l'aversion de tous ses voisins ! On ne pouvoit trop le fortifier contre l'illusion de fausse gloire, puisqu'elle étoit dès lors si préjudiciable à son Aïeul.

a

a que la Difcorde, fortie de l'Enfer pour tourmenter les hommes, qui puiffe troubler la felicité que les Dieux vous préparent.

Nestor lui répondit : Vous voyez par la facilité avec laquelle nous faifons la paix, combien nous fommes éloignez de vouloir faire la guerre par une vain gloire, ou par l'injufte avidité de nous agrandir au préjudice de nos voifins. Mais que peut-on faire quand on fe trouve auprès d'un Prince violent, qui ne connoît point d'autre loi que fon interêt, & qui ne perd aucune occafion d'envahir les terres des autres Etats (7) ? Ne croyez pas que je parle d'Idomenée (8) : non, je n'ai plus de lui cette penfée ; c'eft Adrafte (*y*) Roi des Dauniens, de qui nous avons tout à craindre. Il méprife les Dieux, & croit

---

(7) C'eft ainfi que la foi même des Traités ne raffuroit point les Princes voifins de Louïs XIV, contre fes violences & fon ambition. L'avidité qu'il avoit de s'agrandir, leur faifoit craindre, pendant la paix, les projets qu'il formoit pour renouveller la guerre.

(8) Plufieurs des chofes, qui ont été dites d'Idomenée, conviennent parfaitement à Louïs XIV. mais il n'eft pourtant pas la figure de ce dernier Roi des François. Idomenée foufroit qu'on lui reprefentât fes fautes, parce qu'il fouhaitoit de les reparer ; mais Louïs XIV ne pouvoit foufrir de remontrances, bien loin d'être difpofé à en profiter. C'eft Adrafte, qui eft l'emblême véritable de ce Monarque, par la conformité de leurs inclinations. Comme lui, Louïs XIV ne crut les autres hommes nés que pour fervir à fa gloire par leur fervitude : comme lui, il ne voulut que des efclaves & des adorateurs : comme lui, il fe fit rendre les honneurs divins, en foufrant les Infcriptions orgueilleufes, qui lui attribuoient de la Divinité. Comme lui enfin, il auroit été un Roi accompli, fi la juftice & la bonne foi euffent reglé fa conduite. Il eft aifé d'appliquer le refte du Parallele. Louïs XIV fut heureux jufqu'à la paix de Nimegue. La force & l'artifice, tout lui étoit egal, pourvu qu'il acablât les ennemis. Il étoit bien fervi : fa préfence foûtenoit la valeur de fes troupes : il ne comptoit pour un bien folide & réel que l'avantage de fouler aux piès le genre humain.

(*y*) *Adrafte étoit Roi d'Argos, & des Dauniens, peuples de la Pouille : il fit la guerre aux*

que

que tous les hommes qui font nez fur la terre, ne font
nez que pour fervir à fa gloire par leur fervitude. Il ne
veut point de fujets, dont il foit le Roi & le pere : il
veut des efclaves & des adorateurs. Il fe fait rendre les
honneurs divins. Jufqu'ici l'aveugle fortune a favorifé
fes plus injuftes entreprifes. Nous nous étions hâtez de
venir attaquer Salente, pour nous défaire du plus foible de
nos ennemis, qui ne commençoit qu'à s'établir dans cette
côte, afin de tourner enfuite nos armes contre cet autre
ennemi plus puiffant. Il a déja pris plufieurs villes de nos
Alliez. Ceux de Crotone ont perdu contre lui deux batailles. Il fe fert de toutes fortes de moyens pour contenter fon ambition. La force & l'artifice, tout lui eft égal,
pourvû qu'il accable fes ennemis. Il a ramaffé de grands
trefors : fes troupes font difciplinées & aguerries ; fes
Capitaines font experimentez ; il eft bien fervi ; il veille
lui-même fans ceffe fur tous ceux, qui agiffent par fes ordres. Il punit féverement les moindres fautes, & récompenfe avec liberalité les fervices qu'on lui rend.
Sa valeur foûtient & anime celle de toutes fes troupes.
Ce feroit un Roi accompli, fi la juftice & la bonne foi
régloient fa conduite : mais il ne craint ni les Dieux ni
les reproches de fa confcience : il compte même pour
rien la réputation ; il la regarde comme un vain fantôme,
qui ne doit arrêter que les efprits foibles. Il ne compte
pour un bien folide & réel, que l'avantage de poffeder de
grandes richeffes, d'être craint, & de fouler aux pieds
tout le genre humain. Bientôt fon armée paroîtra fur
nos terres ; & fi l'union de tant de peuples ne nous met
en état de lui réfifter, toute l'efperance de liberté nous
eft ôtée. C'eft l'interêt d'Idomenée auffi bien que le
nôtre de s'oppofer à ce voifin, qui ne peut fouffrir rien

de

de libre dans fon voifinage. Si nous étions vaincus, Salente feroit menacée du même malheur. Hâtons-nous donc tous enfemble de le prévenir. Pendant que Neftor parloit ainfi, on s'avançoit vers la ville ; car Idomenée avoit prié tous les Rois & les principaux Chefs d'y entrer pour y paffer la nuit.

Fin du onziéme Livre.

Academie des beaux arts erigeé par Mentor.

LES
AVANTURES
DE
TELEMAQUE,
FILS D'ULYSSE.
LIVRE DOUZIEME.

SOMMAIRE.

NESTOR au nom des Alliez demande du se-
cours à Idomenée contre les Dauniens leurs enne-
mis. Mentor, qui veut policer la ville de Salente
& exercer le peuple à l'agriculture, fait en sorte
qu'ils se contentent d'avoir Telemaque à la tête de
cent nobles Crétois. Après le départ de celui-ci,
Mentor fait une revûe exacte dans la ville &
dans le port, s'informe de tout, fait faire à Ido-
menée de nouveaux reglemens pour le commerce
& pour la police, lui fait partager en sept classes
le peuple, dont il distingue les rangs & la naiss-
sance par la diversité des habits, lui fait retran-
cher le luxe & les arts inutiles, pour appliquer
les artisans au labourage, qu'il met en honneur.

TOUTE

TOUTE l'armée des Alliez dreſſoit déja ſes tentes, & la campagne étoit couverte de riches pavillons de toutes ſortes de couleurs, où les Heſperiens fatiguez attendoient le ſommeil. Quand les Rois avec leur ſuite furent entrez dans la Ville, ils parurent étonnez qu'en ſi peu de tems on eut pu faire tant de bâtimens magnifiques, & que (9) l'embarras d'une ſi grande guerre n'eut point empêché cette Ville naiſſante de croître, & de s'embellir tout-à-coup.

ON admira la ſageſſe & la vigilance d'Idomenée, qui avoit fondé un ſi beau Royaume ; & chacun conclut que la paix étant faite avec lui, les Alliez ſeroient bien puiſſans s'il entroit dans leur ligue contre les Dauniens. On propoſa à Idomenée d'y entrer : il ne put rejetter une ſi juſte propoſition, & il promit des troupes; mais comme Mentor n'ignoroit rien de tout ce qui eſt neceſſaire, pour rendre un Etat floriſſant, il comprit que les forces d'Idomenée ne pourroient pas être auſſi grandes qu'elles le paroiſſent; Il le prit en particulier, & lui parla ainſi :

VOUS voyez que nos ſoins ne vous ont pas été inutiles. Salente eſt garantie des malheurs, qui la menaçoient : il ne tient plus qu'à vous d'en élever juſqu'au Ciel la gloire, & d'égaler la ſageſſe de Minos vôtre ayeul dans le gouvernement de vos peuples. Je continue à vous parler librement, ſuppoſant que vous le voulez, & que vous déteſtez toute flaterie. Pendant que ces Rois ont loué vôtre magnificence, je penſois en moi-même à la temerité de vôtre conduite. A ce mot de temerité, Ido-

---

(9) Quoi-qu'Idomenée ne ſoit par l'Embléme de Louïs XIV, à tous égards, ce qui eſt dit ici ne laiſſe pas de regarder le Monarque François. L'embarras de la guerre ne l'empêcha jamais de ſatisfaire ſa paſſion pour les bâtimens & pour les jardins ; & ces dépenſes énormes, jointes à celles qu'il lui falut faire pour ſoûtenir la guerre, ont enfin épuiſé le Royaume, & l'ont reduit au pitoyable état, où nous le voyons aujourd'hui.

menée

menée changea de viſage, ſes yeux ſe troublérent, il rougit, & peu s'en falut qu'il n'interrompît Mentor pour lui témoigner ſon reſſentiment. Mentor lui dit d'un ton modeſte & reſpectueux, mais libre & hardi: Ce mot de temerité vous choque, je le voi bien: tout autre que moi auroit eu tort de s'en ſervir; car il faut reſpecter les Rois, & ménager leur délicateſſe, même en les reprenant. La verité par elle-même les bleſſe aſſez, ſans y ajouter des termes forts; mais j'ai cru que vous pouviez ſouffrir que je vous parlaſſe ſans adouciſſement pour vous découvrir vôtre faute. Mon deſſein a été de vous accoutumer à entendre nommer les choſes par leur nom, & à comprendre que quand les autres vous donneront des conſeils ſur vôtre conduite, ils n'oſeront jamais vous dire tout ce qu'ils penſeront. Il faudra, ſi vous voulez n'y être pas trompé, que vous compreniez toûjours plus qu'ils ne vous diront ſur les choſes qui vous ſeront desavantageuſes. Pour moi, je veux bien adoucir mes paroles ſelon vôtre beſoin: mais il vous eſt utile qu'un homme ſans interêt & ſans conſequence vous parle en ſecret un langage dur. Nul autre n'oſera jamais vous le parler: vous ne verrez la verité qu'à demi, & ſous de belles enveloppes.

A ces mots Idomenée, déja revenu de ſa premiere promptitude, parut honteux de ſa délicateſſe. Vous voyez, dit-il à Mentor, ce que fait l'habitude d'être flaté; je vous dois le ſalut de mon nouveau Royaume. Il n'y a aucune verité que je ne me croye heureux d'entendre de vôtre bouche; mais ayez pitie d'un Roi, que la flaterie avoit empoiſonné (10), & qui n'a pu même dans ſes

---

(10) Louïs XIV avoit cela de commun avec Idomenée: empoiſonné dès l'enfance par la flaterie, il n'a pu même dans ſes malheurs trouver des hommes aſſez genereux pour lui dire la vérité. Il étoit extrêmement délicat ſur tout ce, qui avoit ſeulement l'apaprence de réprimande: on étoit ſi ſûr de lui déplaire en lui diſant les choſes comme elles étoient, que Madame de Maintenon eut toûjours grand ſoin de les lui cacher.

malheurs trouver des hommes affez genereux pour lui
dire la verité. Non, je n'ai jamais trouvé perfonne, qui
m'ait affez aimé, pour vouloir me déplaire, en me difant
la verité toute entiere.

En difant ces paroles, les larmes lui vinrent aux yeux,
& il embraffa tendrement Mentor. Alors ce fage Vieillard lui dit : C'eft avec douleur que je me vois contraint
de vous dire des chofes dures; mais puis-je vous trahir
en vous cachant la verité? Mettez-vous en ma place; fi
vous avez été trompé jufqu'ici, c'eft que vous avez bien
voulu l'être. C'eft que vous avez craint des Confeillers
trop finceres. Avez-vous cherché les gens les plus defintereffez & les plus propres à vous contredire? Avez-vous
pris foin de choifir les hommes les moins empreffez à
vous plaire, les plus defintereffez dans leur conduite,
& les plus capables de condamner vos paffions &
vos fentimens injuftes? Quand vous avez trouvé
des flateurs, les avez-vous écartez? Vous en êtes-
vous defié? Non, non, vous n'avez point fait ce que
font ceux qui aiment la verité, & qui méritent de
la connoître. Voyons fi vous aurez maintenant le courage de vous laiffer humilier par la verité, qui vous condamne.

Je vous difois donc, que ce qui vous attire tant de
loüanges, ne merite que d'être blâmé. Pendant que vous
aviez au-dehors tant d'ennemis, qui menaçoient vôtre
Royaume encore mal établi; vous ne fongiez au-dedans
de vôtre nouvelle Ville qu'à y faire des ouvrages magnifiques. C'eft ce qui vous a couté tant de mauvaifes
nuits, comme vous me l'avez avoué vous-même. Vous
avez épuifé vos richeffes; vous n'avez fongé ni à augmenter vôtre peuple, ni à cultiver les terres fertiles
de cette côte. Ne faloit-il pas regarder ces deux
chofes comme les deux fondemens effentiels de
vôtre puiffance, avoir beaucoup des bons hommes, &
des terres bien cultivées pour les nourrir? Il faloit une

longue

longue paix dans ces commencemens pour favorifer la multiplication de vôtre peuple. Vous ne deviez fonger qu'à l'Agriculture & à l'établiffement des plus fages loix. Une vaine ambition vous a pouffé jufqu'au bord du précipice. A force de vouloir paroître grand, vous avez penfé ruiner vôtre veritable grandeur. Hâtez-vous de réparer ces fautes; fufpendez tous vos grands ouvrages; renoncez à ce fafte qui ruineroit vôtre nouvelle Ville; laiffez en paix refpirer vos peuples: appliquez-vous à les mettre dans l'abondance pour faciliter les mariages. Sçachez que vous n'êtes Roi qu'autant que vous avez des peuples à gouverner; & que vôtre puiffance doit fe mefurer, non par l'étenduë des terres que vous occuperez, mais par le nombre des hommes qui habiteront ces terres, & qui feront attachez à vous obéïr. Poffedez une terre, quoique mediocre en étenduë; couvrez-la de peuples innombrables, laborieux & difciplinez: faites que ces peuples vous aiment. Vous êtes plus puiffant, plus heureux, & plus rempli de gloire que tous les Conquerans qui ravagent tant de Royaumes.

Que ferai-je donc à l'égard de ces Rois? repondit Idomenée. Leur avouërai-je ma foibleffe? Il eft vrai que j'ai négligé l'Agriculture, & même le commerce qui m'eft fi facile fur cette côte: je n'ai fongé qu'à faire une Ville magnifique. Fraudra-t-il donc, mon cher Mentor, me deshonorer dans l'affemblée de tant de Rois, & découvrir mon imprudence? S'il le faut, je le veux, je le ferai fans hefiter, quoiqu'il m'en coute; car vous m'avez appris qu'un vrai Roi, qui eft fait pour fes peuples, & qui fe doit tout entier à eux, doit préferer le falut de fon Royaume à fa propre réputation.

Ce fentiment eft digne du Pere des peuples, reprit Mentor; c'eft à cette bonté, & non à la vaine magnificence de vôtre Ville, que je reconnois en vous le cœur d'un vrai Roi. Mais il faut ménager vôtre honneur pour l'interêt même de vôtre Royaume. Laiffez-moi faire: je

M

vais

vais faire entendre à ces Rois que (11) vous êtes engagé
à rétablir Ulysse, s'il est encore vivant, ou du moins son
fils dans la puissance Royale, à Ithaque, & que vous voulez en chasser par force tous les Amans de Penelope. Ils
n'auront pas de peine à comprendre que cette guerre demande des troupes nombreuses. Ainsi ils consentiront que
vous ne leur donniez d'abord qu'un foible secours contre
les Dauniens.

A ces mots Idomenée parut comme un homme
qu'on soulage d'un fardeau accablant. Vous sauvez, cher
ami, dit-il à Mentor, mon honneur & la reputation de
cette Ville naissante, dont vous cacherez l'épuisement à
tous mes voisins. Mais quelle apparence de dire que je
veux envoyer des troupes à Ithaque pour y rétablir U-
lysse, ou du moins Telemaque son fils, pendant que
Telemaque lui-même est engagé d'aller à la guerre contre
les Dauniens? Ne soyez point en peine, repliqua Mentor;
je ne dirai rien que de vrai. Les vaisseaux que vous
envoierez pour l'établissement de vôtre commerce iront
sur la côte de l'Epire: ils feront deux choses à la fois;
l'une de rappeller sur vôtre côte les Marchands étrangers,
que les trop grands impôts éloignent de Salente; l'autre
de chercher des nouvelles d'Ulysse. S'il est encore vivant,
il faut qu'il ne soit pas loin de ces mers qui divisent la
Grece d'avec l'Italie, & on assure qu'on l'a vû chez les
Pheaciens. Quand même il n'y auroit plus aucune esperance de le revoir, vos vaisseaux rendront un signalé

---

(11) *Vous êtes engagé à
rétablir Ulysse, &c.* C'est encore
ici une contre-verité qui a
un grand fondement dans la
conduite de Louïs XIV. Il
étoit engagé à rétablir le
Roi Jacques : cependant il fit
une diversion en Allemagne
lors de la prise de Philips-
bourg, qui l'empêcha de secourir ce Roy fugitif aussi

efficacement qu'il auroit dû.
Il comptoit que les seules
forces de l'Angleterre ne
suffiroient pas à y établir le
Prince d'Orange, & qu'en
occupant ailleurs les Hollandois il feroit échouer ce
dessein; mais il fut trompé
dans ses vuës, comme il a
paru par l'evénement.

service

fervice à fon fils : ils répandront dans Ithaque, & dans tous les païs voifins la terreur du nom du jeune Telemaque, qu'on croyoit mort comme fon Pere. Les Amans de Penelope feront étonnez d'apprendre qu'il eft prêt à revenir avec le fecours d'un puiflant Allié. Les Ithaciens n'oferont fecouër le joug. Penelope fera confolée, & refufera toûjours de choifir un nouvel époux. Ainfi vous fervirez Telemaque pendant qu'il fera en vôtre place avec les Alliez de cette côte d'Italie contre les Dauniens. A ces mots Idomenée s'écria : Heureux le Roi qui eft foutenu par de fages confeils! Un ami fage & fidele vaut mieux à un Roi que des armées victorieufes. Mais doublement heureux le Roi qui fent fon bonheur, & qui en fçait profiter par le bon ufage des fages confeils! car fouvent il arrive qu'on éloigne de fa confiance les hommes fages & vertueux, dont on craint la vertu, pour prêter l'oreille à des flateurs, dont on ne craint point la trahifon. Je fuis moi-même tombé dans cette faute, & je vous raconterai tous mes malheurs, qui me font venus par un faux ami, qui flâtoit mes paffions dans l'efperance que je flaterois à mon tour les fiennes.

MENTOR fit aifément entendre aux Rois alliez qu'Idomenée devoit fe charger des affaires de Telemaque pendant que celui-ci iroit avec eux. Ils fe contentérent d'avoir dans leur armée le jeune fils d'Ulyffe avec cent jeunes Crétois qu'Idomenée lui donna pour l'accompagner : c'étoit la fleur de la jeune Nobleffe que le Roi avoit emmenée de Créte; Mentor lui avoit confeillé de les envoyer dans cette guerre. Il faut, difoit-il, avoir foin pendant la paix de multiplier le peuple; mais de peur que toute la Nation ne s'amoliffe & ne tombe dans l'ignorance de la guerre, il faut envoyer dans les guerres étrangers la jeune Nobleffe. Ceux-là fuffifent pour entretenir toute la nation dans une émulation de gloire, dans l'amour des armes, dans le mépris des fatigues & de la mort même, enfin dans l'experience de l'art militaire.

M 2

LES

LEs Rois alliez partirent de Salente contens d'Idomenée, & charmez de la fageffe de Mentor. Ils étoient pleins de joye de ce qu'ils emmenoient avec eux Telemaque. Celui-ci ne put moderer fa douleur, quand il falut fe féparer de fon ami. Pendant que les Rois alliez faifoient leurs adieux & juroient à Idomenée qu'ils garderoient avec lui une éternelle alliance, Mentor tenoit Telemaque ferré entre fes bras, & il fe fentoit arrofé de fes larmes. Je fuis infenfible, difoit Telemaque, à la joye d'aller acquerir de la gloire; je ne fuis touché que de la douleur de nôtre féparation. Il me femble que je vois encore ce tems infortuné où les Egyptiens m'arrachérent d'entre vos bras & m'éloignérent de vous, fans me laiffer aucune efperance de vous revoir.

MENTOR répondit à ces paroles avec douceur pour le confoler : Voici, lui difoit-il, une féparation bien differente; elle eft volontaire, elle fera courte, vous allez chercher la victoire. Il faut, mon fils, que vous m'aimiez d'un amour moins tendre & plus courageux; accoutumez-vous à mon abfence, vous ne m'aurez pas toûjours; il faut que ce foit la fageffe & la vertu, plûtôt que la préfence de Mentor, qui vous infpirent ce que vous devez faire.

EN difant ces mots, la Déeffe cachée fous la figure de Mentor, couvroit Telemaque de fon Egide; elle répandoit au-dedans de lui l'efprit de fageffe & de prévoyance, la valeur intrépide & la douce moderation, qui fe trouvent fi rarement enfemble. Allez, difoit Mentor, au milieu des plus grands périls toutes les fois qu'il fera utile que vous y alliez. (12) Un Prince fe deshonore encore plus en

---

(12) *Un Prince fe deshonore encore plus,* &c. Louïs XIV alla plufieurs fois à la guerre, mais il évita toûjours foigneufement les dangers dans les combats. Rien ne fut plus douteux que fon courage, comme il parut fur tout en 1676, au fiége de Bouchain, où la bataille étant inévitable avec le P. d'Orange, le Maréchal de Schomberg, qui vit pâlir le Roi dans le confeil de guerre, détourna adroitement les avis, qui alloient tous à donner combat.

évitant

évitant les dangers dans les combats, qu'en n'allant jamais à la guerre. Il ne faut point que le courage de celui qui commande aux autres, puiſſe être douteux. S'il eſt neceſſaire à un peuple de conſerver ſon Chef ou ſon Roi, il lui eſt encore plus neceſſaire de ne le point voir dans une réputation douteuſe de ſa valeur. Souvenez-vous que celui qui commande, doit être le modele de tous les autres; ſon exemple doit animer toute l'armée.   Ne craignez donc aucun danger, ô Telemaque! & périſſez dans les combats, plûtôt que de faire douter de vôtre courage. Les flateurs qui auront le plus d'empreſſement pour vous empêcher de vous expoſer au péril dans les occaſions néceſſaires, (13) feront les premiers à dire en ſecret que vous manquez de cœur, s'ils vous trouvent facile à arrêter dans ces occaſions: mais auſſi n'allez pas chercher les périls ſens utilité: la valeur ne peut être une vertu, qu'autant qu'elle eſt reglée par la prudence: autrement c'eſt un mépris infenſé de la vie, & une ardeur brutale; la valeur emportée n'a rien de ſûr. Celui qui ne ſe poſſede point dans les dangers, eſt plûtôt fougueux que brave; il a beſoin d'être hors de lui pour ſe mettre au-deſſus de la crainte, parce qu'il ne peut la ſurmonter par la ſituation naturelle de ſon cœur. En cet état, s'il ne fuit point, du moins il ſe trouble; il perd la liberté de ſon eſprit, qui lui ſeroit neceſſaire pour donner de bons ordres, pour profiter des occaſions, pour renverſer les ennemis, & pour ſervir ſa Patrie. S'il a toute l'ardeur d'un Soldat, il n'a point le diſcernement d'un Capitaine: encore même n'a-t-il pas le vrai courage d'un ſimple ſoldat; car le ſoldat doit conſerver dans le combat la préſence d'eſprit & la moderation neceſſaire pour obéir.

---

(13) *Seront les premiers à dire, &c.* C'eſt ce qui fut dit pluſieurs fois a la Cour, où les Princes mêmes faiſoient des railleries du Roi, qui demeuroit tranquillement enfermé avec Madame de Maintenon, qu'ils appelloient ſa vieille, pendant que ſes Generaux expoſoient leur vie ſur les frontieres ouvertes de tous côtez aux irruptions des ennemis.

Celui

Celui qui s'expose témerairement, trouble l'ordre de la diſcipline des troupes, donne un exemple de temérité, &
expoſe ſouvent l'armée entiere à de grands malheurs.
Ceux qui préferent leur vaine ambition à la ſûreté de la
cauſe commune, méritent des châtimens, & non des ré-
compenſes.

Gardez-vous donc bien, mon cher fils, de chercher
la gloire avec impatience.　Le vrai moyen de la trouver
eſt d'attendre tranquilement l'occaſion favorable : la vertu
ſe fait d'autant plus reverer qu'elle ſe montre plus ſimple,
plus modeſte, plus ennemie de tout faſte.　C'eſt à meſure que la neceſſité de s'expoſer au péril augmente,
qu'il faut auſſi de nouvelles reſſources de prévoyance &
de courage qui aille toûjours croiſſant. Au reſte ſouvenez-
vous qu'il ne faut s'attirer l'envie de perſonne. De vôtre
côté ne ſoyez point jaloux du ſuccès des autres; louëz-
les pour tout ce qui mérite quelque louänge:　mais louëz
avec diſcernement, diſant le bien avec plaiſir; cachez le
mal, & n'y penſez qu'avec douleur.　Ne décidez point
devant ces anciens Capitaines, qui ont toute l'experience
que vous ne pouvez avoir; écoutez-les avec déference;
conſultez-les; priez les plus habiles de vous inſtruire, &
n'ayez point de honte d'attribuer à leurs inſtructions tout
ce que vous ferez de meilleur. Enfin n'écoutez jamais
les diſcours par leſquels on voudra exciter vôtre défiance
ou vôtre jalouſie contre les autres Chefs. Parlez-leur avec
confiance & ingenuité.　Si vous croyez qu'ils ayent
manqué à vôtre égard, ouvrez-leur vôtre cœur, expli-
quez-leur toutes vos raiſons : s'ils ſont capables de ſentir
la nobleſſe de cette conduite, vous les charmerez, &
vous tirerez d'eux tout ce que vous aurez ſujet d'en attendre.　Si au contraire ils ne ſont pas aſſez raiſonnables
pour entrer dans vos ſentimens, vous ſerez inſtruit par
vous-même de ce qu'il y aura en eux d'injuſte à ſouffrir; vous prendrez vos meſures pour ne vous plus commettre, juſqu'à ce que la guerre finiſſe, & vous n'aurez
rien à vous reprocher.　Mais ſur tout, ne dites jamais à

certains

certains flateurs qui fement la divifion, les fujets de peine que vous croirez avoir contre les Chefs de l'Armée où vous ferez. Je demeurerai ici, continua Mentor, pour fecourir Idomenée dans le befoin où il eft de travailler pour le bonheur de fes peuples, & pour achever de lui faire réparer les fautes, que fes mauvais confeils, & les flateurs lui ont fait commettre dans l'établiffement de fon nouveau Royaume.

ALORS Telemaque ne put s'empêcher de témoigner à Mentor quelque furprife, & même quelque mépris pour la conduite d'Idomenée. Mais Mentor l'en reprit d'un ton fevere : Etes-vous étonné, lui dit il, de ce que les hommes les plus eftimables font encore hommes, & montrent encore quelques reftes des foibleffes de l'humanité parmi les pieges innombrables, & les embarras inféparables de la Royaute ? (14) Idomenée, il eft vrai, a été nourri dans des idées de fafte & de hauteur. Mais quel Philofophe pourroit fe défendre de la flaterie, s'il avoit été en fa place ? Il eft vrai qu'il s'eft laiffé trop prévenir par ceux qui ont eu fa confiance ; mais les plus fages Rois font fouvent trompez, quelques précautions qu'ils prennent pour ne l'être pas. Un Roi ne peut fe paffer de Miniftres qui le foulagent, & en qui il fe confie, puifqu'il ne peut tout faire. D'ailleurs un Roi connoît beaucoup moins que les Particuliers les hommes qui l'environnent. On eft toûjours mafqué auprès de lui : on épuife toutes fortes d'artifices pour le tromper. Helas ! cher Telemaque, vous ne l'éprouverez que trop ! On ne trouve point dans les hommes ni les vertus, ni les talens qu'on y cherche. On a beau les étudier & les approfondir, on s'y méconte tous les jours. On ne vient même jamais à bout de faire des meilleurs hommes, ce qu'on auroit

(14) *Idomenée a été nourri dans des idées de fafte & de hauteur, &c.* On ne peut mieux dépeindre l'Education de Louïs XIV, qui s'eft trop laiffé prévenir par fes Miniftres, & qui ne pouvoit guére fe défendre de leurs pieges, aiant été mis fi jeune entre leurs mains.

befoin

befoin d'en faire pour le Public. (15) Ils ont leurs entéte-
mens, leurs incompatibilitez, leurs jaloufies. On ne les
perfuade, on ne les corrige guéres.

PLUS on a de peuples à gouverner, plus il faut de Miniftres, pour faire par eux ce qu'on ne peut faire foi-même ; & plus on a befoin d'hommes, à qui on confie l'autorité, plus on eft expofé à fe tromper dans de tels choix.
Tel critique aujourd'hui impitoyablement les Rois, qui
gouverneroit demain moins bien qu'eux, & qui feroit les
mêmes fautes avec d'autres infiniment plus grandes, fi on
lui confioit la même puiffance. La condition privée,
quand on y joint un peu d'efprit pour bien parler, couvre
tous les défauts naturels, réleve des talens éblouïffans, &
fait paroître un homme digne de tous les places dont il eft
éloigné. Mais c'eft l'autorité qui met tous les talens à
une rude épreuve, & qui découvre de grands défauts. La
Grandeur eft comme certains Verres qui groffiffent tous
les objets ; tous les défauts paroiffent croître dans ces
hautes places, où les moindres chofes ont de grandes con-
féquences, & où les plus legeres fautes ont de violens
contre-coups. Le monde entier eft occupé à obferver un
feul homme à toute heure, & à le juger en toute rigueur. Ceux qui le jugent, n'ont aucune experience de
l'état où il eft. Il n'en fentent point les difficultez, &
ils ne veulent plus qu'il foit homme, tant ils exigent de
perfection de lui. Un Roi, quelque bon & fage qu'il foit,
eft encore homme ; fon efprit a des bornes, & fa vertu en
a auffi : il a de l'humeur, des paffions, des habitudes, dont
il n'eft pas tout-à-fait le maître. Il eft obfedé par des
gens intereffez & artificieux ; il ne trouve point les fecours qu'il cherche : il tombe chaque jour dans quelque
mécompte, tantôt par fes paffions, & tantôt par celles de
fes Miniftres. A peine a-t-il réparé une faute, qu'il re-

(15) *Ils ont leurs entéte-
mens, leurs incompatibilitez, &c.*
Ceci regarde Mr. de Louvois
& Mr. Colbert, qui ne s'acor-
doient jamais enfemble, &
dont l'incompatibilité a caufé
de grands préjudices au Roi
& à l'Etat.

tombe

tombe dans une autre.   Telle eſt la condition des Rois
les plus éclairez & les plus vertueux. Les plus longs &
les meilleurs regnes ſont trop courts & trop imparfaits
pour réparer à la fin ce qu'on a gâté, ſans le vouloir, dans
les commencemens.   La Royauté porte avec elle toutes
ces miſeres.   L'impuiſſance humaine ſuccombe ſous un
fardeau ſi accablant : il faut plaindre les Rois & les excuſer.   Ne ſont-ils pas à plaindre d'avoir à gouverner tant
d'hommes, dont les beſoins ſont infinis, & qui donnent
tant de peines à ceux qui veulent les bien gouverner ? Pour
parler franchement, les hommes ſont fort à plaindre d'a-
voir à être gouvernez par un Roi qui n'eſt qu'homme
ſemblable à eux ; car il faudroit des Dieux pour redreſſer
les hommes.   Mais les Rois ne ſont pas moins à plaindre
n'étant qu'hommes, c'eſt-a-dire foibles & imparfaits, d'a-
voir à gouverner cette multitude innombrable d'hommes
corrompus & trompeurs.

   Telemaque répondit avec vivacité: (16) Idomenée a perdu par ſa faute le Royaume de ſes Ancêtres en
Créte, & ſans vos conſeils il en auroit perdu un ſecond
à Salente.   J'avouë, reprit Mentor, qu'il a fait de grandes
fautes ; mais cherchez dans la Grece, & dans tous les
autres païs les mieux policez, un Roi qui n'en ait point
fait d'inexcuſables: les plus grands hommes ont dans leur
tempérament, & dans le caractere de leur eſprit, des défauts qui les entraînent ; & les plus louables ſont ceux
qui ont le courage de connoître & de reparer leurs égare-
mens. Penſez-vous qu'Ulyſſe, le grand Ulyſſe vôtre Pere,
qui eſt le modele des Rois de la Grece, n'ait pas auſſi ſes
foibleſſes & ſes défauts ? Si Minerve ne l'eut conduit, pas
à pas, combien de fois auroit-il ſuccombé dans les périls
& dans les embarras, où la fortune s'eſt jouée de lui ?

____

(16) *Idomenée a perdu par*
ſa faute le Royaume de ſes an-
cêtres. C'eſt ainſi que le Roi
Jacques II a perdu ſon
Royaume par ſa faute, & pour

avoir voulu changer la Co-
ſtitution de l'Etat, dont il d.
voit proteger & obſerver l.
loix.

Combien de fois Minerve l'a-t-elle retenu ou redreſſé pour le conduire toûjours à la gloire par le chemin de la vertu ? N'attendez pas même, quand vous le verrez regner avec tant de gloire à Ithaque, de le trouver ſans imperfection ; vous lui en verrez ſans doute. La Grece, l'Aſie, & toutes les Iles des mers l'ont admiré malgré ces défauts. Mille qualitez merveilleuſes les font oublier. Vous ſerez trop heureux de pouvoir l'admirer auſſi, & de l'étudier ſans ceſſe comme vôtre modele.

Accoûtumez-vous, ô Telemaque ! à n'attendre des plus grands hommes que ce que l'humanité eſt capable de faire. La jeuneſſe ſans experience ſe livre à une critique préſomptueuſe, qui la dégoûte de tous les modeles qu'elle a beſoin de ſuivre, & qui la jette dans une indocilité incurable. Non ſeulement vous devez aimer, reſpecter, imiter vôtre Pere, quoiqu'il ne ſoit point parfait ; mais encore vous devez avoir une haute eſtime pour Idomenée malgré tout ce que j'ai repris en lui. (17) Il eſt naturellement ſincere, droit, équitable, liberal, bienfaiſant ; ſa valeur eſt parfaite ; il déteſte la fraude quand il la connoît, & qu'il ſuit librement la veritable pente de ſon cœur. Tous ſes talens exterieurs ſont grands & proportionnez à ſa place. Sa ſimplicité à avouer ſon tort, ſa douceur, ſa patience pour ſe laiſſer dire par moi les choſes les plus dures, ſon courage contre lui-même pour réparer publiquement ſes fautes, & pour ſe mettre par-là audeſſus de toute la critique des hommes, montrent une ame veritablement grande. Le bonheur, ou le conſeil d'autrui peuvent préſerver de certaines fautes un homme très mediocre ; mais il n'y a qu'une vertu extraordinaire, qui puiſſe engager un Roi, ſi longtems ſéduit par la flaterie, à

(17) *Il eſt naturellement ſincere, droit, équitable, &c.* Il paroît par ce caractere que la perſonne d'Idomenée n'eſt pas l'Emblême de Louis XIV. quoi-qu'il ait fait pluſieurs choſes qu'on a eu en vûë d'apliquer au dernier. Mais, comme on l'a déja dit, il étoit à propos de mêler ainſi les caracteres, pour les déguiſer un peu plus aux yeux de la Cour.

réparer

réparer fon tort. Il eft bien plus glorieux de fe relever ainfi, que de n'être jamais tombé. Idomenée a fait les fautes que prefque tous les Rois font ; mais prefque aucun Roi ne fait pour fe corriger ce qu'il vient de faire. Pour moi je ne pouvois me laffer de l'admirer dans les momens mêmes où il me permettoit de le contredire. Admirez-le auffi, mon cher Telemaque : c'eft moins pour fa réputation que pour vôtre utilité que je vous donne ce confeil.

MENTOR fit fentir à Telemaque par ce difcours combien il eft dangereux d'être injufte en ce laiffant aller à une critique rigoureufe contre les autres hommes, & fur tout contre ceux qui font chargez des embarras & des difficultez du gouvernement. Enfuite il lui dit : Il eft tems que vous partiez ; adieu. Je vous attendrai, ô mon cher Telemaque ! Souvenez-vous, que ceux qui craignent les Dieux, n'ont rien à craindre des hommes. Vous vous trouverez dans les plus extrêmes périls : mais fachez que Minerve ne vous abandonnera point.

A ces mots Telemaque crut fentir la prefence de la Déeffe, & il eut même reconnu que c'étoit elle qui parloit pour le remplir de confiance, fi la Déeffe n'eût rappellé l'idée de Mentor, en lui difant : N'oubliez pas, mon fils, tous les foins que j'ai pris pendant vôtre enfance pour vous rendre fage & courageux comme vôtre Pere. Ne faites rien qui ne foit digne de fes grands exemples, & des maximes de vertu que j'ai tâché de vous infpirer.

LE Soleil s'élevoit déja, & doroit le fommet des montagnes, quand les Rois fortirent de Salente pour réjoindre leurs troupes. Ces troupes campées autour de la Ville fe mirent en marche fous leurs Commandans. On voyoit de tous côtez le fer des piques heriffées ; l'éclat des boucliers éblouiffoit les yeux ; un nuage de pouffiere s'élevoit jufqu'aux nues. Idomenée avec Mentor conduifoit dans la campagne les Rois alliez, qui s'éloignoient des murs de la Ville. Enfin ils fe féparérent, apèrs

s'être

s'être donné de part & d'autre les marques d'une vraye a-
mitié; & les Alliez ne doutérent plus que la paix ne fût
durable, lorfqu'ils connurent la bonté du cœur d'Idomenée,
qu'on leur avoit reprefenté bien different de ce qu'il étoit:
c'eft qu'on jugeoit de lui, non par fes fentimens naturels,
mais par les confeils flateurs & injuftes, aufquels il s'étoit
livré.

APRES que l'armée fut partie, Idomenée mena Mentor dans tous les quartiers de la Ville. Voyons, difoit
Mentor, combien vous avez d'hommes, & dans la ville
& dans la campagne; faifons-en le dénombrement. Examinons combien vous avez de Laboureurs parmi ces
hommes. Voyons combien vos terres portent, dans les
années mediocres, de bled, de vin, d'huile, & des autres
chofes utiles. Nous faurons par cette voie fi la terre
fournit dequoi nourrir tous fes habitans, & fi elle produit encore dequoi faire un commerce utile de fon fuperflu
avec les païs étrangers. Examinons auffi combien vous
avez de vaiffeaux & de matelots: c'eft par-là qu'il faut
juger de vôtre puiffance. Il alla vifiter le Port, & entra
dans chaque vaiffeau, Il s'informa du païs où chaque
vaiffeau alloit faire le commerce; quelles marchandifes il
portoit, celles qu'il prenoit au retour, quelle étoit la dépenfe du vaiffeau pendant la navigation, les prêts que les
Marchands fe faifoient les uns aux autres, les focietez
qu'ils faifoient entre eux, pour favoir fi elles étoient é-
quitables & fidélement obfervées; enfin les hazards du
naufrage, & les autres malheurs du commerce, pour prévenir la ruine des Marchands, qui par l'avidité du gain entreprennent fouvent des chofes qui font au-delà de leurs forces.

IL voulut qu'on punît feverement toutes les banque-
routes, parce que celles qui font exemptes de mauvaife foi
ne le font prefque jamais de temerité. En même tems il
fit des regles pour faire en forte qu'il fût aifé de ne jamais faire banqueroute. Il établit des Magiftrats, à qui
les Marchands rendoient compte de leurs effets, de leurs
profits, de leurs dépenfes, & de leurs entreprifes, Il ne

leur

leur étoit jamais permis de rifquer le bien d'autrui, & ils ne pouvoient même rifquer que la moitié du leur. De plus ils faifoient en focieté les entreprifes qu'ils ne pouvoient faire feuls ; & la police de ces focietez étoit inviolable par la rigueur des peines impofées à ceux qui ne les fuivroient pas. D'ailleurs la liberté du commerce étoit entiere. Bien loin de le gêner par des impôts, on promettoit une récompenfe à tous les Marchands qui pourroient attirer à Salente le commerce de quelque nouvelle Nation.

Ainsi les peuples y accoururent bientôt en foule de toutes parts ; (18) le commerce de cette Ville étoit femblable aux flux & reflux de la mer. Les trefors y entroient comme les flots viennent l'un fur l'autre. Tout y étoit apporté & en fortoit librement : tout ce qui y entroit, étoit utile ; tout ce qui en fortoit, laiffoit en fortant d'autres richeffes en fa place. La Juftice fevere préfidoit dans le port au milieu de tant de nations. La Franchife, la bonne Foi, la Candeur fembloient du haut de ces fuperbes tours. appeller les Marchands des terres les plus éloignées : chacun de ces Marchands, foit qu'il vînt des rives Orientales, où le Soleil fort chaque jour du fein des ondes ; foit qu'il fût parti de cette grande mer, où le Soleil, laffé de fon cours, va éteindre fes feux, vivoit paifible & en feureté dans Salente, comme dans fa patrie.

(19) Pour le dedans de la Ville, Mentor vifita tous les magafins, toutes les boutiques d'artifans & toutes les Places publiques. Il défendit toutes les marchandifes des païs étrangers, qui pouvoient introduire le luxe & la mo-

---

(18) *Le commerce de cette Ville, &c.* Tout ceci s'entend de la Ville d'Amfterdam, digne de fervir de modele à toutes les autres pour la liberté du Commerce.

(19) *Pour le dedans de la Ville, &c.* Tout ce qui fuit eft une leçon admirable, qui fert en même tems de critique au luxe que Louïs XIV a introduit à Paris & à la Cour. Ce Prince a toûjours aimé le fafte, & a porté la magnificence plus loin qu'aucun de fes Prédeceffeurs.

leffe

leſſe. Il regla les habits, la nourriture, les meubles, les grandeurs & l'ornement des maiſons pour toutes les conditions differentes; il bannit tous les ornemens d'or & d'argent; & il dit à Idomenée: Je ne reconnois qu'un ſeul moyen pour rendre vôtre peuple modeſte dans ſa dépenſe, c'eſt que vous lui en donniez vous-même l'exemple. Il eſt neceſſaire que vous ayez une certaine majeſté dans vôtre exterieur; mais vôtre autorité ſera aſſez marquée par vos Gardes, & par les principaux Officiers, qui vous environnent. Contentez-vous d'un habit de laine très-fine teinte en pourpre; que les Principaux de l'Etat après vous ſoient vêtus de la même laine: & que toute la difference ne conſiſte que dans la couleur, & dans une legere broderie d'or que vous aurez ſur le bord de vôtre habit. Les differentes couleurs ſerviront a diſtinguer les differentes conditions, ſans avoir beſoin ni d'or, ni d'argent, ni de pierreries. Reglez les conditions par la naiſſance: mettez au premier rang ceux qui ont une Nobleſſe plus ancienne & plus éclatante. Ceux qui auront le merite & l'autorité des emplois, ſeront aſſez contens de venir après ces anciennes & illuſtres familles, qui ſont dans une ſi longue poſſeſſion des premiers honneurs. Les hommes qui n'ont pas la même Nobleſſe leur cederont ſans peine, pourvu que vous ne les accoûtumiez pas à ne ſe point méconnoître dans une trop haute & trop prompte fortune, & que vous donniez des loüanges à la moderation de ceux qui ſeront modeſtes dans la proſperité. La diſtinction la moins expoſée à l'envie, eſt celle qui vient d'une longue ſuite d'Ancêtres.

Pour la vertu, elle ſera aſſez excitée, & l'on aura aſſez d'empreſſement à ſervir l'Etat, pourvû que vous donniez des couronnes & des ſtatues aux belles actions, & que ce ſoit un commencement de Nobleſſe pour les enfans de ceux qui les auront faites.

Les perſonnes du premier rang après vous ſeront vêtues de blanc avec une frange d'or au bas de leurs habits. Il auront au doigt un anneau d'or, & au col une médaille

d'or

d'or avec vôtre portrait. Ceux du second rang feront
vêtus de bleu ; ils porteront une frange d'argent avec
l'anneau, & point de médaille. Les troifiémes de verd,
fans anneau & fans frange, mais avec la medaille. Les
quatriémes d'un jaune d'aurore. Les cinquiémes d'un
rouge pâle ou de rofes. Les fixiémes de gris de lin. Les
feptiémes, qui feront les derniers du peuple, d'une couleur
mêlée de jaune & de blanc.

VOILA les habits de fept conditions differentes pour
les hommes libres. Les efclaves feront habillés de gris
brun. Ainfi fans aucune dépenfe, chacun fera diftingué
fuivant fa condition, & on bannira de Salente tous les
arts, qui ne fervent qu'à entretenir le fafte. Tous les
artifans, qui feront employez à ces arts pernicieux, fervi-
ront ou aux arts neceffaires, qui font en petit nombre, ou
au Commerce, ou à l'Agriculture. (20) On ne fouffrira
jamais aucun changement, ni pour la nature des étofes,
ni pour la forme des habits. Car il eft indigne que des
hommes, deftinez à une vie ferieufe & noble, s'amufent
à inventer des parures affectées, ni qu'ils permettent que
leurs femmes, à qui ces amufemens feroient moins honteux, tombent jamais dans cet excès.

MENTOR, femblable à un habile Jardinier, qui retranche dans les arbres fruitiers le bois inutile, tâchoit ainfi de
retrancher le fafte, qui corrompoit les mœurs. Il rame-
noit toute chofe à une noble & frugale fimplicité. Il
regla de même la nourriture des Citoyens, & des efclaves.
Quelle honte, difoit-il, que les hommes les plus élevez
faffent confifter leur grandeur dans les ragoûts, par lefquels ils amoliffent leur ame, & ruinent inceffamment la
fanté de leurs corps ? Ils doivent faire confifter leur bonheur dans leur moderation, dans leur autorité pour faire

(20) *On ne fouffrira jamais*
aucun changement, &c. Ceci eft
une Critique des Modes qui
fe font fur tout introduites
en France fous le regne de
Louïs XIV. on ne trouve
point dans tout le refte de
l'Hiftoire de France tant de
changemens à cet égard, qu'il
en eft arrivé feulement pendant la jeuneffe du Roi.

du

du bien aux autres hommes, & dans la réputation que les bonnes actions doivent leur procurer. La fobrieté rend la nourriture la plus fimple très-agréable. C'eft elle qui donne, avec la fanté la plus vigoureufe, les plaifirs les plus purs & les plus conftans. Il faut donc borner vos repas aux viandes les meilleures, mais apprêtées fans aucun ragoût. C'eft un art pour empoifonner les hommes, que celui d'irriter leur appetit au-delà des vrais befoins.

IDOMENE'E comprit bien qu'il avoit eu tort de laiffer les habitans de fa nouvelle Ville amolir & corrompre leurs mœurs, en violant toutes les loix de Minos fur la fobrieté: mais le fage Mentor lui fit remarquer que les loix mêmes, quoique renouvellées, feroient inutiles, fi l'exemple du Roi ne leur donnoit une autorité, qui ne pouvoit venir d'ailleurs. Auffitôt Idomenée regla fa table, où il n'admit que du pain excellent, du vin du païs, qui eft fort & agréable, mais en fort petite quantité, avec des viandes fimples, telles qu'il en mangeoit avec les autres Grecs au fiege de Troye. Perfonne n'ofa fe plaindre d'une regle que le Roi s'impofoit lui-même, & chacun fe corrigea ainfi de la profufion & de la délicateffe où l'on commençoit à fe plonger pour les repas.

MENTOR retrancha enfuite (21) la Mufique molle & effeminée, qui corrompoit toute la jeuneffe. Il ne condamna pas avec une moindre feverité la Mufique Bacchique, qui n'enyvre guere moins que le vin, & qui produit des mœurs pleines d'emportemens & d'im-pudence. Il borna toute la Mufique aux Fêtes dans les Temples pour y chanter les loüanges des Dieux, & des Heros qui ont donné l'exemple des plus rares

---

(21) *La mufique molle & effeminée, &c.* Jamais Prince n'eut une mufique plus excellente que Louïs XIV. auffi n'y eut-il jamais de Cour plus corrompuë que la fienne. On fait que ce Prince ne s'endormoit jamais qu'au fon d'une douce fimphonie, qui étoit dans fon antichambre.

vertus,

vertus. (22) Il ne permit aussi que pour les Temples les grands ornemens d'Architecture, tels que les colonnes, les frontons, les portiques; il donna des modeles d'une Architecture simple & gracieuse, pour faire dans un mediocre espace une maison gaye & commode pour une famille nombreuse; en sorte qu'elle fût tournée a un aspect sain, que les logemens en fussent dégagez les uns des autres, que l'ordre & la propreté s'y conservassent facilement, & que l'entretien fût de peu de dépense.

Il voulut que chaque maison un peu considerable eût un Salon & un petit (a) Peristyle, avec de petites chambres pour toutes les personnes libres. Mais il défendit très-severement la multitude superflue, & la magnificence des logemens.

Ces divers modeles des maisons, suivant la grandeur des familles, servirent à embellir à peu de frais une partie de la Ville, & à la rendre reguliere; au lieu que l'autre partie, déja achevée suivant le caprice & le faste des Particuliers, avoit malgré sa magnificence une disposition (b) moins agréable & moins commode. Cette nouvelle Ville fut bâtie en très-peu de tems, parce que la côte voisine de la Grece fournit de bons Architectes, & qu'on fit venir un très-grand nombre de Maçons de l'Epire, & de plusieurs autres païs, à condition qu'après avoir achevé leurs travaux, ils s'établiroient autour de Salente, y prendroient des terres à défricher, & serviroient à peupler la campagne.

La Peinture & la Sculpture parurent à Mentor des arts qu'il n'est pas permis d'abandonner; mais il voulut

---

(22) *Il ne permit aussi que pour les Temples, &c.* Ceci est une critique de la somptuosité du Château de Versailles, où le Roi a prodigué des sommes immenses en vains ornemens.

(a) *Le Peristyle est un bâtiment environné de colonnes en* dedans comme les cloitres.

(b) Une disposition moins agreable & moins ccommode. *Telle est celle des anciens quartiers de Paris, que l'on travaille à reparer tous les jours, en rendant la face des maisons uniforme.*

qu'on fouffrît dans Salente peu d'hommes attachez à ces arts. Il établit une Ecole, où préfidoient des maîtres d'un goût exquis, qui examinoient les jeunes éleves. (23) Il ne faut, difoit-il, rien de bas & de foible dans les arts qui ne font pas abfolument néceffaires. Par confequent on ne doit y admettre que de jeunes gens d'un genie qui promette beaucoup, & qui tende à la perfection. Les autres, qui font nez pour les arts moins nobles, feront employez fort utilement aux befoins ordinaires de la Republique. Il ne faut employer les Sculpteurs & les Peintres que pour conferver la memoire des grands hommes & des grandes actions. C'eft dans les bâtimens publics ou dans les tombeaux, qu'on doit conferver des reprefentations de tout ce qui a été fait, avec une vertu extraordinaire, pour le fervice de la patrie. Au refte la moderation & la frugalité de Mentor n'empêchérent point qu'il n'autorifât tous ces grands bâtimens, deftinez aux courfes des chevaux & des chariots, aux combats de Luteurs, à ceux du Cefte, & à tous les autres exercices qui cultivent les corps pour les rendre plus adroits & plus vigoureux.

Il retrancha un nombre prodigieux de Marchands qui vendoient des étofes façonnées des païs éloignez, des (24) broderies d'un prix exceffif, des vafes d'or & d'argent, avec des figures des Dieux, d'hommes & d'animaux; enfin des liqueurs & des parfums. Il voulut même que les meubles de chaque maifon fuffent fimples, & faits de maniere à durer longtems. Enforte que les Salentins, qui fe plaignoient hautement de leur pauvreté, commencérent à fentir combien ils avoient de

---

(23) *Il ne faut, difoit-il, rien de bas, &c.* Voici un Parallele glorieux à Louïs XIV. Il a établi, comme Idomenée, des Academies de Peinture & de Sculpture, d'où il n'eft rien forti que d'achevé.

(24) *Des broderies d'un prix exceffif, des vafes d'or & d'argent, &c.* Ceci eft encore une critique de la fomptuofité des Palais de Louïs XIV, où il y avoit quantité de vafes & de meubles d'argent maffif, & des ameublemens des plus riches étofes.

richeffes

richeſſes ſuperflues. Mais c'étoit des richeſſes trompeuſes qui les appauvriſſoient, & ils devenoient effectivement
riches, à meſure qu'ils avoient le courage de s'en dé-
pouiller. C'eſt s'enrichir, diſoient-ils eux-mêmes, que de
mépriſer de telles richeſſes qui épuiſent l'Etat, & que de
diminuer ſes beſoins en les réduiſant aux vrayes néceſſitez
de la nature.

MENTOR ſe hâta de viſiter les Arcenaux, & tous
les Magaſins, pour ſavoir ſi les armes & toutes les autres
choſes néceſſaires à la guerre étoient en bon état. Car
il faut, diſoit-il, être toûjours prêt à faire la guerre pour
n'être jamais réduit au malheur de la faire. Il trouva
que pluſieurs choſes manquoient par tout. Auſſitôt on
aſſembla des ouvriers pour travailler ſur le fer, ſur l'acier,
& ſur l'airain. On voyoit s'élever des fournaiſes ar-
dentes, & des tourbillons de fumées & des flames ſemblables à ces feux ſoûterrains que vomit le Mont-Etna.
La marteau réſonnoit ſur l'enclume, qui gémiſſoit ſous
les coups redoublez. Les montagnes voiſines & les
rivages de la mer en retentiſſoient : on eût cru être dans
cette Ile, où Vulcain animant les Cyclopes, forge des
foudres pour le Pere des Dieux ; & par une ſage prévoyance, on voyoit dans une profonde paix tous les pré-
paratifs de la guerre.

ENSUITE Mentor ſortit de la Ville avec Idomenée,
& trouva (25) une grande étenduë de terres fertiles, qui
demeuroient incultes : d'autres n'étoient cultivées qu'à
demi par la négligence & la pauvreté des Laboureurs,
qui manquant d'hommes, manquoient auſſi de courage &
de force de corps pour mettre l'Agriculture dans ſa perfection. Mentor voyant cette campagne déſolée, dit au
Roi : La terre ne demande ici qu'à enrichir les habitans ;
mais les habitans manquent à la terre. Prenons donc

<hr>

(25) *Une grande étenduë de terre fertiles qui demeuroient incultes, &c.* Ceci eſt une peinture de l'état où étoit la France dès la premiere guerre, où les enrôlemens forcez a- voient dépeuplé la Campagne de Laboureurs.

tous

tous ces artisans superflus qui sont dans la Ville, & dont les métiers ne serviroient qu'à déregler les mœurs, pour leur faire cultiver ces plaines & ces collines. Il est vrai que c'est un malheur que tous ces hommes exercez à des arts qui demandent une vie sédentaire, ne soient point exercez au travail: mais voici un moyen d'y remedier. Il faut partager entre eux les terres vacantes, & appeller à leur secours des peuples voisins, qui feront sous eux le plus rude travail. Ces peuples le feront, pourvû qu'on leur promette des récompenses convenables sur les fruits des terres mêmes qu'ils défricheront: ils pourront dans la suite en posseder une partie, & être ainsi incorporez à vôtre peuple, qui n'est pas assez nombreux. Pourvû qu'ils soient laborieux & dociles aux loix, vous n'aurez point de meilleurs sujets, & ils accroîtront vôtre puissance. Vos artisans de la ville, transplantez dans la campagne, éleveront leurs enfans au travail & au joug de la vie champêtre. De plus, tous les Maçons des païs étrangers, qui travaillent a bâtir vôtre ville, se sont engagez à défricher une partie de vos terres, & se faire Laboureurs: incorporez-les à vôtre peuple, dès qu'ils auront achevé leurs ouvrages de la Ville. Ces ouvriers sont ravis de s'engager à passer leur vie sous une domination, qui est maintenant si douce. Comme ils sont robustes & laborieux, leur exemple servira pour exciter au travail les artisans transplantez de la ville à la campagne, avec lesquels ils seront mêlez. Dans la suite tout le païs sera peuplé de familles vigoureuses, & adonnées à l'Agriculture.

Au reste ne soyez point en peine de la multiplication de ce peuple; il deviendra bientôt innombrable, pourvû que vous facilitez les mariages. La maniere de les faciliter est bien simple: presque tous les hommes ont de l'inclination de se marier: il n'y a que la misere, qui les en empêche. Si vous ne les chargez point d'impôts, ils vivent sans peine avec leurs femmes & leurs enfans; car la terre n'est jamais ingrate, elle nourrit toûjours de

ses

ſes fruits ceux qui la cultivent ſoigneuſement. Elle ne refuſe des biens qu'à ceux, qui craignent de lui donner leurs peines. Plus les Laboureurs ont d'enfans, plus ils ſont riches, ſi le Prince ne les appauvrit pas ; car leurs enfans dès leur plus tendre jeuneſſe commencent à les ſecourir. Les plus jeunes conduiſent les moutons dans les pâturages ; les autres, qui ſont plus avancez en âge, menent déja les grands troupeaux : enfin les plus âgez labourent avec leur pere. Cependant la mere & toute la famille prépare un repas ſimple à ſon époux & à ſes chers enfans, qui doivent revenir fatiguez du travail de la journée; elle a ſoin de traire ſes vaches & ſes brebis, & on voit courir des ruiſſeaux de lait : elle fait un grand feu, autour duquel toute la famille innocente & paiſible prend plaiſir à chanter tous les ſoirs, en attendant le doux ſommeil : elle prépare des fromages, des chataignes, & des fruits conſervez dans la même fraîcheur que ſi on venoit de les cueillir.

Lᴇ Berger revient avec ſa flûte, & chante à la famille aſſemblée les nouvelles chanſons, qu'il a appriſes dans les hameaux voiſins. Le Laboureur rentre avec ſa charue ; & ſes bœufs fatiguez marchent, le cou penché, d'un pas lent & tardif, malgré l'aiguillon qui les preſſe. Tous les maux du travail finiſſent avec la journée. Les pavots, que le Sommeil par l'ordre des Dieux répand ſur la terre, appaiſent tous les noirs ſoucis par leurs charmes, & tiennent toute la nature dans un doux enchantement ; chacun s'endort, ſans prévoir les peines du lendemain. Heureux ces hommes ſans ambition, ſans défiance, ſans artifice, pourvû que les Dieux leur donnent un bon Roi, qui ne trouble point leur joie innocente ! Mais (26) quelle horrible inhumanité que de leur arracher, par des deſſeins pleins de faſte & d'ambition, les doux fruits de la terre, qu'ils ne

---

(26) *Quelle horrible inhumanité, &c.* Ceci reflechit ſur les Tailles & les autres Impôts, qui laiſſoient à peine aux gens de la Campagne dequoi ſubvenir à leurs beſoins les plus preſſans.

tiennent

tiennent que de la liberale Nature & de la fueur de leur front! La Nature feule tireroit de fon fein fécond tout ce qu'il faudroit pour un nombre infini d'hommes modérez & laborieux; mais c'eft l'orgueil & la moleffe de certains hommes, qui en mettent tant d'autres dans une affreufe pauvreté.

Que ferai-je, difoit Idomenée, fi ces peuples, que je répandrai dans ces fertiles campagnes, négligent de la cultiver? Faites, lui répondit Mentor, tout le contraire de ce qu'on fait communément. Les Princes avides & fans prévoyance ne (27) fongent qu'à charger d'impôts ceux d'entre leurs Sujets, qui font les plus vigilans & les plus induftrieux pour faire valoir leurs biens; c'eft qu'ils efpérent en être payez plus facilement; en même tems ils chargent moins ceux que la Nature rend plus miferables. Renverfez ce mauvais ordre, qui accable les bons, qui récompenfe le vice, & qui introduit une negligence auffi funefte au Roi même qu'à tout l'Etat. Mettez des taxes, des amendes, & même, s'il le faut, d'autres peines rigoureufes fur ceux qui négligent leurs champs, comme vous puniriez des foldats, qui abandonneroient leur pofte dans la guerre. Au contraire, donnez des graces & des exemptions aux familles, qui fe multiplient; augmentez à proportion la culture de leur terre. Bientôt leurs familles fe multiplieront, & tout le monde s'animera au travail; il deviendra même honorable. La profeffion de Laboureur ne fera plus méprifée, n'étant plus accablée de tant de maux. On reverra en honneur la charue maniée par des mains victorieufes, qui auront défendu la patrie. Il ne fera pas moins beau de cultiver l'heritage de fes Ancêtres pendant une heureufe paix, que de l'avoir défendue généreufement pendant les troubles de la guerre; toute la campagne refleurira. Cerès fe couronnera d'épics dorez.

---

(27) *Ne fongent qu'à char-ger d'impôts, &c.* Ce mauvais ordre, pratiqué en France avec la derniere inhumanité, a bientôt réduit les plus vigilans & les plus induftrieux à l'état des plus miferables.

Bacchus

Bacchus, foulant à ses pieds les raisins, fera couler du penchant des montagnes des ruisseaux de vin plus doux que le Nectar. Les creux valons retentiront des concerts des Bergers, qui le long des clairs ruisseaux joindront leurs voix avec leurs flûtes, pendant que leurs troupeaux bondissans paîtront sur l'herbe & parmi les fleurs, sans craindre les loups.

Ne serez-vous pas trop heureux, ô Idomenée! d'être la source de tant de biens, & de faire vivre, à l'ombre de vôtre nom, tant de peuples dans un si aimable repos? Cette gloire n'est-elle pas plus touchante que celle de ravager la terre, de répandre par tout, & presque autant chez soi, au milieu même des victoires, que chez les étrangers vaincus, le carnage, le trouble, l'horreur, la langueur, la consternation, la cruelle faim & le desespoir (28).

O Heureux le Roi assez aimé des Dieux, & d'un cœur assez grand, pour entreprendre d'être ainsi les délices des peuples, & de montrer à tous les siecles, dans son regne, un si charmant spectacle! La terre entiere, loin de se défendre de sa puissance par des combats, viendroit à ses pieds, le prier de regner sur elle.

Idomenée lui répondit. Mais quand les peuples seront ainsi dans la paix & dans l'abondance, les délices les corrompront, & ils tourneront contre moi les forces que je leur aurai données. Ne craignez point, dit Mentor, cet inconvenient. C'est un prétexte qu'on allegue toûjours pour flater les Princes prodigues, qui veulent accabler leurs peuples d'impôts: le remede est facile. Les loix que nous venons d'établir pour l'Agriculture, ren-

(28) La plûpart des Conquêtes de Louïs XIV n'ont presque produit à ses sujets d'autres fruits que les maux qui sont décrits ici : c'est que faisant la guerre par ambition, il avoit moins en vuë d'assurer leur bonheur, que d'acquerir une fausse gloire ; & que plus il faisoit de conquêtes, plus il chargeoit ses peuples, pour en tirer dequoi fournir à de nouveaux projets.

dront

dront leur vie laborieufe ; & dans leur abondance ils n'auront que le néceffaire, parce que nous retranchons tous les arts qui fourniffent le fuperflu. Cette abondance même fera diminuée par la facilité des mariages, & par la grande multiplication des familles. Chaque famille étant nombreufe & ayant peu de terre, aura befoin de la cultiver par un travail fans relâche. C'eft la moleffe & l'oifiveté, qui rendent les peuples infolens & rebelles. Ils auront du pain à la vérité, & affez largement ; mais ils n'auront que du pain, & des fruits de leur propre terre, gagnez à la fueur de leur vifage.

Pour tenir vôtre peuple dans cette modération, il faut regler dès-à-prefent l'étendue de terre que chaque famille pourra poffeder. Vous favez que nous avons divifé tout vôtre peuple en fept claffes, fuivant leurs differentes conditions : il ne faut permettre à chaque famille, dans chaque claffe, de pouvoir poffeder que l'étendue de terre abfolument néceffaire pour nourrir le nombre de perfonnes, dont elle fera compofée. Cette regle étant inviolable, les Nobles ne pourront faire d'acquifitions fur les pauvres : tous auront des terres ; mais chacun en aura fort peu, & fera excité par là à la bien cultiver. Si dans une longue fuite de tems les terres manquoient ici, on feroit des Colonies, qui augmenteroient cet Etat.

Je croi même que vous devez prendre garde à ne laiffer jamais le vin devenir trop commun dans vôtre Royaume. Si on a planté trop de vignes, il faut qu'on les arrache ; le vin eft la fource des plus grands maux parmi les peuples : il caufe les maladies, les querelles, les féditions, l'oifiveté, le dégoût du travail, le deforder des familles. Que le vin foit donc confervé comme une efpece de remede, ou comme une liqueur très-rare, qui n'eft employée que pour les Sacrifices, ou pour les Fêtes extraordinaires : mais n'efperez point de faire obferver une regle fi importante, fi vous n'en donnez vous-même l'exemple. D'ailleurs il faut faire garder inviolablement les Loix de Minos pour l'éducation des enfans. Il faut établir

des

7

des Ecoles publiques, où l'on enseigne la crainte des Dieux, l'amour de la patrie, le respect des loix, la préférence de l'honneur aux plaisirs & à la vie même.

Il faut avoir des Magistrats, qui veillent sur les familles & sur les mœurs des Particuliers. Veillez vous-même, vous qui n'êtes Roi, c'est-à-dire, Pasteur du peuple, que pour veiller nuit & jour sur vôtre troupeau. Par là vous préviendrez un nombre infini de desordres & de crimes. Ceux que vous ne pourrez prévenir, punissez-les d'abord sevérement. C'est une clémence que de faire d'abord des exemples qui arrêtent le cours de l'iniquité. Par un peu de sang répandu à propos, on en épargne beaucoup, & on se met en état d'être craint sans user souvent de rigueur. Mais (29) quelle détestable maxime de ne croire trouver sa sûreté que dans l'oppression des peuples! Ne les point faire instruire, ne les point conduire à la vertu, ne s'en faire jamais aimer, les pousser par la terreur jusqu'au desespoir, les mettre dans l'affreuse necessité, où de ne pouvoir jamais respirer librement, ou de secouër le joug de vôtre tyrannique domination. Est-ce là le vrai moyen de regner sans trouble? Est-ce là le vrai chemin, qui mene à la gloire?

Souvenez-vous que les Païs, où la domination du Souverain est plus absoluë, sont ceux où les Souverains sont moins puissans. Ils prennent, ils ruinent tout, ils possedent seuls tout l'Etat; Mais aussi tout l'Etat languit, les campagnes sont en friche & presque desertes. Les villes diminuent chaque jour; le commerce tarit. Le Roi, qui ne peut être Roi tout seul, & qui n'est grand que par ses peuples, s'anéantit lui-même peu à peu par l'anéantissement insensible des peuples, dont il tire ses richesses & sa puissance. Son Etat s'épuise d'argent & d'hommes:

---

(29) *Quelle detestable max-ime, &c.* Ce qui suit jusqu'à la fin du Livre est un recueil des Maximes que Louïs XIV a prises pour regles de son gouvernement. On en laisse faire l'application au Lecteur, qui y trouvera une parfaite conformité avec l'état, où se trouve encore aujourd'hui la France.

cette

cette derniere perte eſt la plus grande & la plus irréparable; ſon pouvoir abſolu fait autant d'eſclaves qu'il a de ſujets. On le flate, on fait ſemblant de l'adorer, on tremble au moindre de ſes regards. Mais attendez la moindre révolution, cette Puiſſance monſtrueuſe, pouſſée juſqu'à un excés trop violent, ne ſauroit durer! elle n'a aucune reſſource dans les cœurs des peuples; elle a laſſé & irrité tous les corps de l'Etat: elle contraint tous les membres de ce corps de ſoûpirer après un changement. Au premier coup qu'on lui porte, l'Idole ſe renverſe, ſe briſe, & eſt foulée aux pieds. Le mépris, la haine, la crainte, le reſſentiment, la défiance, en un mot toutes les paſſions ſe réüniſſent contre une autorité ſi odieuſe. Le Roi, qui dans ſa vaine proſperité ne trouvoit pas un ſeul homme aſſez hardi pour lui dire la vérité, ne trouvera dans ſon malheur aucun homme qui daigne ni l'excuſer, ni le défendre contre ſes ennemis.

APRE's ce diſcours Idemenée, perſuadé par Mentor, ſe hâta de diſtribuer les terres vacantes, de les remplir de tous les artiſans inutiles, & d'executer tout ce, qui avoit été réſolu. Il réſerva ſeulement pour les maçons les terres, qu'il leur avoit deſtinées, & qu'ils ne pouvoient cultiver qu'après la fin de leurs travaux dans la Ville.

Fin du douziéme Livre.

www.ingramcontent.com/pod-product-compliance
Lightning Source LLC
LaVergne TN
LVHW021525170726
843501LV00004B/968